한국적 恨과 설움을 노래한 판소리의 천재

천하명창 임방울

千二斗 지음

現代文學

명창 임방울

▲ 명창의 이름을 얻기 시작한
30세 무렵의 임방울

▼ 50세 무렵 여수의 오동도에서
친구와 함께(왼쪽이 임방울)

▼ 왼쪽에서부터 장녀 林五姬 여사와 미망인 朴五禮 여사, 그리고 필자

한국적 恨과 설움을 노래한 판소리의 천재

천하명창
임방울

◇머리말 (개정판)

〈국악의 해〉를 맞아

『판소리 명창 임방울』이라는 제목으로 책을 낸 것이 8년 전의 일이다. 이제 개정판을 내게 되니 다소의 감회가 없을 수 없다. 개정판을 내게 된 것은 다음의 두 가지 이유 때문이다. 하나는, 초판을 낸 이후로 임방울에 관하여 새로이 알게 된 몇가지 소중한 사실들을 제자리에 삽입시켜야겠다는 생각에서이다. 또하나는, 딱딱한 현학적인 부분들은 빼버리기로 하고 그 대신 될 수 있는 대로 허구적인 분위기를 짙게 해보자는 생각에서이다. 그렇게 하는 것이 오히려 명창 임방울의 삶과 예술을 이해하는 데 효과적일 것 같아서이다.

올해는 〈국악의 해〉라 한다. 이런 〈국악의 해〉를 제정한 일을 매우 뜻깊게 생각하거니와, 이 뜻있는 해를 맞이하여 졸저를 내게 되니 매우 기쁘다. 이 책이 명창 임방울의 삶과 예술을 이해하는 재미있는 실마리가 될 수 있었으면, 그리하여 우리들의 가장 빛나는 문화 유산인 판소리를 사랑하고 이해하는 길잡이가 될 수 있었으면 하는 것이 필자의 소망이다.

이 책을 펴낸 현대문학사의 여러분께 감사드린다.

1994년 4월

千 二 斗

◇ 머리말 (초판)

보전해야 할 문화유산

표제를 『판소리 명창 임방울』이라 하였지만, 이 글은 판소리에 대한 무슨 학구적인 문장도 아니고, 그렇다고 임방울에 대한 일관성 있는 전기나 평전 같은 문장이라 할 수도 없다. 그런 두 가지 요소가 노상 포함되어 있지 않은 바는 아니지만, 굳이 문장의 성격을 따지자면 차라리 연작 에세이라고나 해야 할 성질의 것이다.

애당초 문학잡지에 연재할 당시에는 「명창 임방울」이라는 작은 제목으로 몇가지 이야기하고 다른 화제로 넘어갈 셈이었는데, 이야기를 펴가다보니 판소리와 임방울에 관한 화제들이 자꾸 생겨나기도 하고, 또 알아보고 싶은 새로운 흥미로운 국면들도 자꾸 생겨나, 만나봐야 할 만한 사람들도 더러, 일부러 찾아 만나게도 되고, 찾아봐야 할 문헌도 더러 찾아보고 하면서 그야말로 수필적으로 써가다보니 이런 식의 문장이 되고 말았다.

이 과정에서 필자와의 면담에 응해주고, 많은 도움말을 준 유가족을 비롯하여 판소리계의 여러 인사들께 깊이 감사를 드린다.

임방울의 노래는, 그 이전의 역대 명창들의 소리와는 달리 비교적 체계적이고도 깨끗하게 녹음되어 전해지고 있기 때문에 우리 시대로서는 비교적 손쉽게 접근이 가능하다.

이 점에서 그는 선배 명창들에 비하여 매우 행복한 위치에 있다 할 수 있고, 그의 예술을 사랑하는 우리들로서는 퍽 다행한 일이라 아니할 수 없다. 더구나 그는 가객으로서 유례없는 명창일 뿐 아니라, 그 인간이 또한 후인들의 교훈이 되고 남을 만한 인품의 소유자였다는 사실을 간과할 수 없다.

판소리가 우리의 문화유산 중에서 가장 빛나는 부분임은 누구나가 시인하고 있음에도 불구하고, 그것이 대중들과 거리가 멀어져 있는 것은 지극히 안타까운 일이 아닐 수 없다. 이 글은 나의 그런 안타까운 심정을 반영하는 것이라 할 수도 있다. 오늘의 우리들이 판소리와 만난다면 어디서 어떻게 다시 만나야 할 것인가 하는 문제는 우리 시대의 문화 전반과도 관련되는 매우 중요한 과제가 아닐 수 없다. 이 글은 그런 의문에서 연유된 것이라고 할 수도 있다. 말하자면 의문의 해결이라기보다는 그 제기라고나 해야 할 성질의 것이다. 그러나 그것도 무의미한 일은 아닐 것 같다.

임방울은 생전에 「춘향가」「수궁가」「적벽가」 세 가지를 불렀고 드물게 「흥부가」도 부분적으로 불렀다. 완창한 것으로 오늘날 전해지고 있는 것은 「수궁가」와 「적벽가」의 두 가지뿐이다. 이는 임방울의 예술이 원숙한 50년대 이후의 것인데, 오늘날의 가객 중에 이 바디를 제대로 부르는 가객은 별로 없는 듯하다.

그리고 독자들의 이해와 편의를 위해 책 끝에 부록으로 〈판소리 용어 풀이〉를 붙였다.

이런 글을 거두어 책으로 펴내준 현대문학사의 여러분께 감사드린다.

1986년 10월

千 二 斗

차 례

제 2 부

부 록

제 1 부

따라지와 귀명창

명창의 길

스승과 제자 (1)

스승과 제자 (2)

스승과 제자 (3)

스승과 제자 (4)

방자와 이도령

명창과 바디

동편제와 서편제

우리는 이 다음에

시김새와 그늘

협률사와 포장걸립

〈추억〉과 여인과 「초혼」(1)

〈추억〉과 여인과 「초혼」(2)

따라지와 귀명창

근래의 걸출한 명창 임방울의 생애가 남긴 몇가지 일화들은 오늘의 우리들에게 깊은 교훈이 되리라 생각된다. 그래서 그에 관한 일화들을 생각나는 대로 적어보기로 한다.

1961년 3월 초순 전라남도 송정리 근교의 철다리 밑. 거적을 두른 움막 안에는 거지 칠팔 명이 앉고 서고 하여 각설이타령 연습을 하고 있었다. 이른봄의 아침해가 제법 높이 솟아올랐건만, 이 움막 안은 아직도 어둑어둑하였다. 어둑어둑한 움막의 더 어둑어둑한 안쪽에는 늙수그레한 거지가 깡통을 베고 누워 있었다. 그 안쪽이 말하자면 아랫목인 셈이었고, 아랫목을 차지한 그 늙은 거지는 이곳 왕초인 셈이었다.

「일전 한푼을 들고나 보니 이리송송 해송송 밤중에 새별이 완연허다. 에헤 품바나 잘헌다. 데헤 품바나 잘헌다.」

거지 서너 명이 이렇게 선창을 하면, 나머지 서너 명은 이를 되받아서 따라 하는 식으로 연습이 진행되고 있었다. 선창하는 패가 다소 숙달한 편이요, 따라 하는 쪽은 신출내기인 셈이었다. 그러나 선창하는 쪽도 썩 잘한 편이라 할 수는 없었고, 더구나 따라 하는 쪽은 가락수도 장단도 영

어수선하였다.

「두 이짜나 들고나 보니 이 등 저 등에 불켜놓고 우릿 님 오시기만 기다린다. 에헤 품바나 잘……」

이때 아랫목에 누워 있던 왕초가 부시시 일어나 저고리 윗봉창에 찔러 둔 숟가락을 꺼내어 베고 자던 깡통을 땅, 땅, 땅 두드렸다. 각설이타령이 멎었다.

「아 이녀러 저석들아, 그렇게 일러도 또 까묵었냐?」

왕초의 목소리는 코먹은 소리였다.

「무엇 말이어라우?」

「그래 가지고는 밥은커녕 죽 빌어먹기도 틀렸다. 각설이에는 어떻든 지간에 어깨춤을 곁들여야 헌닥 안 혔냐?」

이렇게 말한 왕초는 천천히 깡통은 어깨에 메고, 숟가락은 손에 들고 일어선다.

「자, 내 헐 테잉개 따라서덜 혀.」

숟가락으로 깡통을 두드려 장단을 맞추며,

「일전 한푼을 들고나 보니 이 등 저 등에 불켜놓고 우릿 님 오시기만 기다린나. 에헤 훔바나 잘 헌나, 데헤 훔바나 잘 헌나.」

왕초는 어깨춤을 추면서 각서리를 시작하였다. 코빵빵이였으므로 헛바람이 새서 에헤 품바나, 해야 할 데가 에헤 훔바나, 로 되고 잘 헌다, 할 데가 잘 헌나, 로 될 수밖에 없었으나, 그 가락수와 어깨춤은 과연 일품이다. 거지들은 두말없이 따라 하였다.

「두 이짜나 들고나 보니 이 등 저 등에 불켜놓고 우릿 님 오시기만 기다린다. 에헤 품바나 잘 헌다, 데헤 품바나 잘 헌다.」

선창을 하는 왕초나 따라 하는 거지들이나 사뭇 진지하다. 처음에는 가락수나 어깨춤이 모두 서툴고 어수선하였으나 연습이 거듭됨에 따라서 조금씩 나아진다.

「석 삼짜나 들고나 보니 삼천리라 이 강산 삼천만에 우리 동포 삼팔선이 웬말이냐. 에헤 품바나 잘 헌다, 데헤 품바나 잘 헌다.」

「넉 사짜나 들고나 보니, 네나 내나 따라지 네 것 내 것이 따로 있나 서로 돕고 살어가세. 에헤 품바나 잘 헌다, 데헤 품바나 잘 헌다.」

「다사 오짜나 들고나 보니 오관참장 관운장 적토마나 비껴나 타고 공명선생을 찾어간다. 에헤 품바나 잘 헌다……」

이때 거지 하나가 거적을 들치고 움막 안으로 들어선다.

「쉬이, 소식이오오.」

모두들 타령을 그친다.

「뭐라고?」

왕초가 물었다.

「거 왜 소리허는 방울 씨 있잖여요. 그 방울 씨 양반이 돌아가셨다네요.」

「뭐라고? 그게 정말이여?」

「신문에 났다는디, 오늘 서울서 출상헌다고, 온통 장안이 야단이라네요.」

「허허어, 아까운 양반이 가시는구나.」

왕초가 한탄조로 중얼거렸다. 다른 거지들도,

「천하명창이 가시는구나.」

「부처님 같은 분이 가시는구나.」

「그 양반 은혜를 우리가 어찌 잊을꼬.」

「이 고장에 굿허러 오실 때마다 우리 한티는 공짜 귀경을 시켜주셨제.」

각기 이렇게 한마디씩 중얼거리더니 약속이나 한 듯이 북쪽을 향하여 두 손 합장하고 두 번 고개를 숙이었다.

「천하명창 임방울 씨, 인자하신 임방울 씨, 정말로 이 세상을 떴단 말인가.」

왕초는 마치 판소리 가락을 엮어내듯이 점차 그 어조가 도섭조로 변하더니, 결국 상여소리로 변하였다. 중모리 가락이었다.

「천지신명도 무심허고 염라대왕도 야속하제. 우리 같은 무지렝이나 저 세상으로 데려를가제 아까운 사람을 왜 데려가노오.」

이렇게 상여소리를 메기자 거지들도 저절로 상두꾼들같이 제자리 걸음을 좌우로 떼며 몸을 요동하기 시작하였다.

「어허노오 어허노오 어이가리 넘차 너화넘.」

왕초의 상여소리는 자진모리로 넘어가고 있었다.

「어노어노어허노 어이가리넘차 너화넘, 천하명창 임방울 씨, 인자하신 임방울 씨 이 길로 가시면 언제나 오실꼬.」

「어노어노어허노 어이가리넘차 너화넘.」

이윽고 상여소리가 멎었다. 왕초영감이 여느 때 없이 가라앉은 목소리로 입을 뗐다.

「야덜아. 오늘이 마침 장날이닝개, 오늘일랑은 밥을 못 빌더라도 마른 전으로 돌며 똥그랑땡을 좀 잡아와야 쓰겄다.」

「똥그랑땡은 뭣 헐라고요?」

「우리가 비록 요 모양 요 꼴이제만, 임방울 씨 은혜를 잊어서야 쓰겄냐. 그 댁 상가에 부조라도 좀 혀야제. 그러닝개 야들아, 오늘일랑은 마른 전으로 돌며 똥그랑땡을 잡아와야 헌다 그 말이여. 한푼도 축내지 말고 가져와야 혀.」

「알겄습니다요.」

거지들은 입을 모아 대답하였다.

「맹인이 후덕하신 분이라 오늘 날씨도 좋구나.」

어느새 움막 안도 제법 밝아지기 시작하였다.

「해도 어지간히 올랐네요.」

「그래 슬슬 나가보자.」

이리하여 각설이패들은 둘씩 둘씩 짝을 지어 송정리 장터를 향하여 벌이에 나섰다.

이렇게 번 돈을 그들은 왕초의 말대로 한푼도 축내지 않고 모아서 명창 임방울의 유족들에게 전하였던 것이다. 한참 당년에 천하명창 임방울이 고향인 송정리에서 공연을 하러 왔었는데, 입장료가 없어서 포장 밖에서 서성거리고 있는 한 무리 각설이패를 본 임방울이 그들을 모두 공짜로 입장을 시켜주었다. 몸은 비록 따라지 신세일망정 개개이 귀명창인 그들은 명창 임방울의 소리가 듣고 싶어 안달이었고, 임방울은 그들의 소원을 흔쾌히 들어주었던 것이다. 뿐만 아니라 이것이 인연이 되어 임방울이 이 고장에 공연을 오게 되면, 언제나 그들을 무료로 입장시켜 주었다. 이런 은혜를 잊지 않고, 그들은 그들이 좋아하던 명창 임방울이 세상을 떴을 때 비록 많지는 않았지만 부의금을 모아서 임방울의 유족들에게 주었던 것이다.

소설가 문순태 씨가 전하는 이 일화는 명창 임방울의 인간과 예술을 단적으로 드러내주는 매우 인상적인 일화라 하겠다. 따라지와 귀명창과 천하명창 임방울, 엉뚱하기도 하고 긴밀히 관련되기도 하는 요인들이라 하겠다.

명창 임방울을 이야기하기에 앞서 우선 귀명창이라는 것에 대하여 잠시 생각해보기로 한다. 귀명창이란, 판소리 둘레에서 농으로 쓰는 말이다.

옛날 완적(阮籍)이라는 사람은 휘파람을 잘 불었던 모양으로 수궁가에서는 장양(張良)의 옥퉁소, 성연자(成蓮子)의 거문고 등에 곁들여 그의 휘파람이 수궁 풍류에 한몫 끼인 것으로 되어 있으니, 혹 휘파람명창이라는 말도 있을 법한 일이고, 가객(歌客) 중에는 더러 콧노래를 구성지게 불러젖히는 사람도 있으니 이런 사람을 일러 혹 코명창이라는 말도 생길 법한 일이기는 하지만, 세상에 귀로 노래를 부르는 희한한 재주꾼도 있어 귀명창이란 말인가 하고 의아해 할 이도 있겠지만 귀명창이란 물론 노래를 잘하는 사람을 이르는 말은 아니다. 노래에 귀가 열려 있는 사람, 즉 노래를 잘 알아들을 줄 아는 사람을 이르는 말이다. 판소리 둘레에 노랫속이라는 말이 있거니와, 귀명창이란 바로 그 노랫속, 즉 노래의 진수를 제대로 분간할 줄 아는 사람이라는 뜻이다.

노래가 안 되면 하다못해 휘파람이나 콧노래 정도라도 실연(實演)을 하는 사람이라야 명창이지 아무리 농이라 한들 가만히 앉아 듣기만 하는 사람에게 어찌 명창 칭호가 합당할까마는, 그러나 이른바 판소리의 소릿속을 어느 정도라도 짐작하는 사람이라면 이 귀명창이란 말을 그저 농으로만 치부할 말이 아님을 이내 알게 될 것이며, 오늘날 판소리예술이 놓여 있는 위치를 감안한다면 그 귀명창의 존재 이유가 오히려 절실하다는 것도 알게 될 것이다.

모든 공연예술이 다 그렇다 하겠지만, 특히 판소리에 있어서는 청중의 위치가 유다른 중요성을 지닌다 할 것이다. 흔히 〈일고수, 이명창〉이라고들 하지만, 판소리예술을 성취함에 있어서의 청중의 절대적 중요성을 감안한다면 차라리 〈일청중, 이고수, 삼명창〉이라고 해야 하지 않을까 한다. 그도 그럴 것이, 판소리에 있어서는 청중은 다만 청중으로 머물러 있지 아니하고 그 가창행위에 직접 참여하는 사람이기도 하기 때문이다. 창자(唱者)가 펼쳐내는, 혹은 슬프고 혹은 익살스런 가지가지 국면에 부딪칠 때마다 혼연일체가 되어 혹은 슬퍼하고 혹은 박장대소하는 청중의 반응이 뒷받침이 될 때에만, 그리하여 그 가락의 절실한 고비마다에서 거기 한데 어울리는 청중의 흥겨운 추임새가 뒷받침될 때에만 그 판소리 예술은 비로소 제 빛을 발할 수 있게 되는 것이다.

이런 점에서 판소리음악은 창자와 청중이 이원적(二元的)으로 분리되어 있는 양악의 공연방식과는 근본적으로 성격을 달리하는 것이다. 판소리음악은 창자와 청중의 자리가 이원적으로 분리되어 있는 신식 극장에서 공연되기에는 숙명적으로 마뜩치 않은 속성을 지니고 있다. 그것은 본시 넓은 대청이나 마당, 혹은 백사장 같은 데에 빙 둘러앉아 창자와 청중이 한타령으로 어울려 그야말로 일원적인 혼연일체를 이룰 때 비로소 그 본래의 생채(生彩)를 발휘할 수 있게 되는 것이다. 말하자면 명창의 가락과 명청중의 화답이 한데 어울릴 때 판소리의 도도한 흐름은 성취된다는 것이다. 판소리음악의 현장성 내지 즉흥성이란 이를 두고 일컫는 것이고 〈일고수, 이명창〉 아닌, 〈일청중, 이고수, 삼명창〉이라 하는 것도 이런 점에서 결코 우연이 아니다. 모든 예술이 궁극적으로는 작자(혹은 연희자)와 독자(혹은 감상자) 사이의 행복한 만남의 자리에서 성취되는 것이지만, 판소리예술이야말로 창자와 청중 사이의 불꽃 튀기는 만남의 자리에서만 완벽하게 성취되는 가장 전형적인 예술이라 할 것이다. 판소리의 소릿속을 제대로 분간하여 그의 흐름에 빈틈없이 화답할 줄 아는 이른바 귀명창의 중요성은 이런 점에서 구구히 강조할 필요조차도 없는 것이다.

판소리 이야기가 났으니 말이지만, 우리 나라의 문화유산 중에서 한국적인 고유성이 가장 두드러질 뿐 아니라 예술적 가치의 차원으로 볼 때 가장 뛰어난 문화유산이 무엇이냐고 할 때 나로서는 서슴없이 판소리예술이라고 말할 수 있을 것 같다. 요즈음 민족적 주체성을 정립해야 한다느니, 전통을 계승해야 한다느니 하는 말들이 빈번히 나돌고 있고, 거기 따라서 일각에서는 우리의 문화유산에 대한 관심 내지 애정이 조금씩 되살아나고 있는 게 사실이지만, 그러나 판소리 하나만을 놓고본다 할 때, 이런 정도로는 아직 멀었다는 생각을 금할 수가 없다. 도대체 우리의 옛것과 우리가 어디서 어떻게 만나야 할 것인가 하는 문제부터가 까마득한 상태에 있는 것이 오늘의 현실이 아닌가 한다.

옛것이 무조건 나쁘고, 새것은 무조건 좋다는 식의 개화 초기의 흑백논리, 여기에 곁들인 일본 제국주의의 민족적 열등의식을 부식시키려는 교활한 식민주의교육의 후유증이 얼마나 뿌리 깊은 것인가 하는 것은, 가령 판소리 감상회 모임 같은 데서 단적으로 실감할 수 있는 현상이다. 이런 자리를 점유하는 청중은 언제나 육십 이상의 노인들이 대부분이다. 젊은 세대와는 거의 담을 쌓고 있는 실정이다. 더러 뜻있는 젊은 층이 한두 사람 끼어 있다고 해도 극소수를 제외하고는 학위논문을 쓰기 위해서가 아니면 하도 우리 것 우리 것 하니까 도대체 어떤 것이길래 그러는가 하고 얼떠기로 구경삼아 한두 번 와보고는 말아버리는 정도의 사람이 고작이지, 정작 그것이 참으로 좋아서 그것을 즐기러 오는 사람은 드물다. 그러니 소릿속이니 귀명창이니 운위할 계제가 당초에 아니다.

이는 물론 우리의 젊은 세대 탓만이 아니다. 그들에게 판소리와 친해보고 싶은 뜻이 있다 한들 어디서 어떻게 그것과 만나야 할지 도시 그 실마리조차 찾지 못하는 터에 우리 것 사랑이라는 감상적인 구호 하나만으로써 그 지겹고 따분하기만 한 자리를 지키라고 강요할 수는 없는 것이다. 국민학교에서 대학에 이르기까지 도대체 판소리가락은 고사하고 그 비슷한 가락이나 장단 한두 가지만이라도 듣고 배우고 해본 일이 없으니, 그런 가락이나 장단이 귀에 들어올 턱이 없는 것이다.

그러나 따지자면 문화의 단절현상, 전통의 단절현상은 어디 판소리에 한한 일이겠는가. 물론 그 단절의 정도에 있어서는 음악의 경우가 문학이나 미술의 경우보다 극심하다는 사실을 간과할 수는 없다. 가령 대학의 커리큘럼을 보더라도 국문학과나 미술과 같은 데에서는 8·15 이후 대학의 발족과 더불어서 고전과 현대(미술과의 경우는 서양화와 한국화)를 같은 비중으로 설강하고 있는 데 반하여, 음악과의 경우에 있어서는 그렇지 않은 듯하다. 특수한 몇몇 대학에 국악과가 따로 설치되어 있기는 하지만 대부분의 여느 음악과에서는 국악 과목을 설강하지 않은 것으로 알고 있다. 국악과와 음악과가 완전히 별개의 것으로 분리되어 있기 때문에 종합적인 교육성과를 기하기 어렵게 되어 있는 것이 아닐까 한다. 더구나 중학교·국민학교로 내려가면 아예 국악계통의 음악교육은 도외시되고 있는 형편이 아닐까 한다.

그러나 이는 어디까지나 교과과목의 문제이고, 옛것과 이제것이 완강히 이원적인 평행선을 긋고 있는 점에서는 어느 경우나 마찬가지가 아닐까 한다. 우리 시대가 극복해야 할 가장 근원적인 문제의 하나는 바로 이런 점과 관련되는 것이 아닐까 나는 생각하고 있다.

문외한인 터에 감히 무슨 귀명창을 운운하는 것이 터수 넓은 소행일 법하나 속담에 들은 풍월이라는 말도 있듯이 평소에 판소리를 좋아하는 나로서는 판소리와 관계되는 인사들과 만날 기회도 더러 갖게 되었고, 또 판소리와 관계되는 화제의 자리에 참여할 기회도 더러 갖게 되었다. 그러한 화제 가운데에서 옛날 명창들의 일화를 듣는 일은 나로서는 여러 가지 점에서 깊은 감동이었다. 특히 근래의 걸출한 명창 임방울의 생애가 남긴 몇가지 일화들은 오늘의 우리들에게 깊은 교훈이 되리라 생각한다. 그래서 그에 관한 일화들을 생각나는 대로 적어보기로 하였다.

명창의 길

> 같은 「춘향가」면 춘향가, 「수궁가」면 수궁가라도 부르는 사람에 따라서 전혀 그 빛과 결이 다르고 심지어는 같은 사람이 동일한 노래를 부르는 경우라도 그때 그때의 상황과 분위기에 따라 그 빛과 결이 다르다.

명창 박동진(朴東鎭) 씨가 「수궁가」인가를 완창하고 나서 저녁을 먹는 자리에서 이런저런 이야기 끝에 화제가 임방울에 관한 것으로 옮아갔다.

「임방울 씨가 작고한 것이, 60년대 초 아니던가요?」

내가 물었다.

「그렇지요.」

박동진 씨가 말하였다.

그 무렵 임방울이 일본공연을 갔었는데 돌아온 뒤로는 영 기력을 회복하지 못하다가 일년 만에 사망했다 한다. 임방울 밑에서 노래공부를 하며 그의 임종 무렵에 모시고 다녔다는 고수 주봉신(朱奉信) 씨가 말하였다.

「일본서 돌아온 지 1년쯤 지난 어느 날 전북 김제에서 공연이 있었는데 임 선생을 모시고 갔었지요. 몸이 쾌치 않으신 편이었지만, 그런대로 하실 수 있으리라고 생각하고 모시고 갔었는데, 노래가 제대로 되질 않아요. 「수궁가」의 토끼와 용왕 문답하는 장면을 부르시다가 느닷없이 평생에 별로 부르지 않던 「흥부가」로 건너뛰더란 말입니다. 고수가 눈짓을 하여 다시 제자리로 돌아왔는데, 이번에는 또 「적벽가」의 장비 출두하는 장면으로 옮아가시지 않아요? 결국 중도에 그쳤는데, 무대에서 내려오시는 선생님 눈동자가 틀어져 있었어요. 여관방으로 옮겨왔을 때는 거의 인사불성, 그 길로 세상을 뜨신 것이지요.」

「당시 신문에서 읽었던 것 같은데, 굉장히 성대한 장례식이 아니었어요?」

「명창 이동백(李東伯) 선생의 장례 이후 처음 있었던 국악인끼리의 성대한 장례식이었고, 그것으로 끝입니다.」

박동진 씨의 말.

이십 전후에 공무원으로 있다가 임방울의 노래에 반하여 노래공부를 위해 임방울을 따라나선 이후로 임방울의 임종까지 모셨고, 그 뒤에는 해마다 그의 묘소의 벌초와 성묘를 해오고 있다는 주씨의 다음 이야기는 인상에 남는다.

「해마다 추석 때면 거르지 않고 임 선생 미망인을 모시고 성묘를 갔었는데, 우리 일행보다 먼저 성묘를 다녀간 사람의 흔적이 있었어요. 상석(床石)에 조촐한 음식이 차려져 있고, 꽃다발도 놓여 있었어요. 삼 년간을 계속 그러더란 말입니다. 그래 그 다음해에는 우리 쪽에서 일찍 가서 지켜보기로 하였지요. 망우리 공동묘지 아시지요? 새벽부터 사람이 붐비기 시작하는데, 조금 기다리고 있노라니, 과연 20여 세의 젊은 여인이 소복을 하고 묘소 앞에 나타나더란 말입니다. 멀찍이서 지켜보던 우리는 직감적으로 저 여자로구나 생각이 들데요. 아니나다를까, 그 여자는 가져온 국화꽃 다발을 묘소 앞에 놓고, 가져온 과일과 음식을 차려놓고는 머리를 풀고 재배를 하더니 사이다를 따라놓데요. 임 선생님은 술을 못 하시고 사이다를 즐겨 드셨거든요. 사이다를 석 잔째 괸 다음에 재배를 하고, 잎드러 한참 흐느껴 우는 듯하더니 머리를 쪽지은 다음 산을 내려가기 시작했어요. 처음부터 끝까지 이 광경을 지켜보던 사모님(임방울의 미망인)이 뒤쫓아가더니, 바로 너였구나, 하시며 그 부인을 얼싸안고 통곡을 하시는 거예요. 나도 울음이 쏟아져서 공동묘지에 한바탕 울음판이 벌어졌었어요.」

「그러니까 그 젊은 부인과 미망인은 전부터 아는 사이였던 게로군요.」

한참 뒤에 동석한 R교수가 말하였다.

「그렇지요, 이제 임 선생님이 고인이 되신 마당에 어쩌겠어요.」

「하지만 이야기가 너무 잘 돌아가버리는 것 같은 느낌이구먼. 임방울씨 부인이 쫓아가서 한바탕 야료라도 내고 소란도 좀 피우고 하다가 소복 여인의 사연을 듣고 얼싸안게 된다든지, 이야기가 그런 식으로 돌아갔어야 할 것 같은데.」

R교수의 말.

「그 뒤 소복여인은 어떻게 되었어요?」

R교수가 물었다.

「사모님과 몇번 내왕이 있었던 것 같았으나, 오래지 않아 소식이 끊겼어요. 그 뒤 풍편에 들으니, 말로가 아주 비참했다 하더군요.」

「말로라니요?」

「한때는 제법 공부도 착실했던 모양으로 이름도 얻고, 결혼도 하여 제법 잘살았던 모양인데, 이내 남편과도 헤어지고, 병을 얻어 삼십 조금 넘어 외롭게 죽었다 하더군요.」

잠시 모두들 말이 없었다.

「그분 성질이 까다로운 분 아니던가요? 사진을 보면 매우 신경질형 같던데요.」

내가 물었다.

내가 임방울을 본 것은 딱 한 번 전주의 극장무대에서였는데, 대학 다닐 때 일이니까 아마 30여 년 전의 일일 것이다. 김연수(金演洙) 씨가 이도령으로, 연전에 작고한 박초월(朴初月) 여사가 월매로 등장하였는데(춘향으로 누가 나왔었는지는 기억에 없다), 임방울은 방자로 잠시 나왔었다. 옥중 춘향의 편지를 한양 이도령에게 전해주기 위해 올라가는 도중에 걸인 행색으로 내려오는 암행어사 이몽룡과 만나 잠시 수작하는 한 대문이다. 동저고리 바람에 머리에 수건 두른 방자 임방울이 〈어이 가리너 어이를 갈거나, 한양 천리를 어이 가리〉 하며 올라가다 걸인 행색의 이몽룡과 만나 잠시 수작하는 장면이다. 지금에 와서 그 줄거리의 앞뒤를 짐작컨대 그렇게 불렀으려니 하는 것일 뿐, 이제 기억에 남아 있는 것은 그 초인적인 금속성으로 여울지는 잠시 동안의 그의 목청의 울림, 그리고 그에 뒤이은 걸인 어사와의 상봉 장면에서의 그의 짙은 남도 사투리의 익살의 어렴풋한 인상뿐이다. 그런 인상이 어딘지 천재들에게서 흔히 찾아볼 수 있는 신경질형이 아닐까 하는 고정관념을 갖게 하였는지, 또는 오랫동안 그의 노래를 즐겨 들어오는 동안에 그렇게 생각하게끔 되었는지, 그것은 잘 모르겠다. 그러나 그야 어떻든 박동진(朴東鎭) 씨의 답변은 정반대였다.

「아니지요, 참 너그러운 분이었어요. 노름도 더러 했는데, 상대방에게 돈을 줘가며 노름한 분은 그분 한 분을 봤을 뿐이니까요.」

주씨가 말을 이었다.

「돈이고 살림이고를 모르는 분이었어요. 오죽하면 노래공부하러 멀리서 찾아온 제자를 앉혀두고 가방 하나 들고 훌쩍 집을 떠나면 몇날이고

종적이 묘연할 때가 한두 번이 아니었을라구요.」

그러고 보니 한 가지 생각나는 게 있었다. 연전에 작고한 명창 박녹주(朴綠珠) 여사의 자서전적인 글에서 읽은 임방울에 관한 일화 한토막. 6·25를 만나 서울서 견더내지 못한 임방울이 고향인 전남 송정리로 피난을 내려갔는데, 난리중이라 그쪽 사람들의 검문검색이 여간 심한 것이 아니었다. 그러나 임방울은 그 까다로운 검문검색에서 번번이 무사통과였었다는 것이다. 비결은 간단한 것이었다 한다. 즉 이름이 뭐냐, 신분을 밝혀라, 어디를 가느냐, 하는 식의 검문이 시작되자마자 임방울은 들입다 〈쑥대머리〉를 한바탕 불러댔더라는 것이다. 아무리 그쪽 사람들이라 한들 그의 판소리에는 탄복하지 않을 수 없는 일이므로 살벌하던 검문검색의 장소가 부드러워지고 결국은 무사히 풀려나고 풀려나고 해서 무사히 고향까지 내려가 어지러운 난리를 치러낼 수 있었다는 것이다.

「참, 그러고 보니 그분에게는 별로 두드러진 제자가 없는 것 같군요.」

내가 말을 했다. 말을 하고 생각하니 공연한 말을 한 것 같은 느낌이었다. 주씨도 그의 제자가 아닌가. 그는 지금 가수로서가 아니라 고수로서 활동을 하고 있는 중이다. 그러나 그는 그 말에 별로 개의치는 않는 눈치인 듯, 이런 말을 하는 것이었다.

「임 선생 노래를 제대로 받기가 여간 힘든 게 아니에요. 처음 이렇게 불러라, 하면서 한바탕 부르시거든요. 그래 따라 부르는데, 어디 금방 제대로 되겠어요? 잘 안 될 수밖에요. 그러면 다시 따라 불러봐라, 하고 부르시는데 이번에는 또 아까와는 전혀 가락수가 다르단 말이지요. 번번이 가락수가 다르게 부르니 따라갈 재간이 있어야지요. 결국 뒤범벅이 되고 말아요.」

주씨의 말을 듣고 생각나는 것은 국악인 모씨한테서 들은 이동백의 이야기다. 그의 노래에 반하여 공부를 해보러 사람들이 그를 찾아갔다가도

명창 이동백

며칠 못 가서 대개는 물러나오고 만다는 것이다. 노래공부차로 찾아왔노라고 하면, 그래 그러면 한번 따라 해봐, 하고는 부르는데, 그의 타고난 미성(美聲)과 그 웅장한 성량을 초심자가 받아낼 수 없을 것은 당연하다. 그러면 이동백은 불꽃같이 화를 내며 다시 해보라 하고는 이번에는 또 엉뚱한 가락수로 불러댄다는 것이다. 부를 때마다 번번이 가락수가 다르니 따라 부르는 쪽에서도 번번이 제대로 될 리 만무하고, 그때마다 선생은 불꽃같은 호통을 치니 제자들이 도시 주눅이 들어 소리가 제대로 나오지 않는다는 것이었다. 모처럼 큰맘먹고 공부할 결심으로 떨쳐나선 제자는 이동백의 불꽃같은 호통을 며칠 겪고 나면 결국 기진맥진이 되어 물러나고 만다는 것이다. 자기로서는 이동백 같은 명창은 도저히 될 수 없다는 깜깜한 절망감만을 안고 물러나는 셈이라 할 것이다. 주씨의 말을 듣건대, 임방울의 경우도 이와 흡사한 게 아닐까 생각되는 것이었다.

어떻든 이동백이나 임방울은 각기 모두 제자복은 별로 없는 분들이 아닌가 한다. 이동백에게는 그래도 강장원 같은 제자가 있어 노후가 덜 쓸쓸하였을 터이지만, 그러나 그는 자기 스승에 비길 바 아니다. 임방울에게는 내가 알기로는 그만 정도의 제자도 없는 듯하다. 그러나 이는 스승으로서의 그들의 자질에 결함이 있는 탓은 결코 아닐 것이다. 그들을 이을 만한 제자를 평생 만나지 못한 탓이라고 보아야 할 것이다. 그들은 말하자면 까마득한 고봉준령(高峰峻嶺)인 탓으로 하여 그를 찾은 제자들로 하여금 그 산마루를 딛고 올라서려는 의욕을 갖게 하기보다는 오히려 처음부터 깜깜한 좌절감만을 통감하게 한 것이 아닐까 한다.

스승으로서의 이동백이나 임방울의 자질을 곰곰 생각해볼 때, 그들에게 결함이 있기는커녕 오히려 그들이야말로 진짜 판소리의 스승다운 교수법을 관철하려 한 사람들이 아니었을까 생각이 들기도 한다. 그저 앵무새같이 곱살하게 흉내나 내고, 판에 박은 듯한 가락수나 되풀이하는 정도의 삼류가수라면 모르지만, 그 진수를 전수받는 궁극의 차원에 있어서야 어찌 기계적인 반복이나 안이한 모방으로 그 일이 가능할 것인가? 세상에는 두 사람의 이동백, 세 사람의 임방울이 있을 수 없듯이 두 개의 이동백류(流), 두 개의 임방울류가 있을 수 없는 것이라면, 이동백을 잇기 위해서는 궁극의 차원에 있어서는 이동백을 뛰어넘어야 하고, 또 임방울을 잇기 위해서는 오히려 임방울과 작별하여 자신의 절망과 부딪쳐 들어가야 하지 않을까 한다.

생트 뵈브던가 누구던가 하는 사람은 2류시인은 교육으로 가능하나 1류시인은 교육으로 불가능하다, 2류시인은 규칙을 준수하나 1류시인은 규칙을 창조한다는 요지의 말을 한 바 있다. 넓게 보면 모든 문학·예술에 두루 통용되는 말이라 할 수 있지만, 판소리의 경우에 있어서 이 말은 가장 적절한 표현이 되지 않을까 한다. 같은 「춘향가」면 춘향가, 「수궁가」면 수궁가라도 부르는 사람에 따라서 전혀 그 빛과 결이 다르고, 심지어는 같은 사람이 동일한 노래를 부르는 경우라도 그때그때의 상황과 분위기에 따라 그 빛과 결이 다르다. 명창일수록 그 점이 두드러진다. 판소리의 즉흥성 및 현장성을 이런 데서 찾게 되는 것이다. 그런 점은 악보라는 이름의 평균율을 금과옥조로 하고 있는 서양음악의 경우에서는 도저히 기대할 수 없는 것이다. 서양음악의 경우에 있어서도 물론 연주자의 독창성 내지 개성이라는 것이 어느 정도 허용되지 않는 바는 아니지만, 그러나 그 허용범위는 악보라는 이름의 절대적 전제를 벗어나는 데까지는 미칠 수 없다. 판소리의 개성은 바로 그 점에 있다 할 것이다. 그리고 예술의 본질적 속성도 바로 그 점에서 찾아야 하지 않을까 한다.

스승과 제자 (1)

임방울은 귀동냥으로 익혀, 늘상 즐겨 흥얼거리던 〈쑥대머리〉를 불렀다. 귀동냥이라고는 하지만, 자기 나름으로는 획 하나 구절 하나 어김이 있을세라 골똘한 정성으로 익힌 가락이었던 것이다.

자유당 전성시대의 일이었다 한다. 한번은 대구에서 모 기관이 주최하는 초청공연에 임방울이 내려갔었는데, 주씨가 모시고 갔었다 한다. 약속한 날짜에 대구역에 당도해보니 아무도 마중나온 사람이 없었다. 꽤 오랫동안 기다려도 종시 아무도 나타나지 않자, 임방울이 주씨더러 올라가는 차표를 끊으라 하였다. 마침 서울 올라가는 막차가 있었던 모양이다. 주씨로서도 내심 그들의 소행이 괘씸하지 않은 바 아니었으나, 그래도 공연인데 싶어,

「조금만 더 기다려보시지요.」

「어서 끊어.」

여느 때 없이 그의 어조가 단호하더라는 것이다. 평소에 좀처럼 볼 수 없는 스승의 이 고집 앞에 주씨로서도 꼼짝못하고 돌아갈 채비를 서두르지 않을 수 없었다.

기차가 둘째 역인가에 올라오는데, 급행열차였는데도 예정에 없이 간이역인 그곳에서 멎었다. 뒤미처 몇사람이 열차칸을 찾다가 주씨 일행을 발견하고는 황급히 달려왔다. 그리고는 임방울에게 백배사죄를 하면서,

「연락에 착오가 생겨 큰 실수가 되었습니다. 용서해주십시오.」

그러나 임방울의 고집은 요지부동이었다. 끝내 자리에 눌러앉아 움직일 줄을 몰랐다.

이 일화를 통해서 우리는 예술인으로서의 긍지를 지켜보려는 임방울의 고집스런 일면을 느낄 수 있거니와, 이 일화와 관련하여 생각나는 것은 임방울의 외숙이요 지난날 이른바 오명창(五名唱)의 한 사람이었던 김창환(金昌煥)의 일화이다. 이제까지 알려져오기로는 임방울이 자기 외숙한테서 노래를 배우기 시작한 것으로 되어 있으나, 이 고장의 국악인 홍정택(洪正澤) 씨의 말에 의하면 그렇지도 않은 듯하다. 젊은 시절에 협률사(協律社)(갑오경장 이후의 국악인 공연단체를 이름. 창극단의 전신이라 할 수 있음)의 일원으로 임방울을 모시고 다닌 일이 있노라는 홍씨는 임방울한테서 직접 들은 이야기라 하면서,

「임 선생이 자기 외숙인 김창환 씨한테 노래공부차로 찾아가기는 갔던 모양이지만 그때는 벌써 김창환 씨 연세가 너무 높은 때여서 제대로 배우지도 못했었다고 하더군요. 글쎄, 임 선생이 자기 외숙을 찾아가 노래공부를 하러 왔다 하니까, 그러면 사당 참례 먼저 하고 와, 해서 김창환 씨 사당 참례를 하고 오니까, 어디 한번 해봐, 해서 한마디 불러봤더니, 그래 가지고 무슨 공부를 한다고 혀, 하면서 내팽개쳐버리더라고, 임 선생이 농담 비슷하게 말한 걸 들은 일이 있어요.」

하는 것이었다.

그야 어떻든 김창환의 일화라는 것은 바로 그 사당(祠堂)과 관련되는 것이다. 아직도 봉건적인 잔재가 완강히 남아 있던 당시에 있어서의 국

악인들의 사회적 지위를 감안할 때 명창 김창환과 사당이라는 것이 얼핏 생각하면 도시 연결이 잘되지 않는 것이지만, 홍씨의 말을 들으니 충분히 납득이 가는 이야기였다. 당대의 명창인 탓으로 하여 그는 마침내 어전(고종 앞이었던 것 같다)에서 노래를 하게 되었는데, 하도 노래를 잘하니 상감이 김창환의 손을 잡으며,

「그대 소원이 무엇인고?」

하문하니,

「상감마마의 용안을 그려주시면 평생 모시겠나이다.」

했다는 것이다.

그래서 상감의 진영(眞影)을 모시는 사당을 차리게 되었고, 또 상감의 어수(御手)가 닿은 자기 손목을 고이 간수하기 위하여 늘상 황금토시를 만들어 끼고 다녔다는 것이다.

어느 날 그 고장을 지나가던 나주목사의 행차가 김창환의 집 앞에 이르러, 주인은 어서 문밖에 나와 원님께 예를 올리라 하니, 김창환이 오히려 나주목사는 우리집 사당에 들러 참례 먼저 하라, 하여 결국 고을 원님으로 하여금 자기 집 사당 참례를 하게 만들었다는 이야기다.

다소 과장된 이야기 같기도 하지만, 절대군주시대에 더러 있을 법한 풍경이기도 하다. 요즈음의 지방장관과는 비교할 수조차 없는 막강한 권력을 가진 고을 원님을 골탕먹인 그의 기지도 기지려니와, 그런 권력 앞에 굴하지 않은 그의 자세에서 오히려 예술가로서의 고집스런 긍지 같은 것이 느껴지기도 한다. 그리고 바로 그런 면이 앞서 소개한 임방울의 일화와 상통하는 면이 아닐까 한다.

아무튼, 이렇게 해서 그 대구의 초청공연은 일단 파의해버리고 서울로 돌아오게 되었는데, 차중에서 임방울은 무슨 생각에 잠겨 있는 듯 오랫동안 말이 없었다. 평소에 드문 일이었다. 임방울의 생전의 별호는 〈달

아맨 토끼〉였다 한다. 나는 처음 이 고장의 국악인 홍정택 씨한테서 〈달아맨 토끼〉라는 그의 별호 이야기를 듣고 속으로 탄복하지 않을 수 없었다. 그도 그럴 것이, 평소에 나는 임방울의 「춘향가」 〈쑥대머리〉나 「적벽가」 〈새타령〉과 더불어 그의 「수궁가」 중의 백미라 할 토끼가 용왕과 문답하는 대문, 즉 결박되어 용왕 앞에 끌려나온 토끼놈이 죽을 둥 살 둥 모르고 교묘한 궤변을 늘어놓아 위기를 모면하는 대문은 임방울의 찬란히 빛나는 부분이라고 생각하고 있거니와, 근래에 나온 LP레코드 커버 같은 데서 볼 수 있는 그의 사진의, 갸름한 용모에다가 촉기가 서려 있으면서도 회동그란 그 눈동자의 인상 역시 아닌게아니라 다급하게 놀란 토끼를 연상케 하는 것이었기 때문이다. 게다가, 홍씨의 말로는 노상 입가를 양 손바닥으로 쓰다듬는 그의 버릇조차도 토끼가 앞발을 핥는 모습과 방불한 바 있다는 것이다.

그러나 이 별호는 그의 외모나 몸짓뿐만 아니라 더 내면적인 그의 삶의 자세 내지 예술가로서의 성깔 같은 것도 아울러 드러내주는 것이 아닐까 생각된다. 그는 한시 한때 노는 일이 없었다 한다. 속담에 〈노는 입에 염불〉이라는 말이 있거니와, 임방울이야말로 언제 어디서나 편안히 입을 놀리는 법이 없었다는 것이다. 언제 어디서나 가락을 흥얼거리며 익히는 습성을 저버리지 않았다는 것이다.

「세상사람들은 임 선생을 일러 타고난 성음이라고들 하지만, 그런 공력이 없고서야 어찌 그런 성음이 다듬어질 수 있었겠소.」

국악인 홍씨는 말하는 것이었다. 자기 한(恨)에 홀린 듯이, 치솟는 신명에 내몰린 듯이 죽을 둥 살 둥 모르고 자기 성음(聲音)의 이승 저승을 거침없이 횡행(橫行)하는 그의 가락을 듣고 있노라면, 아닌게아니라 임방울이야말로 평생에 풀려날 길 없는, 예술이라는 마귀한테 달아매여도 단단히 달아매인 토끼와 방불하구나 하는 감회를 금할 수 없는 동시에,

실상은, 천방지축으로 펼쳐내는 그의 도도한 신명의 강물 속에 떠내려가고 있는 나 자신 또한 그 신명의 사슬에 달아매인 한 마리 토끼가 되어 있음을 느끼지 않을 수가 없다.

그러한 임방울이 지루한 적막에서 오랫동안 입을 다물고 앉아 있었다는 것은 정말 드문 일이 아닐 수 없다.

「내가 어떻게 해서 〈쑥대머리〉를 배운지 아냐?」

오랜 침묵 끝에 그는 불쑥, 주씨한테 허두를 떼더라는 것이다.

〈쑥대머리 귀신형용 적막 옥방의 찬 자리에〉로 시작되는 〈쑥대머리〉는 「춘향가」 중 〈옥중가〉의 한 대문이요, 임방울과는 뗄래야 뗄 수 없는 관계가 있다 해도 좋을 것이다. 그도 그럴 것이, 임방울이 명창으로서의 이름을 떨치기 비롯한 것은 〈쑥대머리〉를 부르기 시작한 이후부터의 일이기 때문에도 그렇고, 또 이 〈쑥대머리〉야말로 전후(前後)의 어떤 가수도 감히 흉내 못 낼 그의 더늠(그 가수 고유의, 장기로 부르는 대문) 중의 더늠이기 때문에도 그렇다. 각기 빛과 결이 다른 그의 〈쑥대머리〉 SP판을 나는 세 종류를 녹음한 일이 있거니와, 이로 미루어 보더라도 그의 〈쑥대머리〉가 당년에 얼마나 폭발적인 인기를 얻었겠는가를 가히 상상할 만하다.

그건 그렇고, 주씨가 서울로 돌아오는 차중에서 들었다는 이야기, 그러니까 임방울이 노래공부를 시작하여 한 가객으로서의 자신을 바로 세울 수 있게 되기까지의 이야기를 간추려보면 다음과 같다.

집안이 가난한 임방울은 어려서 글공부를 제대로 하지 못하였다. 소년 시절에는 어느 탈곡기 돌리는 사람 밑에서 잔심부름을 하며 따라다녔다. 그러나 일이 고되고 주인의 꾸중은 심하였다. 하늘의 뜬구름이 부럽기만 하였다. 자신도 모르게 일손을 놓고 멍하니 뜬구름만 바라볼 때가 한두 번이 아니었다. 그때마다 주인한테 꿀밤을 먹기가 일쑤였다.

그러나 더욱 견딜 수 없는 것은 가슴에 사무쳐오는 신명을 도시 주체할 수 없는 일이었다. 읍내에 굿패들이 한바탕 휩쓸고 돌아간 뒤 같은 때에는 하늘의 뜬구름을 쳐다보는 일이 더욱 잦아지곤 하였다. 뜬구름처럼 팔도강산을 떠돌며 노래나 실컷 부르고 싶었다. 제대로 글공부도 해보지 못한 그였으나 떠돌이 굿패들이 흘리고 간 가락들은 웬일인지 하나하나 선연히 가슴에 새겨지곤 하였다. 흘러가는 뜬구름을 향하여 그 가락들을 흥얼거릴 때만은 그도 저절로 신명이 솟곤 하였다.

마음이 콩밭에만 있으니 일이 손에 잡힐 리가 없었다. 굿패들이 흘리고 간 가락이나 흥얼거리며, 멀리 뜬구름이나 바라보고 있으니, 주인 눈엔들 곱게 보일 리가 없었다. 주인의 꾸중은 날로 심하여갔고, 그의 마음은 걷잡을 수 없이 부풀어가기만 하였다. 주인한테서 유달리 호된 닦달을 당하고 난 다음날 새벽 그는 마침내 자기 인생의 첫발을 내딛기로 결심하였다. 그곳을 뛰쳐나온 것이었다.

서머셋 몸의 「달과 6펜스」라는 소설의 주인공 스트리클랜드는 19세기 후기인상파의 대표적 화가인 폴 고갱을 모델로 한 인물이라 전한다. 그는 나이 사십에 이르기까지는 그저 평범하고 선량한 가장이요 남편이었다. 어느 증권회사던가 거래소던가 하는 곳에서 일정한 지위도 가지고 있었다. 그러나 그는 그야말로 〈어느 날 갑자기〉 행방을 감추었다. 그림을 그리기 위해서 가정과 사회를 버린 것이다. 이제까지 쌓아온 40년의 자기 인생에 종지부를 찍고 새로운 인생을 시작하기 위하여 탈출을 감행한 것이다. 잠재울래야 잠재울 수 없었던 자기 내면의 데먼, 즉 예술에의 치열한 정열에 이끌리어 그는 마침내 평범하고도 편안한 일상적인 삶에 하직을 고하고 외롭고 쓰라린 예술가로서의 삶을 시작했던 것이다. 소년 임방울의 탈출이 바로 이런 것이 아니었을까 한다.

그의 발길은 저절로 이웃 고을 쪽을 향하고 있었다. 그곳에는 인근에 꽤 이름이 알려진 소리꾼이 한 분 살고 있었던 것이다. 주씨의 말로는, 그 소리꾼은 임방울의 아저씨뻘 되는 사람이었다 한다. 그가 당대의 오명창(李東伯·宋萬甲·金昌煥·丁貞烈·劉成俊 등을 이름) 중의 유성준·정정렬 등을 스승으로 만난 것은 그의 노래 솜씨가 어느 정도 인근에 알려지기 시작한 뒤의 일이다.

그 이웃 고을의 소리꾼이 누구인지는 지금 확실치 않다. 인근에 꽤 이름이 있었다고는 하지만, 오늘날 그의 인적 상황이 뚜렷이 전해지지 않는 것을 보면 그다지 두드러진 존재는 아니었던 것 같다.

찾아온 연유를 묻고 난 선생은 말하였다.

「그러면 어디 한번, 아무거나 한 대목 해부아.」

그래서 임방울은 귀동냥으로 익혀, 늘상 즐겨 흥얼거리던 〈쑥대머리〉를 불렀다. 귀동냥이라고는 하지만, 자기 나름으로는 획 하나 구절 하나 어김이 있을세라 골똘한 정성으로 익힌 가락이었던 것이다. 노래를 다 듣고 난 선생은 그저,

「청은 그만허면 쓰겄는디.」

혼자말을 하였다.

스승과 제자 (2)

옛날 소리꾼 중에는 더러 심산유곡의 폭포 아래에 가서 소리공부를 시작하여 자기 청이 그 폭포소리를 이겨낼 수 있을 정도로 통성을 얻은 연후에야 산을 내려왔다고 전한다.

「정말로 소리공부를 혀볼 끼여?」

「예.」

임방울은 대답하였다.

「소리는 아무나 하는 것이 아니여. 중파맥이할 요량이면 당초에 작파하는 게 좋아.」

「죽기 아니면 살기로 한번 혀보겄어라우.」

임방울은 분명하게 말하였다.

선생은 그래도 미심쩍은 듯 몇번이고 다짐을 받고 나서는,

「그러면 내가 시키는 대로 혀야 혀.」

「예.」

선생은 마루로 나와,

「날 봐.」

하고 아내를 불렀다. 부인이 부엌에서 일하다 말고, 행주로 손을 닦으며 나왔다.

「공부꾼이 하나 왔으닝개 저 헛간 좀 치워놔.」

「헛간에서 어떻게요? 저 퇴방을 쓰도록 허면 안 되야요?」

부인이 의아한 어투로 말하자,

「거, 모르는 소리 그만 허고 시키는 대로 혀.」

라고 선생은 단호하게 말하였다. 부인은 두말 못하고 헛간 쪽으로 갔다.

그날로 헛간을 말끔히 치운 다음 바닥에는 가마니를 겹으로 깔았고, 문짝이 없었으므로 까대기를 쳐서 문짝을 대신하였다.

선생과 임방울이 헛간 안에 들어서니 대낮인데도 어두웠다. 그 어둠에 익숙해지기까지에는 한참을 기다려야 하였다.

「여그서 삼 년 동안 나올 생각을 말어.」

그곳이 임방울이 삼 년 동안 거처해야 할 방이요 소리공부를 해야 할 도장(道場)이기도 한 셈이었다. 선생은 몹시 가난했던 모양이다. 그날부터 삼 년 공부가 시작되었다.

「너 어제 〈쑥대머리〉를 혔었제? 그거 누구한티서 배운 게여?」

선생이 묻자, 임방울은 계면쩍은 표정으로,

「그냥 줏어들은 소리여라우.」

「그야 어떻든지간에 그 〈쑥대머리〉부텀 혀보자. 〈쑥대머리〉란 건, 옥에 갇힌 춘향의 가궁한 정상을 노래한 대문인개 그걸 마음에 두고서 소리를 혀야 혀. 어디 혀봐.」

라고 선생은 말하며 북채를 잡고 북통을 앞으로 당기었다. 임방울은 목과 어깨를 두어 번 움찔거려본 다음 소리를 하기 시작하였다.

「쑥대머리 구신형용 적막 옥방으 찬 자리에 생각나는 것이 임뿐이라. 보고지고 보고지고 한양낭군 보고지고……」

이때 선생은 북통을 두어 번 두드리며,

「그만 그만.」

임방울은 소리를 그쳤다.

「소리가 그렇게 간드러지기만 혀서야 어디 쓰겄냐. 소리가 남의 귀를 간지럽게 헐라고만 혀서는 못 쓰는 볩이여. 소리에 힘줄이 배겨야제. 그러닝개 한 마디 한 마디가 모두다 저 아랫배에서 솟구쳐 올라와야 헌다 그 말이여. 알겄어? 자, 따라서 혀봐.」

선생은 다시 북통을 당기고 소리를 뽑기 시작하였다.

「쑥대머리 귀신형용.」

임방울도 따라 하였다.

「쑥대머리 귀신형용.」

「쑥대머리의 쑤욱, 대애 할 때 그냥 곧게 쑤욱, 대애 하면 안 되야. 소리가 슬쩍 휘어지며 끝이 살짝 올라가면서 쑤욱, 허고 또 대애, 혀야만 넘실거리는 결이 생기는 볩이여. 어디 혀봐. 쑤욱 대애.」

「쑤욱 대애.」

「옳지. 쑤욱대애 머어리이의 머어리이는 반대로 휘어지면서 끄트머리를 살짝 내려야 서로 아귀가 맞을 것 아니여? 쑤욱대애머어리이, 어디 혀봐.」

「쑤욱대애머어리이.」

「쑤욱대애머어리이 귀신형용.」

「쑤욱대애머어리이 귀신형용.」

「귀신형용 헐 때도 쑥대머리와 비젓하게 결이 생겨야 허는 볩이여. 서로 짝을 이루고 있으닝개 말이여. 쑥대머리 귀신형용, 혀봐.」

「쑥대머리 귀신형용.」

「그래 잘 되얐다. 아침나절엘랑은 그 대문만 몇번이고 연습혀.」

아침결에 잠깐, 선생이 한 대문씩 불러주는 가락을 받아부르는 일과가 끝나고 나면, 온종일 그 깜깜한 까대기 안에 앉아서 목청껏 그것을 되풀이하여야 하였다. 〈쑥대머리〉를 처음부터 새잡이로 시작하는 것이었다. 떠돌이 굿패들한테서 주워들은 가락이 공부에 도움이 되기는커녕 오히려 번번이 선생한테 꾸중을 듣는 빌미가 되었다. 임방울의 목청에 어느새 나쁜 버릇이 생겨 있다는 것이었다. 그 버릇부터 잡아야 한다는 것이었다. 그러나 그것은 쉬운 일이 아니었다. 조금만 방심해도 그 버릇이 튕겨나와 선생의 가락을 받는 일을 방해하였다. 그건 말하자면 예기치 않은 곳에서 만나야 하는 허방(함정)이었다. 그런 허방에 빠지지 않으려고 조심조심 내딛다보면 어느새 소리가 헷갈려 제멋대로 비틀거렸다. 그럴 때마다 선생의 불꽃같은 성깔을 돋우곤 하였다.

날이 가고 달이 갔지만, 그의 소리에는 조금도 진척이 없었다. 게다가 몸에는 이가 끓고 무릎에는 켜켜이 앉은 때가 누룽지처럼 부풀었는데도 소리에는 진척이 없었다. 어지러워 견딜 수 없었다. 힘껏 목청을 뽑노라면 눈앞이 핑그르르 돌며 불똥이 튀었다.

한 해 여름 삼복더위의 어느 날이었다. 까대기 안이 한증막 같았다. 숨이 턱턱 막히고 눈앞이 어찔거리고, 비 오듯 솟는 땀이 켜켜이 앉은 때와 범벅이 되어 흘러내렸다. 군시러워 견딜 수가 없었다. 마침, 선생이 어디 출타를 하는 눈치였다. 읍내에 나들이하는 성싶었다. 그는 가만히 개울가로 빠져나와 누더기 같은 옷을 벗고 목욕부터 하였다. 묵은 때를 벗겨냈다. 여러 달 만에 물 속에 몸을 담그니 정말 살 것 같았다. 개울가로 올라와서는 바위에 기대앉아 옷에 꾄 이를 잡기 시작하였다. 그것은 잡는다기보다는 훑어낸다고 하는 편이 옳은 표현이었다. 시원한 바깥바람을 쏘이니 절로 살이 찔 것 같았다. 뜨거운 여름해가 사정없이 그의 벗은 몸을 쏘아댔으나, 그래서 그의 눈앞이 어찔어찔하기도 하였으나, 오랫동안

굴속 같은 움막에 갇혀 있었던 그에게는 그 햇볕조차도 살갑게 느껴지기만 하였다.

그가 돌아올 채비를 서두른 것은 그럭저럭 두어 식경(食頃)이 지난 뒤였다. 날아라도 갈 듯한 걸음걸이로 부랴부랴 집 안에 들어서던 그는 장승처럼 발이 얼어붙어버렸다. 까대기 거적문 앞에 대빗자루를 세워 들고 염라대왕처럼 버티고 서 있는 선생의, 화가 머리끝까지 치솟은 모습을 발견하였기 때문이었다. 불문곡직이었다. 선생의 대빗자루가 한 번 하늘로 치솟더니 이내 그의 등줄기와 종아리에 사납게 쏟아져내리기 시작하였다.

「흥부가」 중에 놀부가 양식 얻으러 온 동생 흥부를 치는 대문을 명창 박봉술(朴奉述)은 〈좁은 골 벼락치듯 강짜싸움에 기집 치듯 담에 걸친 구렁이 치듯 후닥닥 철벅〉 하는 식의 자진모리 가락으로 묘사하고 있거니와, 선생의 매질 또한 이에 못지않은 자진모리 가락이었던 모양이다. 물론 놀부의 매질에서는 어딘지 해학적인 분위기를 느끼게 되는 데 반하여 선생의 매질은 그의 성깔로 보나 전후의 사정으로 미루어보나 도시 그런 해학적인 여유 같은 것이 깃들 여유가 없었겠지만, 그리고 그런 점이 판소리가 지닌 묘미와 그 창자가 치러야 할 실제 인생의 쓰라림 사이의 차이라고 할 수 있겠지만, 어떻든 손에 든 대빗자루 하나가 다 몽그라지도록 선생의 자진모리 가락의 맷손은 멎지 않았다. 그러나 이윽고 선생도 지쳤던 모양이다.

꼼짝하지 않고 맞고 서 있는 임방울의 피멍으로 회를 친 등줄기며 종아리를 이윽히 훑어보던 선생은 맷손을 슬그머니 놓으며 한마디 중얼거리는 것이었다.

「심지가 저래 가지고 어찌 명창 되기를 바래여.」

그의 목소리가 꽤 많이 떨려 있었다. 그러나 그 떨림은 어깻숨을 몰아

쉴 정도로 과격한 몸놀림을 한 탓으로 연유되는 것만은 아닌 듯하였다. 그보다는 훨씬 더 간절한 그의 내면의 어떤 갈증 같은 것에서 연유되는 그런 떨림 같았다. 그의 떨림이 임방울의 젊은 가슴속으로 헤집고 들어왔다. 죄스러운 마음이 그를 엄습하였다. 초로(初老)에 접어드는 선생의 여윈 모습이 오늘따라 안쓰럽게 느껴졌다.

임방울 이전에도 선생을 거쳐간 사람은 여럿 있었고, 이즈음에도 두서너 사람이 소리공부를 하기 위해 들락거리고 있었다. 그러나 그 누구도 임방울처럼 까대기 안에 붙잡아두거나 호된 닦달을 하거나 하지는 않았다. 성깔이 본시 불꽃같은 분이어서 꾸중을 할 때는 누구에게랄 것 없이 눈에서 불꽃이 번쩍 튈 정도로 엄하게 닦달하는 편이었지만, 그래도 임방울에게처럼 그렇게 엄하게 다잡지는 않았다. 그것은 그만큼 임방울의 재능을 아끼는 마음에서 연유되는 것이라 할 것이었다.

처음, 선생이 자기에게만 유독 엄하게 닦달하는 기미를 알아차리고는 야속스러이 여겨본 적도 있기는 있었지만, 이내 그 모두가 애오라지 자기를 아끼는 스승의 깊은 마음의 표시임을 깨달은 이후로는 한때나마 스승을 야속하다 생각한 자신의 옅은 소견머리를 모질게 꾸짖기까지 했었다. 그러한 선생의 마음을 오늘 유달리 아프게 한 자신의 소행을 생각하니 그는 가슴이 메어지는 듯하였다.

「지가 죽을 죄를 졌구만이라우.」

임방울은 떨리는 목소리로 말하였다. 터지려는 울음을 간신히 삼키며 하는 말이어서 그런지 감기에라도 들린 사람처럼 목소리가 많이 갈려 있었다. 선생은 그러고도 한참 동안이나 땅바닥 쪽으로 고개를 숙이고 어깨만 들먹이고 서 있는 제자의 피멍으로 구겨진 몰골을 샅샅이 눈으로 더듬는 듯하더니 아무 말없이 안방으로 들어가버렸다.

「어이구, 그 양반 성깔이라니.」

삼십여 년을 같이 살아오는 동안에 남편의 불꽃같은 성미를 알 대로는 다 알고 있는 터라 한참 소동이 벌어졌을 때는 남편의 맷손 한번 붙잡아 만류하지 못하고 봉당 앞에서 벌벌 떨고만 있던 사모님이 이제야 나서며 한마디하는 것이었다.

「그러닝개 내가 뭐래여. 그 양반 알면 벼락날 것이라고 안 혔어. 어서 들어와, 저녁이나 먹게.」

그제서야 임방울도 목놓아 시원스레 울음을 터뜨릴 수가 있었다.

다시 또 날이 가고 달이 가고 해가 바뀌었다. 임방울의 뼈를 깎고 살을 말리는 정진은 계속되었으나, 선생은 번번이 혀만 끌끌 찰 뿐이었다. 떠돌이 굿패들한테서 귀동냥으로 얻어들은 나쁜 버릇은 그럭저럭 바로잡아져서 선생의 가락을 어느 정도는 받아들일 수 있게 되었다. 그러나 그의 목청은 아직도 군목에 지나지 않는다는 것이었다. 소리도 샘물과 같은 이치라는 것이었다. 원 물줄기에서 솟아나는 샘이라야 가뭄을 타지 않는 법이지, 건수(乾水)는 아무리 많아도 조금만 가물면 이내 바닥이 나고 만다는 것이었다. 아랫배에서 통성으로 뿜어올리는 소리라야 평지를 갈 때나 고개를 넘을 때나 여축없이(어김없이) 도도한 흐름을 이루는 법이지, 군목으로 내지르는 소리는 듣기에 시끄럽기만 했지 속에 힘줄이 배지 않아서 조금만 고개가 가파라도 이내 자지러지고 만다는 것이었다. 속에 힘줄이 배지 않은 군목으로 가파른 고갯길을 넘으려니까 결국 목안엣소리로 자지러지게 되는데 그것은 듣기에는 그럴듯해 보여도 결국 건수(乾水)와 같은 것이어서 듣는 이의 심금을 시원스레 울릴 수는 없다는 것이었다.

자기 소리의 샘줄기를 파내는 것, 그것은 이제야 젊은 임방울에 있어서의 죽기 아니면 살기의 지난한 과제였다. 그러나 아무리 아랫배에 힘을 주고 또 주어보아도 군목만 야단스럽게 터져나올 뿐 나긋나긋하다가도 경각에 팽팽해지고, 웅장했다가는 금세 애절하게 솟구치는 그런 힘줄 배인 통성은 솟아나지 않았다. 가령, 〈손가락에 피를 내어 사정으로 편지헐까, 간장의 썩은 눈물로 임의 화상을 그려볼까〉 하는 대문 하나만을 두고도 그는 몇날 몇밤을 되풀이 되풀이 몸부림치듯 달라붙었으나 결과 색이 분명한 임의 화상은 야속히도 그려지지 않았다. 〈사정으로 편지하는〉 대문은 말하자면 평지를 가는 이치이매 그럭저럭 넘길 수가 있었으나, 〈간장의 썩은 눈물로……〉 하는 대문은 꽤 가파른 고갯길이었으므로 결국 군목으로 까라져버리거나 그렇지 않으면 목안엣소리로 궁글어버리는 것이었다. 군목도 군목이지만 목안엣소리로 궁글어버리는 것은 선생에게는 딱 질색이었다. 그때마다,

「아, 이 미련한 저석아, 귀신이 씨나락 까묵고 있냐 시방, 간장의 썩은 눈물로, 할 적에는 〈썩은〉에다 기운을 모둬야 허고, 임의 화상을 그려볼까, 할 적에는 〈화상〉에다가 기운을 모둬야제. 소리란 높낮이가 분명혀야 허고, 맑고 흐림이 분명혀야제. 그래 가지고는 어디 임의 화상이 그려지겄어?」

선생은 얀정없이 닦달하는 것이었다. 군목도 물론 가까이해서 안 되는 것이지만, 그래도 그 청(목청)에 차차 힘줄이 배게 되면 저절로 없어지는 것이매 그렇다 치고라도, 기지도 못하는 주제에 날기부터 한다는 격으로 목안엣소리로 궁글리는 것은 옅은 꾀로 청중을 속여넘기려는 소행이매 특히 용납할 수 없다는 것이었다. 청에 꾀 파는 버릇이 붙어버리면 소리꾼으로서는 볼장 다 본 것이나 진배없다는 것이었다.

「아, 이 저석아, 아랫배에 힘을 주고, 아래턱을 당겨서 소리를 모두어부아. 네 소리는 옹기 깨지는 소리제 어디 그게 청이여?」

선생은 답답하다는 듯이 윽박질렀지만, 그러나 통성을 지르노라 목이 쉰 그의 청은 자꾸 주눅만 드는 셈인지 안으로 기어들었다. 낮을 때는 평

지를 걸어가듯 한가하면서도 융숭깊게, 높을 때는 험산준령을 타고 넘듯 사무치면서도 청아하게 청을 부려야 한다지만 녹슨 쇠붙이같이 굳어버린 그의 청을 솟구쳐올렸다가 끌어내렸다가 하기가 마치 구십 노인이 돌절구 다루기보다 힘에 겨웠다.

그러는 동안에 그의 목에서 피가 터졌다. 전에도 여러 번 당해본 일이어서 별로 대수로울 것도 없었다. 목에서 피를 토하고 나면 목이 열린다고들 하지만 그에게는 그것도 빈말이었다. 목이 열리기는커녕 돌덩이처럼 굳어져서 청이 안으로 기어들기만 하였다. 연일의 고된 일과로 하여 이번에는 몸살이 유난히 오래가는 것 같았다.

이러한 방울의 몰골을 보면서 안쓰러운 생각을 누르지 못한 것은 부인쪽이었다. 벼르고 벼른 끝에 부인은 남편에게 조심스럽게 운을 떼보았다.

「공부꾼도 많이 겪어봤지만 방울이만큼 부지런헌 사람은 아매 없을 것이요.」

「몇 조금이나 갈지 두고 봐야제.」

「그만큼 겪어봤는데두요?」

「아직 멀었어.」

부인은 여기서 잠시 망설이다가 입을 뗐다.

「헌디, 퇴방이 있는디 어째서 헛간에서 기거허게 허시남요?」

「다 생각이 있어 그런 게여.」

「생각이라니, 무슨 생각이다요?」

그러자 선생은 부인 쪽을 바라보며,

「광대 되기가 쉬운 줄 아남? 큰 광대 되기가 쉬운 줄 알어? 큰 광대가 되려며는 엄동설한에나 삼복더위에나 끄떡없이 견더내는 근기가 있어야 허는 벱이여. 그런 고초를 겪어내지 못허면 그 성음은 그늘에 자란 밀대

같이 조금만 힘겨워도 이내 꺾이고 마는 벱이여. 광대가 득음하기란 유기장이가 방짜 뽑아내기와 같은 게여. 방짜라 허는 것은 달구고 두드리고 늘여뺐다 되접었다 천번 만번을 달구고 두드리고 한 연후에야 뽑아지는 게여. 광대의 목청도 방짜목이 되려며는 비가 오나 눈이 오나 찬 데 더운 데 가리지 않고 여축없고 끄떡없는 근기가 백여야 허는 벱이여. 이런 고초를 겪지 않고 어찌 큰 광대가 된다 허리. 내 이놈만은 기어이 방짜를 만들 게여.」

꽤 오랫동안을 혼자말하듯이 말하였다. 그 어조는 요지부동의 것이었다. 사모님의 힘으로는 어찌할 수 없는 것이었다. 말없이 밖으로 나왔다.

그날 저녁때.

「공부도 좀 쉬엄쉬엄 혀야제, 몸이 어디 견더내겄어?」

사모님이 사기대접을 들고 거적문을 들치고 들어서며 말하였다. 일구월심으로 목청을 돋우던 임방울도 이때만은 잠시 소리를 멈추지 않을 수 없었다.

「어서 이거나 마셔부아. 잘 삭아서 냄새가 하나도 안 나는구먼.」

사모님이 사기대접을 내밀며 말하였다. 똥물이었다. 체로 밭쳐 걸러온 똥물이 얼핏 보면 잘 익은 청주 빛깔이었다. 비 맞지 않은 똥통에서 여러 날 곰삭은 똥물을 체에 거른 것이었다. 왕년에 소리공부하는 사람들 중에 똥물 한두 번씩 마셔보지 않은 사람 별로 없노라고, 명창 박동진 씨는 말한 바 있거니와, 이걸 마시면 소리공부하느라 골병든 삭신도 풀리고, 청에도 한결 힘이 붙는다는 것이었다. 필자가 어렸을 적만 해도 심히 매를 맞아 골병든 사람이거나 무슨 열병이 든 사람이 더러 똥물을 걸러 마신다고 들었다. 아마도 민간의 단방약이었던 듯하다. 전날 소리공부하는 사람들에게는 없지 못할 비방의 하나였던 듯하다. 그러나 어떻든 가난하고 비참했던 시절의 한 유풍이라고 할 수밖에는 없을진대 숙연한 생각이 든다. 옛날 소리꾼 중에는 더러 심산유곡의 폭포 아래에 가서 소리공부를 시작하여 자기 청이 그 폭포소리를 이겨낼 수 있을 정도로 통성을 얻은 연후에야 산을 내려왔다고 전한다. 「춘향가」 중에는 형장(刑杖) 맞아 사경(死境)에 이른 옥중의 춘향이 비 오는 야삼경에 비몽사몽간에 온갖 잡귀잡신들이 푸념하고 넋두리하며 울음 우는 소리를 듣고 소스라쳐 잠을 깨는 대문이 있다. 이른바 〈귀곡성(鬼哭聲)〉이라는 것인데, 그 귀곡성은 한말의 명창 이날치(李捺致)라는 이가 기막히게 잘 불렀다고 전한다. 그 귀곡성을 익히기 위하여 그는 무덤터를 찾아가 몇날 몇밤을 그곳에서 살면서 비 오고 번개치는 야밤중에 귀신·도깨비 우는 소리를 듣고서야 비로소 소리를 터득했다는 것인데, 그의 귀곡성을 듣게 되면, 누구나 소름이 오싹오싹 끼치지 않을 수 없었다는 것이다. 판소리는 이런 초인적인 집념의 소유자들에 의해서 성취되어온 것이다. 명창 임방울의 생애에서도 우리는 그런 집념을 보게 된다.

스승과 제자 (3)

「소리가 뚫릴 때도 되얐는디 왜 그런다냐. 법제고 뭣이고 상관없으잉개 어디 오늘은 늬 부르고 젚은 대로 한번 마음놓고 불러부아라. 원이나 없게.」 하며 거기 있는 북통을 끌어당기며 북채를 잡는 것이었다.

작정한 삼 년도 거지반 되어가는 어느 날이었다. 바깥날씨가 유난히 따뜻하고 화창한 듯하였다. 절기는 바야흐로 만화방창의 춘삼월이었다. 그러나 어느덧 성년에 접어드는 임방울의 가슴속에는 삼동의 먹구름이 일 뿐이었다. 삼 년 동안의 그 피나는 고생이 결국 물거품으로 돌아가고 마는가 생각하니 차라리 죽고만 싶었다. 사실, 그 삼 년 동안의 세월은 젊은 임방울에게는 말할 수 없는 가혹한 수련의 나날이었다. 햇볕도 제대로 들지 않는 까대기 안에서 기거를 하며 소리공부를 해야 하는 그 생활은 무엇보다도 먼저 자신과의 싸움에서 이겨야 하는 생활이었다. 삼복더위에 시달려야 하였고 엄동설한에 시달려야 하였다. 그러나 무엇보다도 견딜 수 없는 것은 바깥바람을 마음대로 쐴 수 없는 일이었다. 바깥출입을 엄히 단속하는 스승의 분부를 감히 어길 수가 없었다. 한 해 여름 냇가에서 목욕하고 돌아오자 선생에게 들켜서 크게 경을 치르고 난 이후로는 아예 변소길 말고는 바깥 구경할 염을 내지 않기로 스스로에게 다짐을 하였었다. 선생에게 경을 치르는 것이 두려워서라기보다는 한번 작정한 삼 년은 기어이 채워보리라 각심(覺心)한 바를 스스로 저버리고 싶지 않아서였다.

그 동안에 그는 단가(短歌)를 둘 떼었고, 장장 여덟 시간이나 불러야 완창이 되는 춘향가를 일단 떼었다. 그리고는 두 번 세 번 그것을 처음부터 되풀이하였었다. 밥 먹고 잠자는 시간 외에는 애오라지 소리를 익히는 것이 일과였다. 드러누워 잠을 청할 시간에도, 변소길을 갔다오는 동안에도 그는 속으로 흥얼거리지 않으면 직성이 풀리지 않았다. 소리란, 그것이 완전히 몸에 배지 않으면 순탄히 제 길을 따라 풀려나지 않는 법이라는 스승의 훈계를 명심한 탓에였다. 뒷날 그가 때와 장소를 불문하고 노상 흥얼거리는 버릇을 익힌 것도 이때의 생활습성 탓이라 할 수 있었다.

그리고 그 동안에 그는 어느 정도 득음(得音)을 하였다 할 수도 있었다. 타고난 청도 청이려니와 일구월심의 공력이 곁들였으니 소리에 힘줄이 붙지 않았다 할 수는 없었다. 그래서 이제는 평지를 갈 때도 한가하면서 융숭깊은 걸음걸이를 할 수 있었고, 험산준령에 부딪친다 해도 단숨에 솟구쳐오를 만한 근기를 갖추었다고 할 수가 있었다. 그래 그런지, 군목 지르지 마라, 목안엣소리 궁글리지 마라, 그다지도 시시콜콜히 타박하던 선생의 꾸중도 이즈음에는 뜸해진 것이 사실이었다. 그 동안 소리공부하러 이 집에 드나들던 다른 제자들도 어느새, 누구 없이 그의 소리를 한뭇 윗줄로 올려앉히게 되어 있었고, 원근의 마을사람들까지도 임방울을 두고 새 명창 났다 하여 품을 버리고 찾아와 그의 소리를 듣고는 혀를 내두르기가 일쑤였다.

그러나 정작 선생은 달랐다. 그의 소리를 듣고 나서는 언제나 고개를 살래살래 흔드는 것이었다. 아직도 소리에 신명이 실려 있지 않다는 것이었다. 신명이 실려 있지 않은 소리는 아무리 평지와 고개를 임의로 넘나들며 통성을 휘두를 수 있다 한들 결국에는 얼이 빠진 소리에 불과하다는 것이었다. 말하자면 소리가 사람을 싣고 가야지, 사람이 소리를 끌고가서는 안 된다는 것이었다. 소리가 제 스스로 도도한 강물을 이루어야 사람도 거기에 얹혀 저절로 타내려갈 수 있는 것이지, 사람이 소리의 흐름을 끌고가려 해서는 안 된다는 것이었다. 무슨 장사라고, 사람이 도도한 강물을 끌어올릴 수 있느냐는 것이었다. 그것은 완력만 믿고 씨름판에 나서는 이치와 마찬가지라는 것이었다.

「소리라 허는 것은 물길과 같은 게여. 물길은 강줄기를 따라 때로는 잔잔허고 때로는 험준허고, 때로는 조잘대고 때로는 용트림허고, 너훌거렸다 뒤틀었다 온갖 형상을 다 이루는 것이 물길이여. 소리의 흐름도 그 조화 속을 깊이깊이 헤아려서 숙달헌 뱃사공이 파도를 타고 가듯, 때로는 물결에 부딪고 때로는 물결을 거사리되 애오라지 어르고 달래면서 망망창해를 헤쳐가야 헌다 그 말이여, 알겄어? 그것이 소리의 흐름이라는 게여. 소리의 흐름을 잘 탈 줄 알아야 명창 말을 듣게 된단 말이여.」

그러나 사람이 소리의 흐름을 타내려갈 수 있는 비법이 어떤 것인지는 선생도 딱히 집어내어 말할 수는 없는 듯하였다. 말로써 전할 수 있는 것이었다면 진작에 전하고도 남았을 것이지만 이 비법만은 어떤 말로써도 전달이 되지 않는 것이었다. 그래서 비법이라 하는지도 몰랐다. 그저 제가 알아서 터득하는 도리밖에는 없다는 것이었다. 그런데 젊은 임방울은 그것을 터득할 방도를 모르고 있었다. 여기에 스승과 제자의 갈증이 있었다.

삼 년 전, 임방울이 소리공부를 하겠노라고 찾아와 처음으로 귀동냥으로 익힌 〈쑥대머리〉를 불렀을 때 선생은 속으로 기쁨을 누를 길이 없었었다. 그의 소리를 다 듣고 나서 선생은 그저, 〈청은 그만허면 쓰겄는디〉 예사롭게 한마디하고 말았지만 속으로는 이제야 비로소 사람을 만나는구나 하는 흥분을 누를 길이 없었던 것이다. 카랑카랑하게 결이 서 있으면서도 천성적인 윤기에 넘치고, 상청·하청이 자유자재로 넘나드는 그의 청을 처음 접했을 때 선생은 큰 재목 하나 만났다는 확신을 굳혔던 것이다. 그 성음이 지나치게 카랑카랑하게 결이 서 있는 점이 자칫하다가는 양성(지나치게 깨끗하고 맑은 성음)으로 기울 흠도 없지는 않았으매 다소 마음에 걸리지 않은 바는 아니었으나, 그 대신 그 성음에 타고난 윤기가 곁들었으니 어느 정도는 그 윤기로써 그런 흠을 진득이 눌러앉히게 할 수 있을 것 같았고, 또 그 카랑카랑한 결만 하더라도 장차에 일구월심으로 달구어내기 나름으로는 구수한 수리성(목이 약간 쉰 듯하면서도 결이 아름다운 성음으로서 판소리에 가장 적합한 소리)으로 다듬어내는 데 좋은 재목이 될 수도 있을 것 같았다. 문제는 그 재목을 어떻게 갈고 다듬느냐에 있었다. 그 재목이 다듬어지고 달구어져서 타고난 제구실을 할 수 있게 되기까지의 피나는 수련을 사람이 얼마나 견더낼 수 있을 것인가에 있었다. 이놈만은 그런 재목으로 태어난 것이 분명한데 이놈이 그 고초를 감당할 수 있을까가 문제였다. 이놈만은 어떻게 해서든지 붙들어 앉혀서 정성으로 달구어 다듬어내고 말리라 하였었다. 그 동안에도 더러 싹수가 엿보이는 제자가 노상 없었다고는 할 수 없었으나 이만한 재목을 만나기는 난생에 처음 일이었다. 게다가 그 싹수를 점쳐 둔 몇몇 제자들마저도 제구실을 해낼 만하게 뻗어난 놈은 하나도 없었노라는 것이 이따금 둘레사람에게 털어놓는 선생의 푸념이었다. 대개는 심지가 틀스럽지 못하여 그 피나는 수련을 치러내지 못하고 지레 지쳐 쓰러지거나, 그렇지 않으면 끓지도 않고 넘기부터 한다는 격으로 통성도 얻기 전에 노랑목부터 쓰려들기가 일쑤였다. 처음, 임방울이 찾아와 소리공부를 하겠노라고 뜻을 비쳤을 때, 끝까지 해보겠느냐, 중파맥이할 테면 아예 작파하는 게 좋다, 두 번 세 번 다짐을 둔 것도, 말하자면 그 동안 여러 제자들한테서 델 대로 데어본 가슴인 탓에였다. 지난 삼 년 동안 분부와 닦달이 유독 임방울에게 그다지 자심했던 것도 그의 타고난 성깔 탓도 없달 수는 없으나 임방울의 재목됨이 유달리 출중함을 안 탓이라 하는 편이 옳을 것이었다. 공력도 틀스럽게 다져져야 할 것은 물론이려니와 소리꾼 될 사람이 피나는 고초를 이겨내는 근기를 길러두지 않으면 밑뿌리가 허한 나무와 같아서 거목이 되기 전에 언젠가는 쓰러지고 만다는 것을 선생은 그 동안의 경험으로 잘 알고 있었다. 말하자면 소리와 사람이 아울러 다져져야 소리도 사람도 능히 풍우를 견뎌낸다는 것이었다.

처음 얼마 동안은 아닌게아니라 염려스럽지 않은 바 아니었다. 이놈이 도무지 끝까지 제 고초를 이겨낼 것 같지 않았던 것이다. 그러나 한 해 여름 대빗자루 하나가 다 몽그라지도록 호된 닦달질을 겪고 나서부터 그의 몸가짐이 알게 달라진 것을 보고 선생은 이제 그 점은 마음을 놓을 수가 있었다. 게다가 그 공력이 하도 극진하여 옆에서 지켜보는 선생 스스로도 놀라지 않을 수가 없었다. 일년 지나고 이 년 지나면서부터 그의 소리가 날로 날로 달라져가는 것을 지켜보면서 선생은 이제 조선땅에 새 대광(大廣) 하나 생겨날 게 분명하다는 굳은 믿음을 얻게 되었다. 임방울을 두고 자기 문하(門下)에서 새 명창이 났다는 소문이 나돌기 시작한 것은 이때부터의 일이었다.

그러나 이 무렵부터 정작 선생에게는 새로운 갈증이 일기 시작하였다. 한말의 판소리 집대성자인 신재효(申在孝)는 자작 단가인 광대가(廣大歌)에서 광대가 갖추어야 할 네 가지 요건을 들었는데 〈제일은 인물치레, 둘째는 사설치레, 그 지차 득음이요, 그 지차 너름새라〉 하였다. 광대는 첫째 인물됨이 훤칠해야 하고, 둘째는 사설을 멋지게 구사할 줄 알아야 하고, 셋째는 목청을 잘 부릴 줄 알아야 하고, 끝으로 동작, 즉 연기가 뛰어나야 한다는 것이었다. 문학과 음악과 연극이 혼연일체가 되어야 하는 종합예술로서의 판소리 창자, 즉 소리꾼인 동시에 모노 드라마의 배우이기도 한 소리꾼의 요건을 적절하게 지적한 말이라 하겠거니와, 이제, 그 타고난 성음에다 알 것 다 알고, 익힐 것 다 익힌 위에 피나는 공력으로 갈고 닦음이 또한 유별난 임방울을 일러 가위 명창이라 이름한들 감히 타박하고 나설 사람은 없었다. 그러나 선생으로 볼 때는 새로운 욕심이 생기는 것이었다. 그 욕심은 어쩌면 자기 평생에 이루지 못한 소원을 사랑하는 제자를 통해서 성취시켜보려는 데서 연유되는 것인지도 몰랐다. 욕심이 생기면 생길수록 제자에 대한 추궁과 닦달은 자심하였다.

말하자면 그의 소리는 채올라서야 할 마지막 고비에 이르러서 아직도 주춤거리고 있다고 선생은 생각하는 것이었다. 다름아니라 그의 소리에는 신명이 지펴 있지 않다는 것이었다. 신명이 실려 있지 않은 소리는 생기없는 화상과 같다는 것이었다. 이를테면 그의 소리는 화룡점정의 일보 직전에서 꾀를 파고 있는 셈이었다.

「아, 이 미련한 녀러 저석아, 뚝심만 믿고 상씨름 헐라고 허냐, 시방.」

이 년이 지나 삼 년째 들어서면서부터 그의 타박은 항시 이것뿐이었다. 그러나, 그러면 어떻게 해야 한다는 것인지, 제자로서는 도시 종잡을 수가 없었다. 실상 선생 자신으로서도 방도를 알 수 없기는 마찬가지였다. 이런 실랑이가 일년 가까이나 계속되는 동안에 마침내 스승도 제자도 지치고 말았다.

오늘 아침절의 일이었다. 평소에 획수 하나 구절 하나에도 시시콜콜히 트집을 잡고 타박을 일삼던 선생이 오늘따라 까대기 안으로 들어서던 맡에,

「소리가 뚫릴 때도 되얐는디 왜 그런다냐. 법제고 뭣이고 상관없으잉

개 어디 오늘은 늬 부르고 젏은 대로 한번 마음놓고 불러부아라. 원이나 없게.」

하며 거기 있는 북통을 끌어당기며 북채를 잡는 것이었다.

임방울은 잠시 어리둥절한 채 선생의 눈치를 살피며 앉아 있을 수밖에 없었다. 대개 다른 제자를 시켜 북채를 잡게 하던 선생이 오늘따라 손수 북채를 잡고 나서는 것도 여느 때에 없던 일이려니와, 무엇보다도 법제고 무엇이고 상관없으니 마음대로 불러보라는 그의 말이 너무도 뜻밖의 말이었기 때문이었다. 그도 그럴 것이, 선생은 본시 서편제(西便制)의 정통을 이어받은 가문의 어엿한 문래(門來)로서 제자 중 누구를 막론하고 법제에서 조금만 어긋남이 있어도 호령이 추상같은 분이었기 때문이다. 물결도 강줄기를 따라야 범람을 하지 않는 것과 마찬가지 이치로 소리도 법제를 따라가야 제 흐름을 찾게 된다는 것이 그의 지론이었다. 말하자면 소리꾼이 제 법제를 어기는 것은 사문난적(斯文亂賊)에 해당한다는 이치였다. 그러한 선생한테서 이런 느닷없는 말을 듣게 된 임방울은 가슴이 덜컥 내려앉는 심정이었다. 선생의 속뜻이 어디 있는지 그로서는 잠시 종잡을 수 없는 채 선생의 눈길만 살피고 있었다. 이제 결판이 나는구나 하는 생각이 퍼뜩 머리를 스쳐갔다. 죽기 아니면 살기다 마음을 먹으니 배짱도 생기는 것 같았다. 그는 아랫배에 힘을 모으고 턱을 바싹 끌어당긴 다음 청을 질러보았다.

〈쑥대머리 귀신형용, 적막 옥방의 찬 자리에〉 젖 먹던 힘까지 짜내어 「옥중가」 한 대문을 불러보았다. 그러나 느닷없는 선생의 분부에다 느닷없는 선생의 북장단 탓으로 그런지 그의 청은 주눅이 든 채 자꾸 아래로 까라지는 듯하였다. 천방지축으로 엮어가던 노래가 미처 〈쑥대머리〉 한 대문을 채 다 부르기도 전에 선생이 북채를 바닥에 던지고는 손바닥으로 북통을 딱딱 치며 소리를 멈추게 하였다. 그리고는 잠시 임방울의 얼굴만 짯짯이 쳐다보는 것이었다. 임방울에게는 그 기간이 꽤 긴 듯이 느껴졌다.

이윽고 선생은 슬그머니 일어서며,

「틀렸구나, 틀렸어. 재목 될 줄 알었는디……」

하고는 대문 밖으로 횡하니 나가버렸다.

임방울은 그러고도 한참이나 우두커니 앉아 있었다. 그의 이마에서는 비지땀이 배어나고 있었다. 훈훈한 바깥날씨 탓도 있었지만 그보다도 그의 가슴속에서 타오르는 불길 탓이라고 할 수 있었다. 뒷동산에서는 꾀꼬리가 극성스럽게 울어대고 있었으나 그 소리도 그의 귀에는 들어오지 않았다. 이제는 결판을 낼 때가 되었구나 하는 생각이 퍼뜩 들었다.

그때 사모님이 점심상을 들고 들어왔다.

스승과 제자 (4)

어떤 날은 노래가 저절로 신명에 얹혀 훨훨 날아가는 것 같기도 하다가 또 어떤 날은 깜깜한 벼랑에 부딪혀 터덕거리기도 하였다.

「밥이나 먹지 그려. 끄니때가 져뭤구먼.」

사모님이 밥상을 까대기 바닥에 내려놓으며 말하였다. 임방울은 저도 모르게 부인의 치맛자락에 매달렸다.

「사모님, 저 바깥바람 좀 쐬고 올라요.」

「그 양반 아시면 또 큰 야단날 틴디 그려?」

사모님이 펄쩍 뛰었다.

한 해 여름 목욕하고 돌아오다 선생한테 들켜서 크게 경을 치르던 일을 부인인들 잊을 리가 없었다.

「인자는 죽기 아니면 살기지라우.」

임방울은 어느새 일어서려 하고 있었다. 마음씨 여린 부인은 그의 간청을 뿌리치지 못하였다.

「그 양반, 읍에 갔다온다고 나가셨으잉개, 그새 그러먼 얼른 댕겨와.」

그러나 임방울은 일어서던 말에 잠시 비틀거리다 도로 주저앉았다. 아침부터 내내 꿇어앉아 있었던 터라 오금이 제대로 펴지지 않은데다가 오랫동안의 운동부족으로 현기증이 일었던 것이다. 부인이 그의 어깻죽지를 부축해주어야만 하였다. 그는 부인의 부축으로 간신히 뒷산 언덕빼기에 기어올라 양지바른 잔디밭에 기대앉을 수가 있었다. 어두운 까대기 안에서만 갇혀 살다가 단양한 봄볕을 받으니 눈이 부시어서 어지러웠다. 부인이 알아차리고 삿갓을 갖다 씌워주었다.

참으로 오랜만에 오금을 쭉 펴보았다. 우선 살 것 같았다. 쭉 뻗은 그의 발치께 이쪽 저쪽 할 것 없이 이름 모를 꽃들이 흐드러지게 피어 있었다. 그리고 그 발치 아래쪽의, 시선이 미치는 곳마다 물 오른 나뭇가지들이 연초록의 새싹을 피워올리고 있었다.

눈 아래로는 고만고만한 야산들이 어깨를 구부린 채 중중거리며 그의 오지랖께로 잇대어 다가오는 듯하였다. 그 동안 얼어붙어 있었던 시냇물이 단양한 봄볕에 생기를 되찾은 듯 어깨를 잇대어 다가오는 야산들 사이를 누비며 재잘거리면서 흘러내려가고 있었다. 그 시냇물 줄기가 강정몰을 휘돌아 십리 상거의 저만치에 요요히 흐르는 영산강 상류와 합류하는 지점에 읍내 마을이 고즈넉이 펼쳐져 있었다. 발동기 돌리던 아저씨의 화난 얼굴이 문득 떠올랐다. 그 아저씨는 지금도 읍내에 살고 있는지 모를 일이었다. 그 아저씨 곁을 떠나 새벽길을 떠난 지가 엊그제 같은데 벌써 삼 년이 다 되어가고 있었다. 그 삼 년의 세월이 덧없이 흘러가버렸다고 생각하니 그의 마음이 아팠다. 이제 자기는 또 어느 하늘을 떠돌아다녀야 한단 말인가. 그때 한 무리 시원한 바람이 불어오고 있었다. 오랫동안 답답한 까대기 안에 갇혀 살던 그로서는 그 정도로도 마주 감당하기에는 다소 숨이 가파르기는 하였으나 역시 그 바람은 시원하고 달콤하였다. 그때까지 줄곧 귓전을 스쳐가기만 하던 꾀꼬리 울음소리가 그제서야 그의 귀에 들어오기 시작하였다. 머리 곱게 빗고 건넛산 가끼요, 머리 곱게 빗고 건넛산 가끼요……

〈저 꾀꼬리란 놈이 머리 곱게 빗고 건넛산은 뭘라고 갈락 허는지 알기나 혀, 이 저석아?〉

어느 봄날 뒷산에서 지악스럽게 울어쌓는 꾀꼬리소리를 들으시고는 어린 자기를 실눈으로 바라보며 이렇게 말씀하시던 할머니의 주름진 얼굴이 활짝 웃는 웃음으로 더욱 주름져 보이던 모습이 떠올랐다. 이제는 자기도 그 이치를 알 수 있을 것 같기는 하였다. 그러나 할머니는 오래 전에 세상을 뜨고 없었다. 가난하고 고단했던 지난날들이 일시에 그의 가슴에 물밀어왔다. 머리 곱게 빗고 건넛산 가끼요, 머리 곱게 빗고 건넛산 가끼요, 꾀꼬리 울음은 바야흐로 자지러지고 있었다. 그의 가슴속 먹구름은 어느새 천둥번개로 변해가고 있었다. 그 천둥번개 저쪽에 허공이 뚫려 있었고 그 너머는 깜깜한 벼랑이었다. 그 벼랑 끝에 몸을 날려버리기는 그리 힘들 것 같지 않았다.

뜨거운 두 줄기 눈물이 볼을 타고 흘렀다. 그는 오랫동안 그 눈물을 내버려둔 채 설움의 강물에 몸을 맡기고 있었다.

그렇게 두어 식경을 지나고 나니 마음이 좀 가라앉았다. 봄볕도 어느새 설핏 기울어져 있었다. 오랜 열병에서 깨어나기라도 한 듯 그의 체내에서는 어떤 발랄한 생기가 샘솟는 듯하였다. 죽기 아니면 살기다 하는 생각이 문득 치솟았다. 가슴의 먹구름 사이로 허공이 보이고 그 너머는 벼랑이었다. 그 허공 그 너머를 향하여 힘껏 외쳐보았다.

〈쑥대머리 귀신형용, 적막 옥방의 찬 자리에〉 그러자 그의 전신에 어떤 알 수 없는 전율이 타고 흐르는 것이었다. 처음 〈쑤욱대애머어리이〉 할 때는 아닌게아니라 여전히 목이 꺽꺽하여 힘에 겨웠다. 그러나 〈보고지고 보고지고〉를 거쳐 〈오리정 전별 후로〉를 지나면서부터는 막혔던

둑이 터지기라도 한 듯 목청이 폭포처럼 쏟아지기 시작하는 것이었다. 처음 미친 듯이 터져나던 그 폭포줄기는 〈이화일지 춘대우로 내 눈물을 뿌렸으니〉 할 즈음에는 그 기세가 치솟았다 숙여졌다 하면서 도도한 흐름을 이루어가는 것이었다. 때로는 높고 청아하게 용트림을 하기도 하고 때로는 한가하면서도 융숭깊은 춤을 추기도 하였다. 그것은 가장 슬프면서도 가장 즐거운, 전신을 타고 흐르는 황홀한 전율과도 같은 것이었다. 언덕빼기에 비스듬히 기대 누워 있었던 그는 어느새 벌떡 일어서 있었고, 머리에 씌워 있었던 삿갓도 어느새 벗겨져서 땅바닥에 뒹굴고 있었다. 이제 단양한 석양의 봄볕도 눈이 부시거나 어지럽지 않았다. 그는 다만 사위를 향하여 네 활개를 펼쳐 너름새를 놓아가며 그 황홀한 전율의 흐름에 자신을 맡기면 되었다. 그 흐름은 계곡을 감돌고 허공을 맴돌면서 온 누리에 여울져 번지는 것이었고, 그는 그 누리의 중심에 있었다. 가슴에 응어리졌던 슬픔의 먹구름들이 이제야 현란한 비단 실오라기로 줄줄이 풀리면서 도도한 흐름으로 이어져가는 이치를 그는 황홀한 전율로 실감할 수가 있었다. 아아, 바로 이것이었던 것을, 그는 목청이 제 스스로 신들린 듯 춤추며 너울거리며 신명의 강물이 되어 흘러내려가는 것을 의식하며 거기 얹혀서 타내려갔다.

그날 저녁이었다. 밥상을 물리고 뒤로 나앉으며 선생이 혼자말같이 중얼거렸다.

「핫따, 그놈 참 명창이든디.」

저녁상을 들고 나가려던 부인이 무슨 뜬금없는 소릴꼬 하는 듯이 상을 들고 선 채 남편 쪽을 돌아보았다.

「아, 해거름녘에 우리집 뒷산께에서 웬 놈이 〈쑥대머리〉를 시들어지게 잘허든디, 이녁은 그 소리 듣들 못혔어?」

선생이 이번에는 부인을 쳐다보며 물었다. 부인은 속으로 뜨끔하였으나 입을 다문 채 잠시 어마지두, 서 있기만 하였다. 그나저나 읍내에 나간 양반이 언제 또 그 소리는 들었다는 말인지 궁금하지 않은 바도 아니었다. 읍내에서 일을 마치고 오는 길에 강정몰께를 돌아드는데 바람결에 소리가 들려오길래 하도 놀라운 소리여서, 〈쑥대머리〉 한 대문이 다 끝날 때까지 그 자리를 뜨지 않았다는 것이었다. 강정몰께라면 뒷산에서 거지반 십리 상거의 거리인데 아무리 바람 타고 흘러간 소리라지만 그 근기는 놀라운 것이 아닐 수 없었다. 특별히 소릿속에 밝다고까지는 할 수 없을지 몰라도 그래도 남편 곁에서 늘상 보고 듣고 하여온 가늠은 없는 바 아닌 부인으로서는 그 거리까지 번져나갈 수 있는 소리의 근기가 어느 정도의 것인지를 짐작 못하지는 않았던 것이다.

「이 근방 소리꾼이라면 대개는 짐작허는디, 그놈이 누군지는 도무지 알 수가 없거든. 어떻든지간에 그놈 솜씨 덮을 놈은 근방에 없을 티잉개.」

선생은 이렇게 말하며 다시 부인을 쳐다보았다. 그게 누구인지 짐작 못하겠느냐고 묻는 눈치 같기도 하였다. 평생에 누구에게랄 것 없이 잘한다는 소리 한번 터놓고 하는 법 없던 남편이 오늘따라 칭찬하기에 입이 마르는 줄을 모르는 것을 보고 부인도 어느새 덩달아 마음이 헤퍼져서,

「그게 방울이 소리제 누구 소리여라우.」

하고 말았다.

「방울이 소리라니?」

선생이 재우쳐 물었다.

부인은 잠시 속으로 망설이는 듯하였으나 이윽고,

「영감이 읍내 나간 새에 방울이가 바람 좀 쐬고 왔으면 쓰겄닥 혀서 그리락 했더니 뒷산에 가서 목을 좀 풀어보는갑습디다.」

「뭐이 어쩌고 어쩌?」

선생이 벌떡 일어섰다. 방문을 벌컥 열고 뜰방으로 내려서더니 거기 쌓여 있는 장작개비부터 꼬나잡았다.

「이 씰개 빠진 녀러 저석아, 이리 냉큼 나오들 못혀?」

까대기 쪽을 향하여 소리쳤다.

임방울이 거적문을 들치고 허겁지겁 마당으로 뛰어나온 것과 선생이 우르르 달려가서 그의 뒷덜미부터 움켜잡은 것은 거의 동시의 일이었다. 등줄기며 아랫도리며를 가리지 않은 사정없는 매질이 시작되었거니와, 이번에도 물론 자진모리 가락으로였다. 일이 이렇게 벌어지자 제일로 난처해진 것은 부인이었다. 공연히 입을 나불거려서 집안에 분란을 일으키게 하였다는 자책감도 곁들여 이번만은 부인도 보고만 있을 수가 없었다.

「내가 나갔다 오락 혀서 그리된 것잉개 인자 그만 고정허시씨오.」

부인이 달려들어 선생의 맷손을 붙들고 늘어졌다. 부인과 선생 사이에 한동안 실랑이가 있고 난 뒤에야 겨우 선생의 맷손이 멎었다.

「사내저석이 한번 작심을 혔으면 어떻든지간에 가닥을 내야제 방정부터 떨어?」

한참 동안 어깻숨만 몰아쉬던 선생이 이렇게 한마디하고는 안으로 들어갔다.

임방울은 이번만은 자기도 뭐라고 한마디하고 싶은 말이 있을 것 같았으나 그것이 무슨 말인지는 딱히 짚여지지 않았다. 어떻든 이번만은 그도 울지 않았다. 이런 경우에 울 수 있는 나이는 이미 아니었다. 매맞은 자국들이 이제야 욱신거리기 시작하였으나 마음은 알 수 없이 가벼웠다. 그래, 어떻든간에 가닥은 내야 혀, 그는 생각하였다. 그러자 그의 마음속에 다시금 허공이 뚫리고 그 너머의 벼랑이 눈앞에 다가서기 시작하였다.

「기껏 명창소리라고 입에 침이 마르더니, 참.」

부인이 혼자말같이 중얼거렸으나 임방울은 그게 무슨 말인지 종잡을 수가 없었다.

그날의 벌로 임방울은 남은 기간을 곱으로 채우고서야 그 까대기에서 풀려날 수가 있었다. 그 기간은 그가 까대기 안에서 보낸 그 숱한 나날들 가운데에서 가장 어둡고도 밝은 기간이었다. 어떤 날은 노래가 저절로 신명에 얹혀 훨훨 날아가는 것 같기도 하다가 또 어떤 날은 깜깜한 벼랑에 부딪혀 터덕거리기도 하였다. 그러나 이제, 그가 기다리고 기다리던 득음(得音)의 날을 눈앞에 두고 있다는 것을, 스승이나 제자는 다같이 느끼고 있었다. 그만큼 그 기간은 초조하면서도 보람찬 기간이었다.

마침내 선생을 하직할 날이 왔다. 뫼산자 모양으로 꾸린 봇짐을 등에 진 임방울이 까대기 문을 들치고 마당으로 나선 것은 늦은 봄날 아침해가 이제야 동산 산마루에 제 모습을 드러낸 무렵이었다. 방울의 기척을 알아차리고 선생과 사모님이 방문을 열고 나와 뜰방에 내려섰을 때, 임방울은 땅바닥에 무릎을 꿇고 선생에게 큰절을 올렸다. 그리고 사모님에게도 똑같이 큰절을 올렸다.

「방울아, 그 동안 고생이 많았제?」

「아니어라우 선생님.」

「방을 두고도 너를 여름에 덥고, 겨울에 추운 헛간에 가두어 둔 일을 야속히 여기든 안 혀?」

「아니어라우 선생님. 안 그렇습니다요.」

「그러면 됐다. 그러면 어서 가봐라.」

「예.」

임방울이 하직하고 돌아서 걸음을 떼자, 선생이 불렀다.

「방울아.」

「예.」

방울이 돌아서며 대답하였다.

「국창 김창환 선생이 네 외숙되신다면서?」

「예.」

「그런디 왜 여태 그 말을 안 혔어?」

「예?」

하며 임방울이 수줍은 듯 뒷덜미를 긁적였다.

「암, 그래, 네 앞은 네가 가름혀야제. 어서 가부아.」

방울이 하직하고 돌아서 몇걸음 떼었을 때 선생이 다시 불렀다.

「야, 방울아.」

방울이 다시 돌아서며,

「예?」

「소리에는 시김새가 깃들어야 허는 벱이여. 내 말 알아듣겄어?」

「예? 시김새요?」

「그래 시김새. 차차 알게 될 게여. 어서 가부아.」

「예.」

임방울은 다시 인사하고 돌아서 걷기 시작하였다. 선생의 말씀을 알아들을 것 같기도 하고 모를 것 같기도 하였다. 그러자 그가 내닫는 앞길이 다시금 멀고 아득하게 느껴지기 시작하였다.

방자와 이도령

누가 핏대를 곧추세우고 시비라도 벌일라치면, 대뜸 사이에 끼여들어 어허, 황새 늦새끼, 뭣 땜시 그려, 암껑마님, 자네도 인자 그만 혀. 이렇게 양편 사람의 흉내를 내며 웃기는 바람에……

임방울에 관한 몇몇 기록들[1)]을 종합해보면, 그가 본격적으로 소리공부를 시작한 것은 그의 나이 열네 살 때부터의 일인 듯하다. 소설가 문순태(文淳太) 씨는 그의 「팔도명인전(八道名人傳)」에 임방울이 생존시에 동아일보에 발표하였다는 임방울 자신의 자전적 진술을 인용하고 있다.

나는 14세 때 창에 취미가 있어 창극계에 들어가 명창 박재실 선생에게서 「춘향전」과 「흥부전」을 배우고, 다음에 유성준 씨에게서 「수궁가」「삼국지」「심청전」을 배우고 난 다음에 25세까지 독단으로 공부하여, 서울서 박람회가 있어 시골서 단체로 서울에 올라와서 박람회에 참가하였다. 그 당시 나의 외숙이 국창이었는데 그의 이름은 김창환 씨이다. 그때 동아일보사에서도 전국명창대회를 하였다. 그 당시 나도 그곳에 참석하여 출연하게 되었는데, 비로소 그날부터 출세가 되어 박람회가 끝난 뒤에 〈콜롬비아 레코드〉에 1년간 취입하고, 다음에 〈빅터〉에 2년을 종사하고, 그 다음에 〈OK 레코드〉의 전속으로 8·15해방의 날까지 계속하였다. 그 세 회사에서 쑥대머리판 20만 장 이상을 팔게 되었던 것이다. 그리고 내 외사촌형인 김봉이·김봉학 씨는 조선 명창이었는데, 나는 그 유전성으로 흘러내려 자연히 창계에 나오게 되었던 것이다.[2)]

이로 보면 임방울의 첫 스승은 박재실(朴在實)이며, 두번째 스승이 이른바 오명창의 하나인 유성준(劉成俊)이 되는 셈인데, 문순태 씨의 상기한 기록에 의하면, 박재실에게서 2년쯤 「춘향가」와 「흥부가」를 배운 다음 공창식(孔昌植)을 찾아가서 본격적인 소리공부를 하였고, 그 다음에 유성준을 찾아간 것으로 되어 있다. 그렇다면 앞서 소개한 일화 속의 선생이라는 사람이 누구일까 하는 의문이 생기게 된다. 첫 스승이라는 점으로 보면, 박재실이 틀림없겠다는 생각이 들기도 하나, 그렇게만 볼 수도 없는 점이 몇가지 있다.

첫째, 앞서 소개한 일화는 임방울이 바야흐로 성년기에 접어들 무렵의 이야기인데 그가 박재실에게서 공부를 한 것은 14세에서 16세까지로 되어 있으니 그렇고, 둘째, 문순태 씨의 기록에 의하면 박재실은 창극단을 조직하여 이곳저곳을 전전하였고 임방울은 그 창극단에 픽업되어 그를 따라다니며 공부를 한 것으로 되어 있으니 까대기 안에서 3년 공부를 했다는 이야기와는 도시 부합이 안 되는 것이다. 이렇게 볼 때 그 일화 속의 선생이라는 이가 공창식일 가능성이 짙다. 연령적으로도 부합이 되거니와 여러 사람들의 증언을 종합해볼 때, 임방울의 노래가 어느 정도 기틀이 잡히기 시작한 것도 공창식에게서 사사한 이후부터의 일인 듯한데, 이로 미루어보더라도 그렇다. 어떻든 임방울이 당대 오명창의 하나인 유성준을 찾아간 것은, 가객으로서의 그의 자질이 어느 정도 다져지기 시작한 이후의 일인 듯하다.

상기한 바 임방울의 진술이라는 기록에는 또 한 가지 의문점이 있다. 박재실에게서 「춘향가」「박타령(흥부가)」을, 유성준에게서 「수궁가」「삼국지(적벽가)」「심청가」 등을 배웠다고 기록되어 있는데, 이 기록이 과연 정확한가 하는 문제이다. 필자가 접한 임방울의 음반이나 테이프 중 「수궁가」「적벽가」는 완창한 것이 있고, 「춘향가」도 완창한 것은 보지 못하였으나 이곳저곳에서 이 대문 저 대문을 두루 부른 것들이 전해지고 있거니와 심청가를 부른 것은 한 번도 접해본 일이 없다. 「흥부가」는 딱 한 가지 SP판의 〈화초장타령(부자가 된 흥부집에서 놀부가 화초장을 달라 해서 지고 가며 부르는 대문)〉을 접했을 뿐으로 그의 생전에 별로 부르지 않았던 듯하다. 생전에 그는 녹음하는 것을 유달리 기피한 탓으로 하여 혹 「심청가」나 「흥부가」 부른 대문들이 전해지지 않게 되지 않았을까 하는 생각이 들기도 하나, 실은 「흥부가」는 배우기는 배웠으나 평소에 잘 부르지 않았었던 것 같고, 「심청가」는 전혀 배운 일이 없는 듯하다.

해방 직후에 임방울이 강남준·정광수·조상선·공기남(孔昌植의 아들) 그리고 박귀희·임유앵·박초월 등과 함께 동일창극단(同一唱劇團)을 조직하여 공연을 하고 다닐 때 같은 멤버로 참가하여 임방울에게서 소리공부를 하였다는 정읍국악원장을 지낸 임준옥 씨(연전에 작고하였음)의 말에 의하면, 임방울은 「심청가」를 배운 일이 없다는 것이다. 임방울은 창극단 단원으로 공연을 하고 다니기는 하였으나 이렇다 할 신식교육을 받은 바 없는 탓도 있고 하여 본시 창극배우 역할을 잘하지도 못하였을 뿐 아니라, 그런 데 출연하는 것을 지극히 싫어하기도 하였다는 것이다.

〈창극은 조선왕조 말에 이인직이 일본에서 '가부키(歌舞伎)'를 보고 와서 판소리 가수로 하여금 판소리에 등장하는 인물들을 따로따로 정해서 소리를 나누어 부르도록 하면서부터 시작되었다.〉고, 국악 연구가인 이보형 씨는 말하고 있거니와, 여기에 중국의 경극(京劇)의 영향도 있었을 것으로 보고 있다. 어떻든, 개화 이후에 판소리계의 일부에서는 판소리의 연극적인 면을 강조하여 오늘날의 이른바 입체창(立體唱) 비슷하게 자주 부르게 되었고, 그것이 30년대에 접어들어 발족한 조선창악연구회가 성립되면서부터 마침내 창극(唱劇)이라는 새로운 장르가 정착되기에 이르렀다. 먼저 대본을 짜고 여기에 소리를 붙이어서 무대상의 연기를 곁들이는 것이 창극인 바, 이렇게 창극을 잘 꾸민 사람은 오명창의 하나인 정정렬이었으며, 그가 죽은 후에는 명창 김연수가 이 일을 잘하였다고 한다. 1936년, 31세의 김연수가 조선성악연구회의 산하단체인 창극단의 대표를 맡게 되면서부터 김연수는 창극계의 실질상의 지도자로 군림하게 되었다.

창극이란 판소리의 가락과 연극적인 진행을 접합시킨 데서 생겨난 새로운 장르로서, 그것은 물론 그 나름으로 예술사적인 의의가 없다 할 수 없고 또 판소리의 저변확대라는 측면에서도 적지아니 긍정적인 기여를 하여온 사실을 부정할 수 없겠으나, 정통적인 판소리예술의 자리에서 보면 결국 그것은 이단이요, 변종이라 할 수밖에는 없는 것이다. 천성의 판소리 광대인 임방울이 창극을 기피한 것은 이런 점에서 당연한 일이라 아니할 수 없다. 따라서 그는 창극단 단원으로 따라다니기는 하였어도 만부득이하여 잠시 단역으로 출연하여 한바탕 부르고 들어가는 정도 외에는 아예 배우로서 출연한 일은 별로 없고, 언제나 별도로 단독출연하여 정통 판소리를 한 대문 부르곤 하였다는 것이다.

나는 대학 다닐 때, 딱 한 번 방자로 출연한 임방울을 무대에서 본 일이 있다. 옥중 춘향의 편지를 가지고 서울 이몽룡에게 전하러 올라가는 대문인데, 박석티를 올라오며 그가 〈어이 가리너 어이를 갈거나 한양 천리를 어이를 가리〉 하며 노래하자 이도령으로 출연한 김연수에는 아랑곳하지 않고 〈네가 이도령감이다, 네가 이도령감이여〉 하며 임방울에게 갈채를 보냈던 것이다. 그의 음악에 대한 최대의 찬사를 보낸 셈이라 하겠으나, 그럼에도 불구하고 그가 굳이 방자 정도의 단역의 자리에 눌러앉은 것은 그의 예술가로서의 고집스런 긍지 탓이라 아니할 수 없다.

그런데 한번은 그가 홍부로 출연하지 않을 수 없게 된 일이 있었다 한다. 이때에도 물론 「홍부전」 한바탕을 다 연출한 것이 아니고 다른 창극의 막간극으로서 홍부 권솔들이 놀부에게서 쫓겨나는 한 대문을 연출하는 장면이었다는 것이다. 그때 출연진에 차질이 생겨 놀부 역은 강남준 씨가 맡게 되어 있었지만 홍부 역을 맡을 사람이 졸지에 비게 되었다는 것이다. 그래 별 수 없이 임방울이 출연하게 되었는데 한번도 그 대문을 부른 것을 본 일도 없고, 창극배우로 출연한 일도 없고, 더구나 출연연습 한번 한 일이 없었으나 여하튼 출연할 마땅한 사람이 없어 궁여지책으로 그가 출연을 하게 되었더라는 것이다.

「분장할 겨를도 없고, 의상을 차릴 겨를도 없고, 입고 있는 바지 저고리에 헌 갓 하나 구해 쓰고 등장하여 놀부가 나가라거니, 홍부가 용서해 달라거니 한참 수작하다가 결국 홍부가 〈아이고 형님, 동생을 나가라 하니 어느 곳으로 가오리까〉로 시작하여 놀부에게 절을 너붓이 하면서 〈형님 갑니다, 부디 안녕히 계옵시오〉 하는 대문까지를 부르는데 그 노랫가락과 절하는 동작이 어떻게나 천성으로 잘 맞아떨어지는지 노래가 끝나자 좌중에서 우레 같은 박수가 쏟아지더란 말입니다. 연출 볼 것도, 연습할 것도 없는 천성의 배우였지라우.」

당시의 광경을 회상하여 임준옥 씨는 말하는 것이었다. 이어서 그는,

「이로 보더라도 임 선생이 「홍부가」를 부르신 것은 틀림없는 일이지만, 「심청가」 부르시는 건 보들 못했어요. 한번은 어느 놀이판에 갔다오

시더니 저더러 이런 말씀을 하시데요. 〈야, 준옥아, 오늘은 난데없이 「심청가」가 술술 나올락 않더냐〉 하십디다. 그날따라 유달리 소리가 잘 앵겼던 모양이어라우. 〈내가 「심청가」를 배웠더라면 남들을 울려보기도 혔을 것인디 말이다〉 하더란 말입니다. 그 어른이 「심청가」를 안 배우신 것은 분명한 사실이지요.」
하는 것이었다.

이로 볼 때 그가 유성준에게서 「적벽가」「수궁가」를 배운 것은 분명하지만, 「심청가」를 배웠다고 진술했다 하는 것은 아마도 당시의 취재 기자의 착오에서 연유된 것이 아닐까 한다.

그야 어떻든 이로 인하여 임방울의 예술이 평가절하가 되어야 할 이유는 조금도 없을 듯하다. 현존하는 판소리 다섯 마당을 다 부를 수 있었고 또 그 소리까지 전해질 수 있었다면 물론 더욱 좋았을 터이지만, 전해지는 그의 「춘향가」「수궁가」「적벽가」만으로도 그의 예술은 충분히 입증이 되고 있기 때문이다.

예술가로서의 임방울은 지극히 고집스런 면이 있었지만, 대인관계에 있어서는 매우 부드럽고 너그러운 편이었고 또 매우 해학적인 기지도 있었던 모양이다. 그 스스로도 동료인 조몽실로부터 〈달아맨 토끼〉라는 별호 하나를 얻었다는 말은 앞서 잠시 언급한 바 있거니와 남의 별호도 즉석에서 곧잘 지어주곤 했다 한다. 가령, 박봉술 씨에게는 〈설미친 놈〉, 고인이 된 박초월에게는 〈배추뭉텡이〉, 한애순 여사에게는 〈콩잎 자라〉 하는 식으로 별호를 붙였는데, 그 성격과 인상이 단적으로 잘 드러나는 것이었다 한다. 게다가 남의 흉내를 내는 재주가 뛰어나 그는 언제나 좌중을 웃음바다로 만들곤 했다는 것이다.

「그 양반이 평생에 남과 시비하는 걸 보들 못하였고, 남을 뒷대놓고 험담 한번 하는 걸 못 보았어요. 당신만 시비한 일이 없을 뿐 아니라 남

시비하는 것도 보들 못허는 성미지요. 누가 핏대를 곧추세우고 시비라도 벌일라치면, 대뜸 사이에 끼여들어 어허, 황새 늦새끼, 뭣 땜시 그려, 암펑마님, 자네도 인자 그만 혀. 이렇게 양편 사람의 흉내를 내며 웃기는 바람에 아무리 험악한 판국이라도 경각에 풀어지고 시비하던 당자들도 결국에 가서는 허허, 웃으며 풀어지고 말아요.」

임준옥 씨는 말하는 것이었다.

「예술하는 사람치고 악인이 없는 법인디, 왜 그 연전에 고인이 되신 모씨라는 분 있지요? 소리라는 것이 사람 따라 각기 맛과 결이 다르고, 또 듣는 이의 성미 따라 각기 달리 말할 수 있는 법이니까 누가 더 잘한다 못한다 비교하기는 썩 어렵지만, 좌우지간 그 양반도 대명창인 것은 분명한 사실 아니겠어요? 신식교육으로 보더라도 임 선생보다는 훨씬 많이 배운 어른인디, 이 양반이 웬일인지 생전에 임 선생 험담을 하고 다니드란 말입니다. 송곳으로 이마팍을 콕 쑤셔버리고 싶다는 말을 나도 들은 일이 있으니깨요. 그러니 그 소리가 임 선생 귀엔들 안 들어갈 리 있겠어요? 허지만 임 선생은 그 양반 험담하는 걸 한번도 들어본 일 없어요. 뿐만 아니라 임 선생이 무대에 올라서면 언제나 조선 명창에 아무개가 있다고 그 양반을 추앙하는 걸 여러 번 보았어요.」

한번은 어느 공연장에 출연하고 돌아오던 맡에 임방울이 임준옥 씨더러,

「야 참, 오늘 나, 노래 한번 기차게 잘허는 놈 하나 보았다. 웬 젊은 놈인디, 내 소리가 그놈 소리한티 영 밀려부렀시야.」
하며 칭찬하기에 입에 침이 마르는 줄을 모르더라는 것이다.

숨은 명창이 하나 새로 데뷔를 했던 모양이었다. 천하의 임방울이 이다지도 칭찬을 아끼지 않은 그 당자가 누구일까, 임준옥 씨로서는 궁금하기도 하고 은근히 샘이 날 것은 당연하다.

「그 사람이 누군디오?」

「남원 사는 새파란 젊은 놈인디 정문(金正文)이 제자래여.」

「그러면 한번 오락 하지오.」

「글 안 혀도(그렇지 않아도) 편지를 냈으잉게 오기는 곧 올 거이다.」

며칠 뒤에 그 당자가 찾아왔다. 그가 바로 남원의 강도근 씨였다. 강씨는 대금의 인간문화재인 강백천의 조카 되는 분으로 현재 70여 세의 국악인으로서 남원국악원에서 후진을 기르고 있다. 오명창의 하나인 송만갑에게서 직접 사사한 바도 있고, 이어서 그의 수제자인 김정문 밑에서 공부를 한 분으로 현재 이른바 동편제(東便制)의 정통을 이어받은 거의 유일의 가객으로서 특히 그의 「홍부가」는 동편제의 정통을 이어받고 있다는 점에서 당대의 보배가 아닐까 필자는 생각한다. 그의 성음은 수리성(일종의 허스키 목소리)에 철성(금속성의 쨍쨍한 목청)을 겸한 것인데, 타고난 윤기와 그의 피나는 공력이 곁들여 전성시대에는 동편제의 명창으로 명성을 떨치었었다. 강도근 씨의 증언에 의하면 그가 임방울을 처음 만난 것은 자기 나이 17세 때 하동 쌍계사에서 협률사 공연이 있었을 때부터라고 하니까 벌써 60년쯤 전 일이 되나, 임방울이 그의 노래에 감탄했다고 하는 것은 강씨의 노래가 어느 정도 성숙한 뒤의 일이었을 것으로 추측된다.

당대의 국창 임방울이 침이 마르도록 칭찬해 마지않던 바로 그 당자가 나타났으니, 임준옥 씨를 비롯한 동료들은 긴장된 호기심으로 그의 노래를 기다리지 않을 수 없었다. 그의 노래는 「홍부가」 중에서 〈박타령〉이었다. 굶주리던 홍부 권솔들이 추석은 당도하여 끓일 것은 없고, 박이라도 타서 박속이나 끓여먹자고 박을 탔더니, 쌀과 은금이 쏟아져나오는 바람에 금방 부자가 된다는 대문인데, 애원성(哀怨聲)의 진양조 가난타령으로 시작하여, 중모리 중중모리의 박을 타는 장면, 이어서 쏟아져나온 쌀로 밥을 지어 먹다가 식곤증이 나고, 설사가 쏟아져 궁둥이를 홱 틀었더니 똥줄기가 운봉 여원재를 무지갯살처럼 뻗치는 바람에 행인들이 보고, 황룡(黃龍)이 등천한다고 절을 꾸벅꾸벅했다는 자진모리 가락으로 이어지는, 말하자면 한과 해학이 교묘히 엇갈리는 대문이었다.

「그래 그 노래가 어떻던가요?」

필자가 임씨에게 물어보았다.

「잘허기사 물론 잘했지요. 그의 〈박타령〉은 천하일품 아닙니까. 허지만, 그 당시로서야 30대의 약관인 그의 노래가 어디 천하의 임방울 선생 소리에 견줄 수 있겠어요?」

임씨는 말하는 것이었다.

---

1) 芮庸海, 「인간문화재」, 〈임방울편〉
李啓弘, 「임방울과 松汀東部」, 전남일보, 1973. 6. 2
文淳太, 「八道名人傳」, 전남매일신문, 1974. 6. 1~7. 10

2) 文淳太, 위의 글

명창과 바디

〈판소리의 역적〉이라는 칭호 자체가 어찌 보면 임방울의 예술의 탁월성을 반증하는 말이라 할 수도 있다.

「그 양반, 성미가 본시 그런 어른이었어요. 애들이 됐건 어른이 됐건 잘한다치면 그저 좋아라고 잘한다, 좋다, 칭찬을 아끼지 않으시는 분이었어요. 우리같이 새파란 애송이가 무대에 서게 된다 해도 뒤에서 조용히 귀를 기울이시며, 다소라도 취택할 대문에 이르면 어헐씨구 좋다, 추임새를 아끼지 않으셨지요. 노래에 노소가 없었고, 또 친소(親疏)가 없었어요.」

임준옥 씨는 말을 이었다. 자기 예술에 대한 고집스런 긍지가 있었던 만큼 남의 예술에 대한 겸허의 마음도 간직하게 되는 셈이라 하겠다.

여기서 생각나는 것은 전북대학교 R교수에게서 들은 이야기이다. R교수가 한번은 명창 한승호 씨를 만난 자리에서 임방울에 관한 이야기가 화제에 올랐던 모양이다. 오명창 이후 명실공히 국창으로서의 이름을 천하에 떨치던 무렵의 임방울의 이야기인데 한번은 한승호 씨의 어떤 노래

를 듣고는 〈잘허네, 잘혀〉 칭찬해 마지않더니,

「야, 자네 그 소리 한 대문 따자야.」

하더라는 것이다. 그 대문이 어느 대문이었는지는 나로서 알 수 없는 일이나, 말하자면 앞으로 그 대문을 한씨의 가락수로 부르겠다는 뜻이었을 것이다.

모든 예술이 근본적으로는 다 그렇지만 특히 악보라는 평균율이 설정되어 있지 않는 판소리예술에 있어서는 창자에 따라 개인적 편차가 심하게 드러나게 마련이다. 동편, 서편하는 제에 따라 같은 노래라도 다르게 불려질 뿐 아니라 같은 제라 할지라도 개인에 따라 다르게 나타나고, 또 같은 사람이 같은 노래를 부르는 경우라도 때에 따라서 또한 다르게 불려지는 것이 판소리예술의 특질이요, 묘미라 할 것이다.

가령 「적벽가」〈새타령〉 하나만을 예로 들어본다 해도 임방울과 한씨의 경우는 전승의 계보가 다른 것으로 알고 있다. 임방울의 「적벽가」가 유성준에게서 전수받은 것이며, 동편제인 데 반하여 한씨의 그것은 브리태니커사 발행의 『판소리 다섯 마당』에 보면 박유전·이날치·김채만·박동실 등으로 이어지는 것이었던 모양이니 서편제의 그것일 것이매 계보가 다를 것은 물론이다. 〈산천은 험준허고 수목은 총잡헌디 만학으 눈 쌓이고 천봉으 바람이 칠 제〉로 시작되는 이 〈새타령〉은 촉한의 제갈량·방통 등의 연환계와 오나라의 황개장군 등의 화공으로 하여 위나라 조조의 백만대군이 적벽강 싸움에서 일시에 함몰하고, 그 패잔병들이 창황분주 화용도 쪽으로 도망을 가는 도중에 그 동안에 적벽강에서 죽은 조조 군사들이 원조(怨鳥)가 되어 화초목실(花草木實)이 바이 없으매 앵무·원앙 등이 날아올 리 만무한 엄동설한에 난데없는 새 떼로 날아와 모두 조조를 원망하며 지저귀는 대문인데, 비록 「적벽가」가 「삼국지」에서 그 줄거리를 빌어온 것이기는 하지만, 한국적 분위기에 알맞게 완전히 환골탈태시킨 것이라 할 수 있고 특히 〈새타령〉 부분은 완전한 창작으로서 시사적(詩史的)인 자리에서도 귀중한 유산이라 할 수 있다. 포악하고 야심 많은 조조를 야유하는 갖가지 새떼들의 지저귐을 통해서 우리는 포악한 권력에 대한 민중들의 사무친 원한이 기기묘묘한 해학과 풍자로 표상되어 있음을 볼 수 있다.

여기서 잠시, 판소리 둘레에서 운위하는 이른바 〈새타령〉에 관하여 몇마디 언급하고 넘어가야 하겠다. 흔히 〈새타령〉이라고 하면 이 「적벽가」의 〈새타령〉 말고 또하나의 〈새타령〉이 있다.

그 후자의 〈새타령〉을 이창배(李昌培) 편 『증보가요집성(增補歌謠集成)』(1961년)에는 진라도 민요로 분류해놓고 있으며, 박헌봉의 『창악대강(唱樂大綱)』(1966년)에서는 단가(短歌)로 분류하고 있다. 흔히 말하는 〈잡가 새타령〉이 이것이다. 〈새타령〉이라고 하면 대체로 이를 말하는 것이며, 이와 구별하여 「적벽가」에 나오는 것을 〈적벽가 새타령〉이라 부르는 것이다. 그만큼 이 〈잡가 새타령〉은 널리 애창되고 있으며, 근래에는 이를 신식의 가요곡으로 편곡하여 민요풍의 대중가요를 부르는 가수들이 더러 부르고 있기도 하다.

이 〈새타령〉(이는 단가로 간주하는 것이 좋을 듯하다)으로는 김소희·성창순·김경희 등 여류명창이 합창으로 부른 음반이 근래의 것으로는 백미(白眉)가 아닐까 한다. 약간 애원성이 낀 계면조다운 맛이 느껴지면서도 명랑하고 화평한 평조 중심의 중중모리의 노래이다.

과거 오명창시대의 국창 이동백의 〈새타령〉은 전무후무의 명작이 아닐까 한다. 내가 대학 다닐 때 하숙집에 이동백의 〈새타령〉판이 있어서, 밤낮으로 이 곡을 들으며 심취한 일이 있었다. 여러 해 뒤에 그 곡이 듣고 싶어서 일부러 그 하숙집을 찾아가서 염치불구하고 그 와이드 SP판을 뒤져보았으나 눈에 띄지 않았다. 주인집 아들에게 물어보았더니 진즉에 판이 깨져서 내버렸다는 것이었다. 그 뒤 백방으로 찾아보았으나 눈에 띄지 않았다. 정말 아까운 일이 아닐 수 없다.

그런데 그러한 이동백의 〈새타령〉을 우연한 인연으로 다시 들을 수 있게 되었다. 1986년도 1년간을 나는 일본에 있었는데, 그때 그곳의 어떤 모임에서 시인 박일규 씨를 만났었다. 그는 대단한 판소리 애호가요 또 이동백의 〈새타령〉 음반을 가지고 있음을 알게 되었고, 나는 그로부터 귀국 후에는 그 음반을 테이프에 녹음해서 주겠다는 약속을 받아내는데 성공하였었다. 과연 그는 신사답게 내가 귀국한 뒤 그 약속을 어기지 않고 지켜주었던 것이다. 그러다가 얼마 전에는 일본 레코드회사에 보관되어 있는 〈새타령〉 원판을 복사해 온 것을 입수하게 되어 근래에는 아주 깨끗한 소리로 들을 수 있게 되었다.

이동백의 〈새타령〉은 아마도 임방울의 〈쑥대머리〉에 버금갈 만큼 당대인들로부터 널리 사랑을 받은 것이 아니었을까 한다. 청구성과 수리성을 겸한 그의 윤기 넘치는 청으로 부르는 이 〈새타령〉은 아마도 웅장호방하면서도 화창하기 이를 데 없는 중중모리 우조(羽調) 가락의 한 전범(典範)이 될 수 있는 것이라 생각한다.

전북대학교 이기우 교수의 증언에 의하면 이동백의 〈새타령〉은 너무도 유명하며, 이동백이 가는 곳마다 청중들이 이 〈새타령〉을 청하는 탓으로 그는 「춘향가」를 부르다가도 이도령이 광한루 구경을 하는 대문의 봄풍경을 묘사하는 부분에서 이 〈새타령〉을 삽입시켜 부르기도 하고, 「수궁가」 중의 날짐승들이 모여들어 상좌다툼을 벌이려는 대문에도 이를 삽입시켜 부르곤 했다는 것이다. 민요나 잡가 등이 판소리 흐름 속으로 포용되어가는 과정을 보여주는 한 귀중한 실례라 하겠거니와, 근래의 가객들 중에는 〈새타령〉을 이렇게 판소리의 흐름 속에서 부르는 사람이 없는 것 같다.

이야기를 다시 〈적벽가 새타령〉으로 돌리기로 하자. 앞서 말한 바와 같이 〈새타령〉이 그 창자의 개성적 편차에 따라 조금씩 다르기는 해도 대체로 화평하고 명랑한 톤이 중심을 이루는 중중모리 가락인 데 반하여, 〈적벽가 새타령〉은 음산하면서도 비장한 톤이 주류를 이루는 중모리 가락이라는 점에서 양자의 다름을 우선 볼 수 있다. 그도 그럴 것이 전자의 새떼들은 만화방창하는 화창한 봄날 〈춘흥을 못 이기어〉 모여든 〈이승〉의 새떼들인 데 반하여, 후자의 새떼들은 만학천봉에 눈 쌓이고 〈화초목실(花草木實) 바이 없는〉 엄동설한에, 적벽싸움에 몰사 죽음한 조조의 백만군사들이 원귀가 되어 모두 조조를 원망하기 위하여 새떼로 변신하여 날아든, 〈저승〉의 그것이기 때문이다. 그만큼 이 〈적벽가 새타령〉은 비극적이면서도 음산한 극적 상황과 조응되어 있는 것이다.

음악적으로 보더라도 이는 「적벽가」 중의 뛰어난 명곡이라 할 것이다. 정병욱의 『한국의 판소리』에 보면 이 대문을 더늠으로 잘 부른 사람으로 한말의 명창 박유전·이날치 등을 비롯하여 이창환·이동백 등을 들고 있거니와, 임방울의 〈새타령〉 역시 그의 여러 더늠 중에서도 빛나는 더늠으로 꼽을 만한 것이라고 필자는 생각하고 있다.

오늘날 녹음되어 전해지고 있는 임방울의 〈적벽가 새타령〉이 두 가지인 걸로 알고 있거니와, 하나가 그의 한창 시절의 것인 듯 한결 윤기에 넘치고 힘차게 몰아붙이는 맛이 짙은 반면, 다른 하나는 「적벽가」 한바탕을 완창한 것으로 그의 후기의 것으로 전자에서 느끼게 되는 격렬한 톤은 많이 가신 듯한 느낌이 없지 않으나, 그 대신 담담한 평조로 여유자적하게 몰고가는 운치가 짙게 느껴진다는 차이는 있지만, 그 두 가지가 모두 우조의 고풍스런 웅장 호탕한 기개가 도도히 흐르면서도 계면조의 애련 처절한 톤이 임방울 특유의 타루에 실리어 그 우조의 사이사이에 한의 파문을 이루면서 일대 해조를 성취하고 있는 점에서는 양자가 결국 마찬가지라고 생각하고 있다.

한편 인간문화재 시리즈의 한승호 씨의 〈새타령〉은 이와는 상당히 다른 가락수를 보여주고 있다. 특히 그 처음 부분의 붙임새가 서로 상당히 다름을 보여주고 있다. 임방울의 〈새타령〉에서는 〈산천은 험준허고 수목은 총잡헌디, 만학으 눈 쌓이고 천봉으 바람이 칠 제〉 하는 처음 부분이 대체로 원박에 따라 나가다가 〈천봉으 바람이 칠 제〉의 〈천〉에서 살짝 엇붙임으로 비낀 다음 〈칠〉에서 〈척〉을 맺는 데 반하여 한승호 씨는 〈수목은 총잡헌디〉의 〈수〉에서부터 사뭇 엇붙임으로 비끼기 시작하여 그 이후의 가사가 박자 사이사이를 요리조리 비끼며 나가다 〈천봉으 바람이 칠 제〉의 〈칠〉에 와서야 〈척〉을 맺게 된다. 이른바 잉애걸이라는 것인데 그만큼 가락수에 변화가 많은 창법이라 하겠다.

극히 부분적인 한 예를 들어도 그 차이가 이와 같거늘 그 범위를 판소리예술 전반에 넓혀본다고 할 때 그 개성적 편차가 얼마나 다양하겠는가는 상상하고도 남음이 있다 할 것이다. 그렇다고는 하나 천하의 대명창이 새파란 후배의 가락수를 따겠다고 서슴없이 말할 수 있다는 것은 역시 임방울다운 점이 아닐까 한다. 예술 앞에서 그는 아기의 마음으로 돌아갈 수 있었고 따라서 예술 앞에서 사심 없는 겸허의 자세를 갖출 수 있었을 것이다. 말이 좋아 흔히 모르는 것이 있으면 손자한테도 물어야 한다고들 하지만 실지로는 그게 그리 쉽지 않은 것 같다. 전문적인 분야에 관계하는 사람들끼리 그것도 수직적인 관계의 사람들끼리에 있어서는 더욱 그럴 것 같다. 더구나 문제가 정통이다, 이단이다 하는 데로 발전하게 되면 아주 복잡해진다. 전통이 무엇이냐, 문화유산의 계승은 어떻게 해야 할 것이냐 하는 문제를 운위할 때는 으레 제기되게 마련인 이 정통·이단의 논의는 결국 전통이라는 것의 동일성과 그 가변성의 문제에로 연결되는 것이 아닐까 한다. 전통에 만일 장구한 기간의 시대적 도전을 이겨낼 수 있는 동일성이 없다면 그것은 전통일 수가 없다. 이런 점에서 우선 그 동일성의 문제를 엄히 따지는 이른바 정통론(正統論)은 충분히 존재 이유가 성립된다. 그러나 만일 전통이라는 것이 새로운 시대의 새로운 상황 속에 창조적으로 수용될 수 있는 탄력성을 갖고 있지 못하다면 그것은 결국 문화의 화석(化石)에 지나지 않게 될 것이다.

화제를 다시 임방울의 일화와 관련되는 문제에로 돌리기로 하자. 임방울의 창법을 두고 일부 인사들 가운데서는 좋지 않게 말하는 사람도 없지 않다. 말하자면 그는 자기 청만 믿고 법제를 너무 깨뜨렸다는 것이다. 그를 일러 〈판소리의 역적〉이라고 혹평하는 사람도 있다 한다. 더구나 그의 영향력이 컸던 그만큼 후대에 좋지 않은 영향을 주어 오늘날에는 법제가 모두 무너지고 말았다는 것이다.

이런 일련의 비판적인 견해들은 일단 수긍할 만한 일면도 없지는 않으나 자칫하면 앞서 말한 문화의 화석(化石)을 조장할 요인이 없지도 않다. 판소리의 전수과정에 있어서 스승의 바디를 일단 충실히 이어받아야 한다는 것은 전수자로서 갖추어야 할 일차적 요건이라 하겠으나, 그것을 전수받는 과정에서부터 이미 앞서 말한 바 해석상의 순환이 작용할 수밖에는 없는 것이며, 더구나 그가 만일 제일급의 가객이고자 하는 치열한 창조적 정열의 소유자라면 그것을 다시 자신에 의해서만 가능한 광활한 지평에로 확산시키려는 최대한의 노력을 게을리 할 수 없을 것이기 때문이다. 이 과정에서 전통적인 바디는 바디대로의 동일성을 유지하여야 하는 동시에 전수자 나름의 개성적 다양성도 탄력있게 펼쳐져 나가지 않아서는 안 될 것이다. 그리고 그 전수자가 스승의 일개 아류에 머물지 않고 일급 예술가로 될수록 그 다양성의 진폭은 클 수밖에 없는 것이다. 이렇게 볼 때 〈판소리의 역적〉이라는 칭호 자체가 어찌 보면 임방울의 예술의 탁월성을 반증하는 말이라 할 수도 있다. 왜냐하면 모든 위대한 예술이 다 그러한 것과 마찬가지로 판소리의 전승 내지 전수자 나름의 정립 과정에 있어서 역적이라는 소리를 듣는 단계까지 가지 않고서는 자기 예술의 완성을 기할 수 없을 것이기 때문이다. 여기서 생각나는 것은 명창 송만갑의 일화 한 토막이다.

동편제와 서편제

> 선생의 길을 열심히 따라간다고 하지만 실상은 자기 혼자서 자기의 고독한 길을 걷고 있는 것에 지나지 않은 것이다. 사람은 결국 자기 목청으로밖에는 노래를 부를 수 없기 때문이다.

송만갑(1865~1939)은 전남 구례 출생으로 이른바 오명창의 하나이며, 한말에서 식민지시대에 걸친 걸출한 가객이며 동편제의 대가이다. 그의 종조(從祖)가 바로 근조(近朝) 팔명창의 으뜸이며 가왕(歌王)으로 호칭되는 송흥록이며, 조부가 광록, 부친이 우룡으로 역대 명창을 배출한 동편제의 종가(宗家)인 송문(宋門)의 후예이다. 그는 한말에 이미 명창으로서의 이름을 떨치어 자주 어전에서 노래를 불렀고 순조 때 감찰(監察)이라는 직함을 받기도 하였다. 조선성악연구회에 참여하여 판소리 보급에 힘쓰는 한편 후진을 양성하기도 하였는 바 명창들 중에서 가장 많은 제자를 배출시킨 것으로도 유명하다. 유기룡 씨의 『판소리 팔명창과 전승자들』에 보면,

송만갑은 효심이 지극하여 그의 부친 우룡 옹이 준치 가시에 탈을 입어

사망하였기 때문에 그 후부터 어패류를 입에 넣지 않았고 다른 사람에게 권하지도 않았다. 그리고 부친 생각이 난다고 슬픈 「심청가」는 영영 부르지 않았다고 한다.

이렇게 효성이 지극한 그였지만, 노래에 있어서만은 큰 불효를 저지른 사람이기도 하다. 역대 명창의 후예인 그가 선대들로부터 소리공부를 시작한 것은 당연한 일이거니와 소리를 터득해가는 동안에 그는 차츰 자기 집안의 법제인 동편제의 정통적인 창법에 염증을 느끼기 시작하였다. 지나치게 법제에 얽매인 그 창법이 그에게는 무미건조하게 느껴졌던 것이다. 이리하여 그는 집을 뛰쳐나가 여러 해 독공(獨工)으로 창법을 개발하여 마침내 이른바 〈송만갑제〉라는 독자적인 법제를 수립하였던 것이다. 앞서 인용한 유기룡 씨의 글에서는 〈천재인 송만갑은 법통(정통적인 동편제)에 반발하고 무미건조한 동편제 소리의 개혁을 구상하면서 동편의 체질에다 서편의 맛을 가미하였고 이것을 또다시 동편화시켜 놓았다. 그 결과 뜻밖에도 화려한 가풍(歌風)이 이루어졌다〉라고 지적하고 있다. 말하자면 웅장·청담한 톤으로 일관하는 동편제에다 서편제가 지닌 바 애련·처절한 감칠맛을 융합시킴으로써 무미건조한 동편제의 창법에 섬세한 다양성을 부여한 다음 여기에 다시 고풍스런 엄격한 절제를 부여함으로써 동편제 본래의 웅장·청담한 창법을 다시금 체계화시킨 것이라 하겠다.

이렇게 되자 완강한 동편제의 보수파들은 그를 일러 송문의 법통을 깨뜨리는 반역자라 하여 맹렬히 규탄하였고 집안 어른들은 그를 집안 망치는 후레자식이라 하여 파문을 시켜버렸던 것이다. 말하자면 그는 일종의 사문난적이요 용서받지 못할 이단이었던 것이다.

그의 성음은 윤기가 넘치는 수리성에다 비정하리만큼 카랑카랑한 철

명창 송만갑

성을 겸한 것으로서, 그 창법은 동편제의 정통적 법제인 우조의 가락을 주조로 하면서도 애련·처절한 서편제 계면조의 감칠맛을 교묘히 넘나들게 하되 모름지기 장작 패듯 사정없이 그 중두막을 분질러 자칫하면 지나친 애상으로 흐르기 쉬운 계면조의 잔가지들을 잘라 내버림으로써 엄격한 절제를 부여하는 정통적인 동편제의 창법인 것이다.

오늘날 송만갑의 선대들의 소리가 전해지지 않고 있으므로 송만갑의 창법과 그 선대들의 창법 사이에 어떤 변화가 이루어지고 있는가를 알아볼 길은 없으나 같은 무렵의 정정렬이나 이동백의 성음과 비교해볼 때 송만갑의 창법은 거의 한결같이 그 비정하리만큼 카랑카랑한 통성으로 일관하고 있고 타루를 치는 경우가 극히 드물다는 점에서 전형적인 동편제의 창법이 어떤 것일까는 능히 짐작케 하고 있다. 더구나 오늘날 전해지고 있는 그의 「춘향가」의 〈옥중가〉나 「적벽가」의 〈새타령〉을 임방울의 그것과 비교할 때 과연 정통적인 동편제의 창법이 어떤 것이었을까 하는 것을 짐작할 수 있지 않을까 한다. 전자가 웅장·호탕하면서도 고졸(古拙)한 고제(古制)를 주축으로 하고 있는 데 반하여 후자에는 애련·처절한 애원성이 훨씬 짙게 넘나들고 있고, 타루의 변화가 훨씬 다양하게 구사되고 있기 때문이다.

판소리(문학으로서의 판소리가 아니라 판소리로서의 판소리)의 역사를 기술한다고 할 때, 송만갑의 위치는 매우 중요하게 부각되지 않을까 한다. 정노식의 『조선창극사』에서는 송만갑에 언급하여 〈창조(唱調)와 제작이 가문의 정통적 법제를 따르지 않고 독특한 제작을 하여 다른 하나의 문호를 세웠다. 그것은 시대적 요구에 순응하기 위하여 통속화한 경향이 많았다〉라고 지적하고 있거니와, 이는 고제 동편제의 창법에서 신식의 창법으로 넘어오는 중요한 분기점에 송만갑이 위치하고 있다는 것을 말하는 것이라 하겠다. 통속화의 경향이 많았다는 정노식의 지적은 송만갑이 개발한 창법이 다분히 청중들의 취향에 영합하는 경향이 짙었었다는 지적이 되는 것이며, 실지로 이런 통속화의 경향은 바야흐로 대두하기 비롯한 창극의 전개와 더불어 더욱 가속화되어갔으리라는 것을 쉽게 짐작할 수 있다.

그러면 그 통속화의 경향이란 구체적으로 어떤 것이며, 〈시대적 요구〉라는 것은 무엇일까. 우선 통속화의 문제인데, 앞서 송만갑이 웅장·호방한 동편제에다 애련·처절한 서편제의 감칠맛을 융합시킴으로써 새로운 가풍을 수립하였다는 말을 한 바 있거니와, 그가 판소리를 통속화시켰다는 것은, 말하자면, 서편제의 애련·처절한 가락을 도입하였다는 문제와 관련되는 것이 아닐까 한다. 그러나 그렇게만 말한다 해도 여전히 문제는 남는다. 웅장·호방한 동편제만이 정통적인 판소리의 법제일 뿐 아니라 애련·처절한 서편제 또한 한말의 박유전 이래의 한 정통적인 법제이기 때문이다. 또 동편제가 통성을 바탕으로 한 웅건·고졸의 창법을 주축으로 하고 있는 데 반하여 서편제는 다양한 성음의 변화를 부여하기 위한 타루를 많이 치는 계면조를 주축으로 하고 있는 것이 사실이기는 하지만 그러나 그것은 어디까지나 상대적인 이야기일 뿐이지, 실제로는 그 두 가지 창법이 동편·서편에 다같이 넘나들고 있기도 한 것이다.

그러나 그럼에도 불구하고 통성을 위주로 하는 동편제가 천성적인 성음에 더 많이 의존하고 있는 데 반하여, 타루를 많이 구사하는 서편제가 후천적인 기교의 개발에 더 많이 주력하여 왔었다는 사실을 추리할 수는 있지 않을까 한다. 이런 점은 동편제의 창법이 이른바 〈대마치 대장단〉이라는 용어로서도 알 수 있듯이 장작 패듯 성음의 꼬리를 사정없이 중두막에서 잘라내버리는 데 반하여, 서편제에서는 〈갈 데를 다 간다〉는 표현으로서도 알 수 있듯이 〈이면을 그리기〉 위하여 최선을 다하게 되고, 따라서 성음의 꼬리가 한량없이 길어지는 것으로서도 알 수 있다. 이는, 천성적인 통성으로 일관하는 송만갑이 아무리 서편제를 도입하였다는 지적이 있음에도 불구하고, 여전히 전형적인 동편제의 가객이라 할 수밖에 없는 데 반하여, 선천적으로 부족한 성음에도 불구하고 후천적인 공력으로써 자기 가풍을 대성시킨 정정렬이 전형적인 서편제의 가객으로 간주될 수 있는 이유도 이런 데 있지 않을까 한다. 따라서 송만갑이 판소리를 통속화시켰다는 정노식의 지적은 단적으로 말해서, 그의 창법에는 서편제의 기교적인 면이 많이 도입되고 있다는 사실을 두고 이름이 아닐까 한다.

이렇게 볼 때 또하나의 문제가 남게 된다. 즉, 그렇다면 서편제가 곧 통속적 취향의 것이냐 하는 문제이다. 이는 물론 성립될 수 없는 말이다. 앞서도 언급한 바와 같이 동편제가 정통적인 법제라면 서편제 역시 정통적 법제이기 때문이다. 웅장·호방하면서도 고졸스런 절제에 바탕을 둔 창법이 하나의 창법이라면, 애련·처절하면서도 화려한 기교에 바탕을 둔 창법 또한 하나의 창법인 것이다. 이는 마치 문학에서 운위하고 있는 바 고전적이니 낭만적이니 하는 것과 상응하는 것이라 하겠다. 고전적이라 할 때 질서와 조화가 위주로 되는 반면 자칫하면 무미건조한 도식으로 기울어질 우려가 있고, 낭만적이라 할 때 화려·분방한 상상의 세계를 열어주기는 하지만, 자칫하면 감상적인 데로 쏠릴 우려가 있다. 너무 지나친 속단일지는 모르나 동편제 대 서편제의 관계는 고전적 대 낭만적의 그것과 상응될 수 있는 것이 아닐까 한다. 따라서 낭만적인 것이 통속적인 것이라고 할 수 없듯이 서편제가 곧 통속적인 취향의 것이라고 할 수는 없다. 왜냐하면 고전적에 대응되는 낭만적이 그런 것과 마찬가지로 동편제에 대응되는 서편제의 창법 역시 예술의 한 표현양식이기 때문이다. 이런 점에서 볼 때 송만갑은 동편제의 고졸스런 절제에다 서편제의 화려한 기교를 융합시킨 판소리의 일대 개혁자이기는 할지언정 결코 그것을 통속화시킨 사람으로 규정될 수는 없을 것 같다.

다만 송만갑(넓게 보면 오명창) 이후의 한국의 판소리가 차츰 통속화의 경향으로 치닫게 된 역사적 사실은 부인할 수 없을 듯하다. 그러나 그것은 송만갑의 탓도 아니고 서편제의 탓도 아닌 듯하다. 말하자면 〈시대〉의 탓인 듯하다. 물론, 서편제가 지닌 바 애련·처절한 분위기와 화려한 기교적 측면은 마치 낭만적인 것이 그러하듯이 자칫하면 감상적인 데로 기울어질 개연성을 지니고 있는 것이 사실이다. 명창 박동진 씨가 어느 자리에서 송만갑이나 정정렬 같은 이들 이후에 타루를 많이 치게 되었지, 그 전 선생들의 소리에는 통성으로 일관할지언정 타루 치는 법이 거의 없노라는 말을 한 일이 있다. 즉, 송만갑·정정렬 이후의 판소리가 훨씬 더 기교화하였다는 뜻일 것이었다. 이러한 기교화에의 경향이 청중들의 감상적인 취향에 영합하게 될 때 이른바 통속화 경향을 띠게 되는 것이 아닐까 한다.

이러한 감상적인 통속화의 경향을 띠게 된 데에는 앞서도 말한 바와 같이 시대적 조건이 중요한 이유로 되었을 것 같다. 송만갑·정정렬 등 이른바 오명창 이후의 한국의 판소리가 계면조를 위주로 하는 애련·처절한 톤으로 자꾸 기울어져 가고, 그에 따라 자꾸 기교화되어 간 데에는 그들 이후의 한국의 판소리가 비극적인 식민지시대를 살아야 하였었다는 역사적 조건과 긴밀히 관련되는 것이 아닐까 한다. 즉, 우조 위주의 판소리가 식민지시대에 들어서면서부터 차츰 계면조 위주의 그것으로 기울어져 간 것이 아닐까 한다.

이러한 계면조의 가락이 그 본래의 치열한 예술성을 상실하고 안이한 기교에로만 치닫게 될 때 이른바 감상적인 〈넋두리조〉가 나오게 되는 것이다. 이런 넋두리조가 판소리의 가락에 끼이게 된 데에는 바야흐로 대두한 창극의 부정적 영향이 컸으리라고 생각된다. 판소리에서는 이른바 〈노랑목〉 쓰는 것을 터부시하거니와 노랑목이야말로 전형적인 창극조인 것이다. 물론 창극이 한국의 예술사 내지 판소리의 역사에 많은 긍정적 기여를 한 사실도 간과할 수 없지만, 흥행을 위주로 하여 청중들의 감상적 취향을 자꾸 부채질함으로써 판소리의 가락을 통속화시키는 데 큰 영향력을 행사했다는 사실도 부정할 수는 없다. 일종의 부정적인 역기능 현상이라 할 것이다.

화제를 다시 임방울에게로 돌리기로 하자. 앞서 임방울을 일러 〈판소리의 역적〉이라고 규정하는 사람도 있다는 말을 한 바 있거니와, 이는 송만갑을 일러 〈동편제의 사문난적〉이라 규정했던 완고한 보수파들의 그것과 마찬가지의 소행이라 할 수밖에는 없다. 임방울은 박재실·공창식 그리고 유성준에게서 소리공부를 한 사람이라는 것은 이미 언급한 바 있다. 박재실에 관해서는 잘 모르겠으나, 공창식은 서편제, 유성준은 동편제로 알려져 있다. 말하자면 그는 동편과 서편을 두루 섭렵한 사람인 것이다. 이 점에서 송만갑보다는 훨씬 더 좋은 조건에 있었다고 볼 수 있다. 왜냐하면 그는 양편의 창법을 비교 종합할 수 있는 위치에 있었기 때문이다. 박재실에게서는 「춘향가」「홍부가」를, 유성준에게서는 「수궁가」「적벽가」를 배웠다고 해서 만일 그가 한결같이 「춘향가」는 박재실제로, 「적벽가」는 또 유성준제로 부르기만 하였었다면 혹은 이류나 삼류가객은 될 수 있었을지 몰라도 임방울이 될 수는 없었을 것이다. 스승을 따르되 그 스승을 넘어서지 못한다면 결국 그 스승의 아류는 될 수 있을지언정 결국 자기 세계는 갖지 못하고 말 것이다. 더구나 악보라는 절대적 한계푯말을 전제로 하고 있는 서양음악과는 또 달리 가객 자신의 개성표현의 융통성이 최대한으로 허용되어 있는 판소리예술에 있어서랴.

가령, 여기 유성준제면 유성준제, 공아무개제면 아무개제가 있다고 치

자. 그리고 최상의 제자가 있어 그것을 배운다고 할 때 그는 결국 자기 능력의 한계 안에서밖에는 그것을 받아들일 수 없는 것이다. 그 선생의 길을 열심히 따라간다고 하지만 실상은 자기 혼자서 자기의 고독한 길을 걷고 있는 것에 지나지 않은 것이다. 사람은 결국 자기 목청으로밖에는 노래를 부를 수 없기 때문이다. 예술이라는 것이 본시 다 그런 것이지만 판소리의 경우는 특히 그러하다. 임방울이 〈판소리의 역적〉이라는 말은 역설적이게도 그에 대한 최상의 찬사로 풀이될 수도 있는 말이다. 왜냐하면 역적이 되지 않고는 새 예술의 왕국을 세울 수 없기 때문이다. 실지로 그는 하나의 임방울제를 새로 수립한 사람이 아닐까, 필자는 생각하고 있다.

우리는 이 다음에

선생의 예술을 감히 왈가왈부한 임방울의 소행은 정말 당돌한 것이라 아니할 수 없다. 그러나 바로 그런 당돌함이야말로 임방울의 임방울다운 면이 아닐까 생각된다.

명창 박동진 씨한테서 들은 이야기다. 조선성악연구회 시절의 이야기인데, 한번은 독공(獨工)으로 소리공부를 하여 가위 명창의 재목됨이 보인다는 한 젊은이가 송만갑에게 소개되어 왔다. 그래서, 송만갑은 그 젊은이에게 아무것이나 한 대문 불러보라고 하였다. 그 젊은이는 「흥부가」 중의 〈박타령〉을 불렀다. 그 노래가 하도 특출하여 좌중의 모든 사람들이 속으로 혀를 내둘렀다.

그러나 노래를 다 듣고 난 송만갑은 고개를 살래살래 흔들었다.

「그게 어디 네 소리냐, 내 레코드판 소리제.」

하였던 것이다. 그 젊은이는 송만갑의 레코드판으로 독공을 했던 모양으로, 그 소리가 너무도 그의 레코드소리와 흡사한 데에 오히려 불만을 나타냈던 것이다. 송만갑의 관점으로 볼 때 그 젊은이는 말하자면 자기 자신의 소리를 찾지 못했던 것이다.

실지로, 송만갑은 제자들에게 소리를 가르칠 때에도 자기가 평소에 부르는 가락수와는 다르게 가르쳤다는 것이다. 이를 핀잔하면서 한번은 이동백이 그에게,

「아, 어째서 배운 대로 가르치지 않는 게여?」

했다는 것이다. 그러자 송만갑은,

「나 배운 대로 가르치면, 쟈들이 따라부를 성싶어?」

하였다 한다. 말하자면 소리란, 자기가 타고난 청의 분수에 알맞게 불러야 한다는 것이었으리라. 창자(唱者)의 개성이 최대한으로 허용되는 판소리의 묘미를 터득한 말이 아닐 수 없다.

이런 점과 관련하여 임방울이 식민지시대의 오명창의 하나인 유성준에게서 소리공부할 때의 몇가지 일화는 교훈적이다. 그가 정광수·조몽실 제씨와 같이 유성준 문하에서 소리공부를 하게 된 것은 가객으로서의 그의 명성이 어느 정도 떨치게 된 다음의 일이었으리라고 추리된다. 판소리연구가인 이보형 씨의 말에 의하면 그의 목이 자리잡히게 된 것은 유성준 밑에서 소리공부를 하게 되면서부터라 하거니와, 그야 어떻든, 그가 유성준을 만난 것은, 여류명창 한애순 여사의 말을 빌자면, 〈빨강머리 상투머리에[1] 무릎께까지밖에는 닿지 않은 돔방 두루마기 차림〉의 꾀죄죄한 모습으로 상경하여 명창대회에 출연하여 〈쑥대머리〉를 불러 열렬한 갈채를 받게 되고, 뒤이어 콜롬비아니 빅터니 하는 레코드에 취입을 하여 이른바 〈쑥대머리〉 선풍을 일으킨 연후의 일일 것 같다.

명창 박동진 씨의 말에 의하면 왕년의 이동백은 잠자고 밥 먹고 말할 때 외에는 언제 어디서나 입을 놀리지 않고 소리를 홍얼거리며 노래를 익혔다 하거니와, 이 점에서는 임방울 역시 마찬가지였다는 중론이다. 아무리 타고난 목청이라고 하지만, 줄기차고도 끊임없는 후천적인 공력이 없고서야 득음(得音)을 기할 수 없는 것이고, 또 설사 득음을 기할 수

있었다 해도 끊임없는 닦음이 없고 보면, 괴어 있는 물과 같이 이내 그 목이 녹슬고 마는 것이라 한다.

임방울의 제자요 정읍국악원 원장이기도 하였던 임준옥은 생전의 임방울에게서 들었다는 일화 한 토막을 들려주었다. 임방울이 유성준 밑에서 소리공부할 때의 이야기이다. 몹시 더운 어느 여름날의 일이었다 한다. 불볕이 쏟아지는데다가 바람 한 점 없어서 소리방에 가만히 앉아 있어도 비지땀이 팥죽처럼 줄줄 흘러내리는 한낮이었다. 그런 더위 속에서 소리를 질러대노라니 눈앞이 어찔어찔할 지경이었다. 모두들 기진맥진이 되어 있던 차에 선생이 무슨 볼일이 생각났던 모양으로 행장을 차리고는 바깥나들이를 나갔다. 동료들은 얼씨구나, 하고 모두들 소리방을 박차고 뿔뿔이 나가버렸다. 그러나 그런 속에서도 임방울은 앉은 자리를 옮기지 않고 조금 전에 선생한테서 받은 소리를 되풀이 되풀이 익히고 있었다.

꽤 오랜 시간이 지난 뒤에야 선생은 돌아왔다. 그때까지 소리방에 혼자 앉아서 공부하고 있는 임방울을 보고는,

「이놈들은 모두 어디를 갔단 말이냐?」

사뭇 화난 목소리로 말하였다. 임방울 역시도 물론 알 수 없었다. 그러자 그때 공교롭게도 드르렁 드르렁 코 고는 소리가 어디서 들려왔다. 사방을 두리번거리던 선생은 이내 그 소리의 진원처(震源處)를 알아냈다. 뒷마루 밑이었다. 아까 선생이 나들이에 나서자마자 뿔뿔이 흩어졌던 동료들이 이 집에서는 제일로 시원한 그 뒷마루 밑에다 멍석을 깔고는 줄줄이 드러누워 낮잠을 자고 있었다. 대빗자루를 든 선생의 성난 매질이 네 활개 벌리고 세상 모르고 자고 있는 그들에게로 쏟아졌다. 그제서야 동료들은 기겁을 하고는 소리방으로 뛰어들었다.

「이놈들, 오늘 일러준 대문을 차례로 혀봐.」

대빗자루를 손에 든 채 방으로 올라서던 선생은, 윗목에 주욱 꿇어앉아 있는 동료들을 둘러보며 말하였다. 그러나 방금 잠에서 깨어난 목청인데다가 무엇보다도 잠자느라고 제대로 채 익히지도 못한 대문이니 제대로 될 리가 없었다. 성난 대빗자루가 차례로 그들 개개인의 종아리에서 사나운 불꽃을 튀긴 것은 물론이었다.

「인자, 방울이 네가 혀봐.」

「수궁가」 중에서 중중모리 〈고고천변(杲杲天邊)〉의 대문이었다. 병든 용왕을 살릴 토끼를 얻기 위하여 별주부가 무변대해를 헤엄쳐 육지로 나오는 동안의 주위 경개를 서술한 대문이다. 빈사지경의 임금을 살리려는 별주부의 충성심과 죽음을 무릅쓰고 망망대해를 헤엄쳐 나오는 그의 경쾌하면서도 결의에 찬 동작이, 장중하면서도 경쾌한 우조(羽調)의 톤으로 이어지는 중중모리 가락 속에 해조를 이루는 명곡인데, 임방울의 더늠 중의 하나라고 필자는 생각한다.

> 고고천변일륜홍(杲杲天邊一輪紅) 부상(扶桑)에 둥실 높이 떠, 양곡(暘谷)으 잦은 안개 월봉(月峯)으로 돌고 돌아

사나운 매질을 한 뒤끝인데다 불꽃같은 심화조차도 미처 삭이지 않은 터라 어깻숨만 쉬며 시무룩하니 앉아 있던 선생은, 타고난 청구성에 실리어 넘실거리는 망망대해처럼 출렁거리며 이어지는 임방울의 가락이 진행됨에 따라 그 표정이 차츰 누그러지더니 어느새 〈어헐씨구 조오타〉 추임새까지 곁들이기 시작하였다. 임방울이 망망대해를 다 건너자, 선생은 우르르 달려들어 임방울의 어깨를 덥석 끌어안더니,

「아이고 내 새끼. 잘 혔네. 잘 혔어.」
하고는 초로에 접어든 눈에 이슬이 맺히었다.

임방울은 유성준에게서 「수궁가」와 「적벽가」를 배웠다 하거니와, 본시 서편제의 가객인 공창식에게서 사사한 임방울이 동편제의 정통이라는 유성준에게 사사하는 동안에 그 창법에 일대 변화를 가져왔으리라는 것은 능히 짐작할 수 있다.

그렇다고 해서 그의 본래의 서편제의 창법이 완전히 제거되거나 불식되었을 것이라고 생각되지는 않는다. 오히려 그 양자가 부딪치는 과정에서 임방울은 불꽃 튀기는 갈등을 느꼈을 것이고, 그런 갈등의 과정을 통해서 고유한 임방울제를 정립해가는 실마리를 찾을 수 있었으리라고 생각된다.

오늘날 유성준의 음반이 전해지지 않고 있으므로 유성준의 적벽가·수궁가와 임방울의 그것들 사이에 얼마 만한 개성적 편차가 있는지를 가려낼 도리는 없지만, 어떻든 임방울의 그것이 유성준의 복사판일 수 없으리라는 것은 자명하다. 만일 복사에 그쳤다면 임방울은 결국 임방울일 수가 없었을 테니까.

어떻든, 이렇게 선생의 총애를 받던 임방울도 한번은 선생한테서 큰 야단을 맞은 일이 있었다 한다. 박동진 씨한테서 들은 이야기인데, 그가 어렸을 때 임방울과 같이 유성준에게서 「적벽가」를 배울 때의 일이었다 한다. 어느 대문을 배울 때의 일이었는지는 지금 기억에 없거니와 어떻든 느린 진양조를 배울 때의 일이었다는 것이다. 아랫목에 앉은 선생이 한 대문을 불러주면 윗목에 둘러앉은 제자들이 따라부르고, 이런 식으로 한참 진행이 되어가는데, 어느 대문에 이르러 임방울이 문득 따라부르기를 멈추고는,

「아버님, 이 대문이 아무래도 반박(半拍)이 모자라는 것 같은디요?」

하였다.

「무엇이 어찌여?」

선생의 낯빛이 당장에 일그러졌다.

험악해진 선생의 표정에 임방울도 금세 겁먹은 얼굴이 되기는 하였으나, 그래도 무릎장단을 쳐가며 그 대문을 또박또박 되풀이해보였다. 어린 박동진 생각에도 임방울의 지적이 옳은 것같이 느껴졌다.

「제 소견에는 이 대문이 아무래도……」

심상치 않게 일그러져가는 선생의 얼굴을 감히 바라보지는 못하고, 무릎장단을 친 자신의 손끝에다 시선을 떨군 채 임방울이 혼자말같이 더듬거렸다.

「요런 싹동머리 없는 저석 좀 보소잉.」

무릎맡에 놓여 있는 박달나무 목침을 움켜잡고 벌떡 일어서며 이렇게 소리친 선생은 우르르 임방울께로 달려들어 그의 어깻죽지며 등줄기를 사정없이 후려치기 시작하였다. 정신없이 후려치던 선생은 제풀에 기진하여 뒤로 벌렁 넘어지며,

「날 죽여라아.」

하고는 사지를 놓아버렸다.

어찌 돌아가는 영문인지를 미처 분간하지도 못한 채 어린 박동진은 잔뜩 웅크리고 있을 뿐이었고, 꼼짝 않고 맞고 앉았던 임방울은 허둥지둥 부엌으로 나가 찬물을 떠온다 사지를 주무른다 한동안 법석을 피우게 되었다.

겨우 정신을 수습한 선생을 아랫목에 기대여 모셔 앉히고 제자들도 다시 윗목에 둘러앉았다. 잠시, 방안에 무거운 침묵이 흘렀다. 이윽고 임방울이 무릎걸음으로 앞으로 나서더니, 무릎장단으로 그 대문을 다시 해보였다. 선생이 불러준 것과 똑같이 되었다.

「아버님, 제가 좁은 소견에 그만, 죽을 죄를 졌구만이라우.」

하며 그제야 눈물을 떨어뜨렸다.

「오냐 내 새끼, 인자 됐다.」

벽에 기댄 상체를 일으켜 임방울께로 다가온 선생은 그의 등을 토닥여 주었다. 그의 눈에도 어느새 이슬이 맺히었다.

공부를 마치고 돌아오는 길에 임방울이 걸음을 멈추고 박동진 씨를 돌아보며 말하였다.

「동생, 내가 아까 그 대문, 다시 혀볼텅게 들어보소잉.」

하며 역시 무릎장단을 쳐가며 되풀이하였다.

「어떤가 내 말이 맞는가, 틀리는가?」

박동진으로서는 이번에도 임방울의 말이 맞는 것 같았다.

「우릴랑은 이 다음에 그렇게 부르지 말세잉.」

임방울은 다시 걸음을 옮기며 말하였다. 그것은 말하자면 반역의 음모라 할 수 있었다.

유성준 문하에서 수업하는 동안 임방울의 내면에서는 이와 비슷한 갈등이 수시로 일지 않았을까 한다. 그것은, 박재실, 공창식 등 서편제 계통의 선생에게서 소리공부를 시작한 것으로 추리되는 임방울이, 이와는 창조(唱調)나 가락 등이 사뭇 다른 동편제의 정통인 유성준의 소리와 만나야 하였다는 사실에서 연유된다. 유성준에게서 새로 배우게 되는 수궁가, 적벽가 등의 경우에 있어서도 발성법 내지 창조(唱調)에서 이런 갈등이 느껴질 수 있었을 테지만, 특히 서편제의 스승에게서 이미 배워가지고 간 「춘향가」나 「흥부가」의 경우에 있어서 더 격심한 갈등을 느껴야 하였을 것이다.

가령 정병욱에 의하면 「춘향가」 중 〈옥중가〉를 더늠으로 잘 부른 이로 송흥록·박만순 등등과 아울러 임방울을 꼽고 있다. 유성준의 〈옥중가〉는 남아 있지 않으나 동편제의 종주인 송흥록제였을 것이 틀림없다. 그런데 송흥록의 직계인 송만갑의 〈옥중가〉는 SP판으로 일부가 남아 있으므로 이로써 임방울의 〈서편제 옥중가〉와 그의 스승인 유성준의 〈동편제 옥중가〉의 차이를 추리할 수 있을 듯하다.

〈춘향가 옥중가 송만갑이가 부릅니다.〉

하는 허두로써 시작되는 송만갑의 〈옥중가〉는 〈옥방 형상 바래보니 앞문에는 외만 남고 뒷문에는 살만 남아 동지섣달 찬바람에……〉 하는 식으로 시작하여, 〈동풍이 눈을 녹여 가지가지 꽃이 피었으니 작작하구나 두견화는 나부를 보고 웃난 모양은 반갑고도 서러워라 눌과 함께 보랐던고〉 이렇게 이어진다. 송만갑 특유의 쨍쨍한 철성으로 다잡아 나간다. 한편 〈춘하추동 사시절에 허송세월 다 보낼 제〉 하는 진양조 가락과 〈쑥대머리 귀신형용 적막 옥방으 찬 자리에〉로 시작되는 중모리 가락이 합쳐서 이루어진 임방울의 〈옥중가〉는 김창환제가 분명하다. 명창 정광수에 의하면 김창환제의 이 진양조와 중모리 〈쑥대머리〉 부분을 합쳐서 〈동풍가〉라고 한다는 것이다.

김창환에게서 이어진 것으로 추리되는 임방울의 이 〈옥중가〉 중의 진양조는 전형적인 진계면의 창조로서, 나긋나긋하게 성음의 꼬리가 길게 이어지는 전형적인 서편제의 한탄조인데 반하여, 동편제의 직계인 송만갑의 〈옥중가〉는 평계면의 창조로서, 되게 다잡아 지르는 성음의 꼬리가 중두막에서 뚝뚝 잘려버리는 이른바 대마치 대장단의 가락으로서 옥중 춘향의 서러운 정황이 사뭇 내면화되어 있다. 다시 말하면 임방울의 〈옥중가〉에 부각되는 춘향은 〈쑥대머리〉의 가사에도 나오는 바와 같이 〈퍼버리고 앉아서 설리 우는〉 모습인 데 반하여, 송만갑의 〈옥중가〉의 춘향은 자기 설움을 최대한으로 억제하는 가운데서 빚어지는 비장감이 감도는 모습이다.

여기서 우리의 흥미의 초점이 되는 것은, 〈퍼버리고 앉아서 설리 우는〉 춘향의 모습을 간직하고 있는 임방울과 자기 설움을 최대한으로 억제하는, 비장미 감도는 또하나 다른 춘향의 모습을 간직하고 있는 스승 유성준이 한자리에 만났을 때 이 스승과 제자의 내면에는 각기 어떠한 감회가 일었을까 하는 점이다. 그 내용을 측정할 도리는 전혀 없으나 어떻든 그것은 신선한 충격이었을 것이다. 한 예술가로서의 성장의 궤적에 있어서 이러한 충격적인 만남은 진실로 소중한 것이 아닐 수 없다.

이러한 충격은 예술가에게 뿐만 아니라, 무한한 가능성이 보장되어 있는 모든 젊은이의 성장의 과정에 있어서 매우 소중한 것이라 하겠다. 어떻든, 서편제를 기반으로 하여 출반한 광대 임방울이, 그것과는 사뭇 대조적인 동편제의 스승을 만나게 되었다는 것은 그의 성장의 궤적을 쌓아감에 있어서 매우 소중한 계기가 되었을 것임에 틀림없다.

판소리예술이 본시 그 성격상 수직적인 전승양식을 취할 수밖에 없는데다가 요즈음과는 또 달라서 훨씬 엄격한 길드적인 사제관계 속에 놓이지 않으면 안 되었을 당시의 분위기를 감안할 때 선생의 예술에 추호라도 이의를 삽입한다거나, 하물며 반기를 든다거나 하는 일은 그야말로 사문난적에 해당하는 이야기였을 것이다.

그런 분위기 속에서 선생의 예술을 감히 왈가왈부한 임방울의 소행은 정말 당돌한 것이라 아니할 수 없다. 그러나 바로 그런 당돌함이야말로 임방울의 임방울다운 면이 아닐까 생각된다.

이 일화는 종교재판에 회부되었다가 풀려나오면서 〈그래도 지구는 돈다〉고 말함으로써 결국 죽음을 선택한 갈릴레이의 이야기를 연상하게 된다.

과학의 세계건 예술의 세계건 이런 반역의 정신 없이는 새로운 역사를 열 수 없다. 명창 송만갑이 그러했던 것과 마찬가지로 임방울의 내면에도 이런 치열한 반역의 정신이 흐르고 있었기 때문에 그는 일부 사람들이 말하는 바와 같이 판소리의 역적일 수가 있었고, 그럼으로써 그는 자신의 새 예술의 왕국을 수립하게 된 것일 것이다.

---

1) 상투머리 : 당시는 이미 단발령 이후이지만 시골사람이었던 그는 상투머리를 땋고 상경했었다 함. 키가 조금 작은 편이고 마마자국이 살짝 남아 있었고 모발이 약간 빨간빛이 돌았다 함. 상경 후에 처음으로 사귄 어느 기생이 그 상투머리를 깎으라고 요구해서 그 머리를 깎았을 때가 생애 중에 가장 서러웠노라고 술회하더라는 이야기를 그의 제자인 임준옥 씨가 하였다.

시김새와 그늘

> 만일 갈등이나 방황도 없고, 따라서 뼈저린 절망도, 그것을 극복하려는 미래지향적인 모색의 의지도 없다면, 안이한 매너리즘에 주저앉고 말지언정 시김새가 깃들 리 만무하다.

연전에 전주문화원 주최로 전주에서 〈판소리 춘향가 레코드 감상회〉를 가진 일이 있었다. 1930년대 초에 정정렬·이화중선·박녹주·임방울·김소희 등이 입체창으로 부른 SP판 전질 10장(?)의 레코드판인데 20여 년 전에 이것이 LP판으로 재생되어 세상에 나오게 되었다. 그 레코드 창자 중의 유일한 생존자요, 춘향 역을 맡아 불렀던 김소희 여사를 직접 초청하여, 당시의 전후 사정이며 숨은 에피소드, 또는 판소리의 이것 저것에 관한 이야기를 나누어가며 진행된 감상회였던 만큼 매우 뜻있는 자리가 될 수 있었다.

이 LP판 맨끄트머리에는 김소희 여사 자신의 말이 한 대문 녹음되어 나온다. 즉, 인천에 사는 모씨가 30여 년 동안 고이 보관해오던 SP판 전질을 자기에게 보내주어, 그것을 LP판으로 재생하여 세상에 내놓게 되었다는 경위를 말하고, 이십 당년의 자신의 소리를 이제 들으니, 감회도 새롭거니와 미숙한 그 소리가 이제 와서는 부끄럽기만 하다고 말한 다음, 〈인생은 짧고 예술은 길다고 하지만 사람은 늙어가고 예술만 젊어지는 것 같다〉는 말로 끝맺고 있다.

사람은 늙어가고 예술만 젊어진다는 이 말은, 녹음된 목소리는 예대로 젊어 있는데, 노래부른 자신은 자꾸 늙어만 간다는, 가벼운 한탄으로 한 말인지는 모르겠으나, 달리 생각하면 자못 의미심장하게 들리기도 한다. 사람은 나이를 먹어갈수록 그의 예술은 더욱더 빛을 발하게 된다는 뜻으로 이 말을 풀이할 수도 있으니 말이다.

판소리 용어에 〈시김새〉라는 말이 있다. 판소리 창자가 소리를 치켜올렸다 꺾어내렸다 궁글렸다 뒤집었다 하면서 다양한 변화를 부여하는 발성의 기법을 말하는 것이라고 우선 풀이할 수 있다. 그래서 이를 서양음악에서 말하는 장식음(裝飾音)과 비슷한 것으로 간주하는 사람도 있다. 소리를 떨거나 음정에 다양한 고저의 변화를 줌으로써 그 음을 한결 미묘하게 하는 것이라는 점에서는 이른바 장식음과 비슷한 것이라 할 수 있으나, 그보다는 훨씬 더 미묘한 변화의 폭이 넓고 깊다는 점에서 서양음악의 그것과는 큰 차이를 드러내는 것이라고 생각한다. 발성법에 있어서의 이런 유동성이 서양음악의 경우는 극히 부분적인 것인 데 반하여 판소리에 있어서는 거의 전반적이고도 한결같은 것이라고 할 수 있다.

따라서 판소리에 있어서의 〈시김새〉는 단순히 장식음이라는, 발성의 기법적 차원을 넘어서서 판소리의 본질적 특성을 드러내는 용어라고 할 수 있지 않을까 한다. 그러므로 이 〈시김새〉를 얼마만큼 능숙하게 구사할 수 있느냐의 여부에 따라 판소리의 예술적 차원이 결정된다고 해도 과언이 아니라고 생각한다.

〈시김새〉라는 말은 〈삭이다〉라는 말의 〈삭임〉에 〈새〉라는 접미어가 붙어서 이룩된 말이 아닐까 한다. 〈삭이다〉의 사전적인 의미는 ① 소화시키다, ②분한 마음을 달래어 가라앉히다 등으로 풀이된다. 또 말이나 글의 뜻을 알기 쉽게 풀이하다, 해석하다 하는 뜻으로 쓰이는 〈새기다〉라는 말도 어원적으로 이 〈삭이다〉라는 말과 긴밀히 관련되는 것으로 간주된다.

이렇게 볼 때 〈시김〉이란 판소리의 가락을 잘 소화시킴, 차원 높게 승화시킴, 또는 그 가락의 오묘한 경지를 제대로 해석하고 터득함 등의 의미로 간주할 수 있지 않을까 한다.

그리고 〈붙임새〉 〈추임새〉 등에서도 쓰이고 있는 바 〈시김새〉의 접미어 〈새〉의 사전적인 뜻은 명사 아래에 붙어서 모양·형편·기미·상태·정도 등을 나타낸다.

요약컨대, 〈시김새〉란 판소리의 가락을 얼마만큼 잘 소화시키고 그 오묘한 경지를 터득하여 차원 높은 예술로 승화시켰느냐, 하는 그 정도나 차원을 이르는 말이 아닐까 한다.

자기 나름의 청을 얻고(이를 得音이라고도 한다), 자기 나름의 가락을 터득했다 할지라도 거기에 다시 〈시김새〉를 갖추기까지에는 하루 이틀의 공력만으로 되는 게 아니다. 그야말로 어린 묘목이 거목으로 자랄 때까지의 이른바 식물적 시간이 절대적으로 요청된다. 그러므로 모든 예술이 다 그렇다고도 하겠지만, 특히 판소리예술은 나이와 더불어서, 어린 묘목이 거목으로 자랄 때와 같은 삶의 경륜과 더불어서 익어가는 예술이라고 말할 수가 있다. 이때 비로소 거목이 그늘을 이루듯이 판소리예술에도 그늘이 이루어진다.

판소리 용어에 〈그늘〉이라는 것이 있거니와 이는, 소리의 바탕에 깔려 있는 오묘하고도 융숭깊은 어떤 멋 혹은 여유 같은 것을 이르는 말이다. 따라서 〈시김새〉를 일러 묘목이 거목으로 이루어질 때까지의 긴긴 피나는 공력의 시간의 총화라고 할 수 있다면, 〈그늘〉은 그런 총화에서 성취되어진 어떤 높은 경지 같은 것을 표상하는 말이라 할 수 있다. 이런 점과 관련하여 앞서 언급한 「대춘향가」의 김소희 여사의 소리를 들을 때, 아닌게아니라 거기에서 시김새를 느끼기는 힘들고 더구나 그늘 같은 것을 찾기는 더욱 어렵다. 곱고 이쁘기로야 그 이상을 찾기 어렵다 하겠지만, 역시 그 차원에 머물고 있는 것을 부인할 수는 없다. 하기야 이십의 어린 나이로 소리를 익혔으면 얼마나 익혔겠으며, 더구나 인생을 치렀다면 얼마나 치렀겠는가. 그러니 그 소리가 그늘을 이루기 어려울 것은 당연하다. 명창 김소희가 성취되기까지에는 그러고도 반 세기의 시간이 소요되었던 것이다.

이 점에서는 임방울도 마찬가지다. 그 「춘향가」를 녹음할 당시의 그의 나이가 아마 삼십 전후였으리라고 생각되고 따라서 〈쑥대머리〉의 폭발적인 인기와 더불어서 명창으로서의 그의 이름이 이미 천하에 떨친 연후의 일이기는 하지만, 그러나 당시의 그의 소리를 두고 시김새니 그늘이니를 운위하기에는 아무래도 미흡함을 금할 수가 없다. 육십의 나이를 넘어선 정정렬의 〈그늘〉 우거진 소리와 대비가 될 때 더욱 그런 느낌을 금할 수가 없다. 물론 당시의 그의 소리에서도 우리는 그의 찬란히 빛나는 청구성의 울림, 피나는 공력에서 터득한 구수한 목구성, 바야흐로 인생의 황금기에 접어든 젊음의 힘찬 용트림 등이 현란한 무늬를 이루며 도도한 강물을 이루어가고 있음을 부인할 수는 없다. 그리고 그런 점이야말로 이른바 〈쑥대머리〉의 신화를 낳게 한 요인이 되었으리라는 것도 부인할 수는 없다.

이에 비하면 당시의 정정렬의 소리는 여러 가지 면에서 불리한 조건에 있었다고 할 수 있다. 첫째, 정정렬은 선천적인 은혜를 거의 받지 못한 가객이다. 임방울의 찬란한 청구성에 비하면 그의 청은 차라리 떡목에 가깝다. 고봉준령을 단숨에 뛰어넘는 준마와도 같은 임방울의 하늘의 은

· 명창 정정렬

혜를 입은 청에 비하면 정정렬의 소리는 고봉준령은 고사하고 어지간한 언덕빼기 하나를 넘기기에도 힘에 겨울 정도의 목청, 상청이라고는 거의 내지를 수 없는 목청이다. 젊은 날의 정정렬이 자신의 이러한 청에 절망하여 한때는 소리공부를 아예 포기하려 했을 정도라 하니, 가히 그 정도를 짐작할 수 있을 것이다. 게다가 바야흐로 인생의 황금기에 접어든 임방울에 비할 때 당시의 정정렬은 이미 육십 고개를 넘어선 인생의 쇠퇴기에 있었던 것이다. 따라서 기력도 쇠진한 단계에 있었고, 목청의 윤기도 많이 가신 편이라 할 수 있었던 것이다.

그럼에도 불구하고 그 「대춘향가」에서의 두 사람의 소리를 대비할 때 그야말로 태산준령과 나지막한 야산에다 비유할 수 있을 정도의 현격한 차이를 느끼게 된다. 물론 얼핏 듣기에는 임방울의 소리가 훨씬 힘차고 화려하고 시원스럽기는 하다. 거기 비하면 정정렬의 소리는 너무도 충충하고 구중중한 것같이 느껴진다. 그러나 판소리의 차원이랄까, 멋이랄까를 따질 때 도저히 전자가 후자를 따르지 못한다. 당시의 임방울의 소리에는 그 바탕에 거느린 것이 없었던 것이다. 충충하고 구중중한 듯이 느껴지는 정정렬의 소리의 바탕에 거느리고 있는 바와 같은 울창한 그늘이 그다지 느껴지지 않는 것이다. 말하자면 임방울의 소리는 화려하고 힘에 넘치는 시원한 소리이기는 할지언정 산전수전 다 겪은 늙은 광대에게서만 기대될 수 있는 이른바 식물적 시간의 부피가 느껴지지 않는다는 것이다.

이 단계에 이르면 판소리는 이미 테크닉의 차원을 벗어나버린다. 이 단계에 이르면 판소리는 마침내 삶의 경륜 같은 것과 연결이 된다. 20대의 명창, 30대의 국창이라는 것이 혹 있을지는 몰라도, 진짜 판소리의 오묘한 경지는 세상살이의 쓴맛 단맛을 어지간히 맛볼 대로 다 맛본 연후의 나이, 그래서 비로소 자아와 세상을 바른 눈으로 바라볼 만한 슬기 같은 것이 터득되어진 나이에 접어들어서야 비로소 다다를 수 있는 것이 아닐까 한다. 이는 물론, 판소리의 수련과정이 오랜 시간을 필요로 할 만큼 엄청나게 어렵다는 사실에도 이유가 있다 하겠지만, 그와 아울러서, 아니 그보다는 더 절실하게 판소리의 바탕에는 장구한 기간의 삶의 경륜이 쌓여져야 한다는 사실, 그 삶의 경륜이 향취 높은 술처럼 익어갈 만한, 또는 나무가 거목으로 자라서 울창한 그늘을 드리울 수 있을 만한 식물적 시간, 그것이 쌓여져야 한다는 사실을 반증하는 것이라 하겠다. 그리고 바로 그 점에 한의 예술적·미학적 표상으로서의 가장 전형적 예술 양식인 판소리의 비밀이 숨어 있는 것이 아닐까 한다. 그런 점에서 판소리는 연조와 더불어 익어가는 예술, 노년의 예술이라 할 수 있다.

스물다섯에 상투머리 틀고 상경하여, 명창대회에 출연하여 갈채를 받고, 레코드 회사에 발탁되어 〈쑥대머리〉 음반을 내어, 천하에 명성을 떨치게 되고서도, 그가 굳이 유성준의 문하에 들어간 이유를 따지기는 물론 어렵다. 그의 첫 스승인 박재실(?)이나 그 다음 선생인 서편제의 공창식 등과는 바디며 창법이 전혀 다른 당대의 명창이며 동편제의 대가인 유성준을 통하여 그는 전혀 별개의 세계 속으로 부딪쳐 들어가 보고 싶어서가 아니었는지 모르겠다. 유성준을 만남으로써 임방울의 예술에 어떠한 변화가 일었는지를 따지는 일은 판소리의 비밀을 이해함에 있어서 매우 흥미있는 과제라 할 수 있겠으나, 유감스럽게도 유성준의 음반이 남아 있는 것 같지 않고, 또 당시의 임방울의 생활에 대하여도 필자로서는 별로 아는 바가 없다.

그러나 앞서 소개한 바, 창법 때문에 임방울이 유성준에게서 크게 호통을 당했다는 일화를 통해서 우리가 분명하게 추리할 수 있는 한 가지 사실은, 그 기간이 임방울에 있어서는 소중한 갈등과 방황의 기간이었고, 따라서 자기 예술에 시김새를 깃들게 하는 소중한 모색의 기간이 되었을 것이라는 것이다. 시김새란 요컨대 가객이 새로운 세계를 만나는 충격에서 빚어지는 방황과 갈등을 통해서 자기 예술에 심각한 절망을 의식하게 되고, 그 절망을 극복하고 새로운 지평을 열어가려는 모색의 몸부림의 과정에서 획득되어지는 것일 테니까 말이다. 만일 갈등이나 방황도 없고, 따라서 뼈저린 절망도, 그것을 극복하려는 미래지향적인 모색의 의지도 없다면 안이한 매너리즘에 주저앉고 말지언정 시김새가 깃들리 만무하다. 이런 점에서 시김새란 일차적으로는 피나는 공력에서만 기대될 수 있는 것이라 할 수 있다.

그러나 시김새는 앞서도 말한 바와같이 이런 피나는 인공의 과정뿐만 아니라, 삶의 경륜이라는 이름의 식물적 시간이 아울러 쌓여야만 하리라고 본다. 하나의 묘목이 거목으로 자라서 울창한 그늘을 드리울 때까지는 시간이 필요하듯이, 또는 밥과 누룩과 물이 향취 높은 술로 삭고, 익기(발효하기) 위해서는 시간이 필요하듯이…… 우리가 임방울의 명성을 천하에 떨치게 한 〈쑥대머리〉나 〈녹수청산〉 등 그의 초기의 음반에서보다도, 「완창 적벽가」나 「완창 수궁가」 등 그의 후기의 음반들에서 그의 예술의 절정을 찾게 되는 것은 바로 그 때문이 아닐까 한다. 이런 노래들에서 우리는 비로소 울창한 〈그늘〉을 느끼게 되기 때문이다.

협률사와 포장걸립

「모난 세상 정맞겄다. 둥글둥글 호박엿, 가인상사 임 기룬데 찰싹 붙었다 찹쌀엿.」 엿장수나 일행은 물론이요, 에워싼 행인들까지도 노래에 함께 어울려들기 시작하였다.

내가 어렸을 때만 해도 남원 근방에서, 강변 모래사장이나 장터 같은 데의 포장을 친 가설무대에서 창극을 공연하며 다니던 유랑극단을 통칭하여 〈형물사〉라 하였다. 그 형물사란 협률사(協律社)의 와전음이다. 원래, 협률사란 광무 연간에 창립된 한 창악단의 명칭인 바, 그 예술사적인 성과 여부는 일단 논외로 한다 하더라도, 종래에 놀이판이나 잔치마당 같은 데의 놀음차(사례금)에만 의존하던 판소리의 공연방식이 이 단체의 창립을 계기로 하여 점차 근대적인 흥행의 방식으로 전환되기에 이르렀다는 사실만을 놓고 보더라도 그 획기적인 의의를 찾게 되는 것이다. 이 단체는 몇해 되지 않아서 이내 해산이 되고 말았지만, 그러나 그 명칭만은 꽤 오래 뒤에까지도 살아남아, 이 고장 저 고장을 떠도는 가지가지 유랑창극단을 총칭하여 형물사(협률사)라 하였던 것이다.

이와는 약간 성격을 달리하는 것으로 포장걸립(布帳乞粒)이라는 것이 있었다. 강변 백사장이나 장터 같은 데 포장 친 가설극장에서 공연하는 유랑연희단체라는 점에서는 양자가 비슷하나, 전자가 창극을 위주로 하는 데 반하여 포장걸립에서는 대개 농악·줄타기 등을 곁들여서 정통의 판소리를 한두 대문씩 부르는 것을 위주로 하였었다. 걸립이란, 정초에 마을에서 자금 같은 것을 걷기 위해서 풍물을 치며, 이 집 저 집을 다니는 것을 이름인데, 새해 들어 각 가정의 잡귀잡신을 몰아내며 아울러 일년 내내 집안이 태평하도록 덕담도 하는, 그런 점에서 종교적인 의미도 짙은 행사였다. 그 집 마당을 잘 밟아주어 집터가 잘 다져지게 해준다는 뜻이었다. 포장걸립이란 여기서 파생된 형태겠지만, 원래의 종교적 의미보다는 연희적 및 흥행적 성격이 강조된 형태의 것이라 할 것이다.

나는 이것을 딱 한 번 구경한 일이 있다. 해방 그 이듬해 추석 무렵이었던 것으로 기억되는데, 그 이후로는 이런 것이 흥행되는 것을 별로 본 것 같지 않다. 지금에도 기억에 생생하거니와, 당대의 제일인자라는 남원의 윤상쇠, 정읍의 박장고, 그리고 이제는 그 성도 잊었지만 구례 사는 아무개의 열두발상모 등의 묘기에는 이런 데 무슨 안목 같은 것이 도시 있을 리 없는 어린 나로서도 완전히 매료되지 않을 수가 없었다. 지금에 생각하면 그 전립(戰笠)이며, 상모의 형태부터가 요즈음의 그것과는 사뭇 다른 것으로 기억되는 상쇠잡이 윤 노인의 묘기는 잊을 수가 없다. 그 인상을 여기에 적을 겨를은 없거니와, 이렇게 큰 감동을 받았음에도 불구하고, 사실은 이 포장걸립에 걸었던 나의 두 가지의 기대가 결국 이루어지지 못하고 말았었다는 사실도 말하지 않을 수 없다. 그 하나는 당시에 우리 나라 제일이라는 명성이 자자하던 김영철이라는 줄타기 명수의 묘기를 당자의 불참으로 구경할 수 없었던 일이고, 또하나는 바로 화제의 주인공 임방울의 불참으로 그 노래를 들어볼 기회를, 그보다도 5,6년이나 뒤로 미루지 않으면 안 되었었다는 사실이다(내가 임방울을 무대에서 딱 한 번 본 것은, 대학 재학중이었다는 것은 앞서 말한 바 있다).

그 불만은, 실상 어린 나보다 만좌한, 나이 많은 청중들에게 더 컸던 모양으로 놀이판이 막바지에 접어들어 이 포장걸립의 하이라이트라 할 수 있는 판소리를 해야 할 마당에 임방울이 아닌 다른 가객이 등장한 데서 폭발되었다.

「임방울을 내놓아라!」

「약속이 틀리지 않느냐?」

「임방울은 어디 갔느냐!」

야단법석이었지만 바로 전날까지도 출연했었다는 임방울은 영영 나타나지 않고 말았다. 지금에 생각하면, 임방울의 예의 방랑벽이 도져서, 공연이고 뭐고 다 팽개치고 어디로 정처없이 훌쩍 떠나버린 탓이 아니었을까 여겨지기도 한다.

여러 사람들의 증언에 의하면 그는 농악을 좋아하였고, 농악단에 어울리기를 좋아하였다 한다. 말하자면 그는 협률사 쪽이 아니라 포장걸립 쪽이었던 것이다. 농악 그것이 좋아서도 그렇거니와, 무엇보다도 정통의 판소리를 고집하는 그로서는 당연한 일이었을 것이다. 이 포장걸립의 단원들에게 가장 큰 고역은 이 고장 저 고장을 유랑해야만 하는 일이었다. 교통수단도 좋지 않은 지난날의 일인데다가 길도 험한 시골길을 누벼야 하니, 풍물을 비롯한 무대장비들은 소달구지에라도 실려보내면 된다지만, 단원들은 사나운 시골길을 몇십 리씩 타박거리지 않을 수 없었던 것이다. 당시에, 같은 단원으로 따라다녔노라는 모씨의 말에 의하면 이런 고생 속에서도 임방울은 곧잘 일행들을 웃겼다 한다.

「저기 저 당산나무 있는 동네까지 먼저 뛰어가는 사람한테는 내, 엿 사준다아.」

외치고는 실지로 그 자신이 바짓가랑이 걷어붙이고 오리걸음 시늉을 해보이며 앞장서 잰걸음을 치기 시작한다는 것이었다. 노독에 지친 연소패들도 결국 웃음을 터뜨리며 뒤따르지 않을 수 없다는 것이었다.

구중중한 날씨에 조금도 살가울 것 없는 찬바람이 자꾸 오지랖 속으로만 기어드는 어느 늦가을 오후의 일이었다. 이날따라 지난밤에 내린 진한 늦서리가 녹은 탓인지 시골길이 질퍽거리기까지 하였다. 일행은 이날밤에 있을 공연을 위해 지친 걸음을 재촉하지 않으면 안 되었다. 질퍽거리는 땅바닥만 살피며 말없이 걷고 있던 그들 일행은 엿판을 지게에 얹고 손으로 엿가위를 절컥거리며 저쪽에서 걸어오는 20여 세의 엿장수를 만났다. 임방울이 그를 반기며,

「거, 엿판 좀 내려놔봐.」

엿장수에게 이르고는 일행 쪽을 돌아보며 어서들 먹으라고 일렀다. 원래 담배는 피우지만 술은 별로 못하는 임방울은, 그대신 유달리 엿을 좋아하였다. 자신만 좋아할 뿐 아니라 남에게 권하기를 또한 좋아하였다. 일행들이 어지간히 허기를 메우고 기운도 챙겨 자리를 뜰 즈음에야 일행들과 어울려 노닥거리던 엿장수도 작별을 하고 엿가위를 절컥거리며 반대방향으로 걸음을 옮기기 시작하였다.

「엿 사씨요오, 엿들 사요오.」

절컥절컥 하는 가위소리와 엿 사라고 외는 소리가 간헐적으로 이어지며 차츰 멀어져갈 즈음에 임방울이 문득 걸음을 멈추고 뒤돌아서더니,

「여보 총각, 잠깐 이리 좀 와보소잉.」

하였다.

「왜 그라시오?」

총각이 의아해 하며 다가왔다.

「자네 그 가위, 나 좀 주어보소.」

총각이 역시 궁금한 채로 가위를 건넸다.

「이 사람아, 이 좋은 가위를 갖고 그냥 마구잽이로 절컥거리기만 혀서 쓰겄는가, 장단이 맞게 절컥거려야제?」
하더니 절컥, 절컥, 장단을 맞추어 가위질을 하였다. 중중모리 장단이었다. 두어 번 중중모리 장단의 가위질을 하던 임방울은 가위를 뽑아 엿장수에게 건네며,
「인자, 내가 한 대로 자네가 가위질을 한번 혀보소.」
하였다. 영문을 몰라 임방울의 하는 양만 멀뚱히 보고 있던 엿장수는 그제야 얼굴을 펴며 씨익 웃었다.
「잘될란가 모르겄소.」
혼자말같이 중얼거리고는 절컥, 절컥, 가위질을 해보았다. 그럭저럭 중중모리 장단이 되었다.
「옳제, 됐네, 됐어, 어서 더 혀보소.」
엿장수의 가위질은 처음의 어색함을 차츰 벗어난 탓인지 회를 거듭할수록 중중모리 가락이 제법 자리잡히기 시작하였다.
「인자 됐네. 이번에는 내가 노래를 할티잉개 자넬랑은 가위질을 하면서 따라 혀소.」
임방울이 웃으며 말하였다. 일행들도 어느새 빙 둘러서서 구경하기 시작하였다.
「엿 사씨요, 엿들 사, 울릉도라 호박엿, 전라도라 찹쌀엿.」
이제는 제법 익숙해진 엿장수의 가위질 장단에 맞추어 임방울이 노래를 뽑기 시작하였다. 구수하면서도 키랑키랑한 목청이 가을걷이를 끝낸 빈 들판으로 여울지며 번져갔다. 가사가 따로 있는 것이 아니고, 곡조가 따로 있는 것도 아니었다. 즉흥적인 가사에 즉흥적인 가락을 붙인 것뿐이었다. 「심청전」의 〈방아타령〉 같기도 하였고, 「흥부전」의 〈비단타령〉 같기도 하였다. 그러나 그 가락 속에는 흥과 한이 서려 있었다.

「엿 사씨요, 엿들 사, 울릉도라 호박엿, 전라도라 찹쌀엿.」

처음에는 다소 주눅이 든 꺽꺽하던 엿장수의 목청도 소리가 진행됨에 따라 어렵사리 한 대문을 받아넘길 수가 있었다. 빙긋거리며 둘러서서 구경만 하고 있던 일행들도 예사롭지 않은 임방울의 진지함에 감염된 듯, 울릉도라 호박엿, 할 즈음에는 엿장수의 소리에 울력이라도 보내듯이 한데 어울려들기 시작하였다. 임방울은 한결 청을 돋우어,

「엿 사씨요 엿들 사, 울근불근 호박엿, 찰싹 앵긴다 찹쌀엿.」

명창 강도근 씨는 임방울의 청을 일러 찬물 날아가는 소리라는 말로 표현한 일이 있거니와, 아닌게아니라 그의 목청은 늦가을 하늘 끝을 찬물 날아가는 소리로 부챗살처럼 번져나갔다. 그러자 들녘 여기저기서 보리갈이하던 사람들이 약속이라도 한 듯이 일손을 놓고 허리를 펴며 이쪽을 향하여,

「얼씨구 조오타아.」

일제히 추임새를 놓았다. 오가던 행인들도 한둘씩 걸음을 멈추고 다가서기 시작하였다. 한둘씩 둘러서 행인들은 어느새 둥그런 울을 이루고, 그 자리는 자그마한 놀이판이 이루어졌다.

홍 반, 농 반으로 가위질 장단을 맞추어가던 엿장수의 얼굴도, 임방울의 소리가 흥을 더해감에 따라 차츰 놀라는 빛으로 변해가더니, 소리 한 대문을 마치자 마침내 가위질을 멈추고는,

「아이고 인자 보잉개, 소문에 듣던 임방울 선생 아니신기요?」
하며 두 눈이 뚱그래졌다.

「그 말이 맞소.」

일행 중의 하나가 대답하였다. 엿장수는 방금 잠에서 깨어난 사람처럼 눈만 멀뚱거릴 뿐이었다. 잠시 침묵이 흘렀다.

「판 식겄구만, 어서 더 혀보제.」

여기저기 행인들이 재촉하기 시작하였다. 임방울이 다시 소리를 메겼다.

「모난 세상 정맞겄다. 둥글둥글 호박엿, 가인상사 임 기룬데 찰싹 붙었다 찹쌀엿.」

엿장수나 일행은 물론이요, 에워싼 행인들까지도 노래에 함께 어울려 들기 시작하였다. 짧은 가을해가 어느덧 서산에 뉘엿뉘엿 기울어져 가는데도 놀이판은 바야흐로 노그라지기만 하였다. 마을까지 당도하려면 아직도 20리가 짱짱한 걸음인데도, 흥에 겨운 임방울은 오늘밤의 공연 걱정 같은 것은 아예 까맣게 잊어버린 듯하였다.

외과의사이면서도 국악에 대한 조예가 깊고, 또 고수로서도 아마추어 이상의 기량을 간직하고 있는 전주의 천희두 박사가 명창 성우향 여사한테서 들었다는 이 이야기는, 이제는 구경할래야 구경할 수 없게 된, 고색창연한 한 폭의 풍경화처럼 떠오른다.

〈추억〉과 여인과「초혼」(1)

> 임 선생이 한번은 당신 아들 이름 이야기가 나왔는데, 왜 화택이라고 지었느냐고 물었더니, 〈모르겠네, 화가 나서 화택이라고 혔어……〉 하십디다.

임방울의 음반 중에, 〈쑥대머리〉만큼 유명하지는 않지만 그래도 꽤 여러 사람들의 기억에 잊혀지지 않고 있는 노래에 〈추억〉이라는 것이 있다. 〈망처(亡妻)를 생각하며〉라는 부제가 붙어 있는 이 노래는 느린 진양조의 전형적인 계면조(界面調)의 가락으로서 SP판 한 면밖에 안되는 짤막한 노래이다.

임방울의 작사·작곡·노래로 되어 있는 이 짤막한 노래는, 얼핏 들으면, 「심청가」 중에 곽씨 부인을 무덤에 묻고 평토제(平土祭)를 지내는 장면에 나오는 한 대문과 비슷하기도 하지만, 처음 부분만 그렇지 중간 이후에는 가사도 곡조도 각각 다르다. 애절한 계면조의 가락으로 부르고 있는 이 노래에는, 그럴 만한 애절한 사연이 또한 따르고 있다. 소설가 문순태 씨의 「팔도명인전(八道名人傳)」에는 그 사연을 전하고 있다. 그 사연을 요약하면 이렇다.

임방울이 예의 〈쑥대머리〉 선풍을 일으켜 바야흐로 명성이 들날리기 시작한 무렵이니까 20대 후반이나 30대 초반의 일이었을 것이다. 광주 송도원이라는 요정의 젊은 여주인 김산호주라는 여인과 사랑에 빠진 임방울은 꼬박 2년 동안 그 집 안방에 파묻힌 채 세상과는 완전히 담을 쌓고, 그야말로 꿈결 같은 나날을 보냈다. 그러나 그는 어느 날, 너무나 오랫동안 노래를 잊고 있었던 자신을 돌이켜보게 되었다. 크게 각성한 그는 그 길로 아무도 몰래 그 집을 빠져나와 깊은 산중으로 소리공부를 떠나버렸다.

임방울의 행방을 몰라 애태우던 김산호주는 결국 그리움이 지나쳐 병으로 되었고, 그 병은 날로 깊어만 가게 되었다. 간신히 임방울의 행방을 알아낸 김산호주가 임방울이 소리공부를 하고 있는 산중의 토굴까지 찾아왔지만, 임방울은 끝끝내 만나주지 않았고, 여인은 결국 덧없이 돌아간 뒤, 마침내 임종을 기다려야 할 지경에 이르렀다. 이 소식을 듣고 달려온 임방울이 자기 때문에 사랑하는 여인이 죽게 된 사실을 깨닫고, 즉흥적으로 지어 부른 노래가 바로 이 〈추억〉이라는 노래라는 것이다.

문순태 씨의 이 사연은 다분히 소설적 윤색이 가해진 듯이 보이기는 하지만, 그 윤곽은 대체로 사실에 근거하고 있는 듯하다. 김산호주라는 여인과의 사연이 〈추억〉이라는 노래를 낳게 하였다는 이야기는 필자도 홍정택 씨를 비롯한 몇몇 국악인들에게서 들은 바 있다.

임방울의 생애에 있어서, 여성 편력은 매우 화려했던 것같이 보인다. 임방울의 제자요, 정읍국악원장으로 후진을 기르다 연전에 작고한 임준옥 씨는,

「일류들과는 거의 대부분 관계가 있었다고 봐야 되지요.」

라고 말한 바 있다.

「그런데, 그분은 여성관계에 관한 한, 두 가지 원칙에 철저한 분이었

지요. 가는 사람 붙들지 않았고, 한 번 헤어진 사람과는 두 번 다시 정을 잇지 아니하였다는 것입니다.」

전주국악원장 홍정택 씨의 말이다. 매사에 다정하고, 너그럽고, 어떤 점에서 인정에 약하다고까지 말할 수 있는 임방울의 성격으로 보아, 여성관계에 있어서만은 이처럼 단호하고 매몰차다고까지 말할 수 있는 면을 보인다는 것은 참으로 특이한 일이 아닐 수 없다. 그러나 바로 그런 면이 또한 임방울다운 면이기도 하리라는 생각이 들기도 한다. 말하자면 그 나름의 한 삶의 태도를 반영한 것이 아닐까 생각되는 것이다.

근래에 작고한 박귀희 여사와의 관계가 계속될 당시의 이야기 중에 이런 이야기가 전한다. 임방울과 박귀희 여사와의 관계는 아마도 그의 본부인 말고는 가장 오래 계속된 관계가 아닐까 생각되거니와, 그러다 보니 살아가는 동안에 서로 다투기도 하고, 뜻이 맞지 않아 맞서기도 한 때도 적지 않았을 것이다. 한번은 두 사람 사이의 다툼이 꽤 심각하였던 모양으로 박귀희 여사가 집을 뛰쳐나가 멋대로 객지를 떠돌아다녔다. 그러나 임방울은 물론 떠나간 사람 붙들지 않는다는 신조에 어디까지나 충실하였다.

이 싸움에 결국 박귀희 여사가 먼저 손을 들었다. 반년 이상을 객지로 떠돌아다니다가 결국 임방울에게로 돌아오고 만 것이다. 그런데 돌아온 사람을 맞는 임방울의 방식이 또한 특이하다. 박 여사가 대문을 들어서는 것을 알아차린 임방울은 참으로 기상천외의 반응을 보였던 것이다. 보통사람의 경우 같으면,

「거, 어디를 갔다가 인제야 오나?」

하는 책망 반 반가움 반의 말이라도 건넨다든지, 아니면,

「영영 간 줄 알았는데, 뭣 하러 또 돌아왔어?」

하는 식으로 시위를 벌여본다든지 하는 정도로 마무리될 터인데, 임방울

명창 박귀희

은 대문을 들어서는 박 여사를 보자마자 우르르르 다락방으로 올라가 거기에 드러누워서는,

「어디를 갔다가 인제야 오는가? 만경 갔다가 인제 와, 하늘에서 떨어졌는가, 땅에서 불끈 솟았나, 풍진이 대작(大作)터니 구름 속에 싸여왔나.」

하는 중중모리 가락을 뽑기 시작하였다.「춘향가」중에 걸인행색을 한 이몽룡 암행어사가 밤을 이용하여 춘향집에 당도하여, 때마침 칠성단 차려놓고 치성을 드리고 있는 장모와 한참 동안 익살스런 수작을 하다가, 드디어 이몽룡이,

「서울 삼청동 사는 춘향 낭군 이몽룡 그래도 자네가 날 몰라.」

하고 자신의 신분을 밝히자 춘향 어머니가 하도 반가워서 사위의 손목을 덥석 잡으며 이렇게 노래하는 것이다. 바로 그 대문을 임방울이 불러제낀 것이었다. 뭐라 말로써 처리하기 곤란한, 특이하게 어색하기도 하고 착잡하기도 한 그 재회의 장면을 임방울은 그야말로 명인답게 이런 노래로 소화시켜버린 것이었다.

대문을 들어서다 말고 임방울의 이 난데없는 노래의 환영사를 가만히 서서 듣고 있던, 이 또한 명창인 박 여사의 눈에 담박 눈물이 글썽글썽해지더니, 혼자 중얼거리는 소리가,

「아이고, 작것. 그 목구성 한번 좋데이.」

하였다. 전형적인 경상도사투리였던 것이다. 과연 판소리식의 화해 장면이라 할 수 있을 듯하다.

임방울에게는 본부인에게서 당년 칠십 가까운 딸 하나와 그보다 몇살 아래인 둘째딸, 그리고 그 아래로 아들이 하나 있고, 국악인 한애순(韓愛順) 여사와의 사이에 낳은 딸 하나가 있다. 큰딸은 현재 중풍으로 누워 있고, 작은딸은 전남 영광에 살고 있으며, 아들은 정신박약에다 사지도

성치 않다고 한다. 그 아들 이름이 화택이라는 것은 연전에 임준옥 씨한테서 들었거니와, 지금도 그 이름을 필자가 잊지 않고 있는 것은 약간의 이야기가 따르고 있기 때문이다. 그 아들의 이름이 화택이라 한다기에,

「무슨 자 무슨 잔데요?」

임준옥 씨에게 물었더니,

「그건 잘 모르겄고, 임 선생이 한번은 당신 아들 이름 이야기가 나왔는데, 왜 화택이라고 지었느냐고 물었더니, 〈모르겄네, 화가 나서 화택이라고 혔어……〉 하십디다.」

라고 대답하는 것이었다. 몸과 마음이 아울러 성치 못한 아들을 둔 어버이의 마음을, 그는 오히려 스스로 캐리커처해 보임으로써 그 슬픔을 넘어서려는 것이 아닐는지 모르겠다. 그리고 임방울의 이런 독특한 해학 속에서 우리는 그의 한의 한 모서리를 보게 된다.

그가 평생을 뜬구름처럼 떠돌며 돈도 가정도 모르고, 예술의 한 길을 걸으며, 또 화려한 여성편력 속에 살아간 것도 따지자면 여러 가지 원인이 있겠지만, 이런 가정적인 조건이 의외로 중요한 요인이 되지 않았을까 생각된다.

〈추억〉과 여인과 「초혼」(2)

사람이 죽는다는 가장 평범한 사실을, 가장 평범한 사실로서 받아들이는 것 이상의 근원적인 깨달음이 또 어디 있을까?

〈쑥대머리〉 선풍을 일으키고 바야흐로 가객으로서의 명성을 날리기 시작할 당시에 김산호주라는 여인과 사랑에 빠지게 되었다가, 오랫동안 잊고 있었던 소리를 위하여 임방울이 어느 날 갑자기 깊은 산중으로 아무도 몰래 자취를 감추었고, 그의 행방을 백방으로 찾아나선 여인은 결국 임을 만나지 못한 채 병이 들어 죽기에 이르렀고, 이 사실을 알고 달려온 임방울이 죽어가는 여인을 임종하면서 즉흥적으로 지어 부른 것이 〈추억〉이라는 노래였다는 것, 그리고 그 〈추억〉이라는 노래는 쑥대머리에 버금갈 만큼 당대인의 인기를 끈 노래였다는 것을 말한 바 있다. 며칠 전에 SP판 〈추억〉의 음반을 찾아내어 그 노래를 다시 들어보았던 바 임방울의 작사·작곡이라는 그 가사가 의외로 훌륭한 데 놀라지 않을 수 없었다. 그래서 다소 길기는 하지만 그 전문을 여기 소개하기로 한다.

(진양조)

앞산도 첩첩허고 뒷산도 첩첩헌디.
혼은 어디로 향하신가
황천이 어디라고 그리 쉽게 가랐던가.
그리 쉽게 가랐거든 당초에 나오지를 말았거나
왔다가면 그저나 가지 노던 터에다 값진* 이름을 두고 가며
동무에게 정을 두고 가서
가시는 님은 하직코 가셨지만
이승에 있난 동무들은 백년을 통곡한들 보러 올 줄을 어느 뉘가 알며
천하를 죄다 외고 다닌들 어느 곳에서 만나보리오
무정하고 야속한 사람아
전생에 무슨 함의로* 이 세상에 알게 되야서
각도 각골 방방곡곡 다니던 일을
곽 속에 들어도 나는 못 잊겠네
원명(原命)이 그뿐이었던가
이리 급작시리 황천객이 되얐는가
무정하고 야속한 사람아
어데로 가고서 못 오는가

(중모리)

보고지고 보고지고
임의 얼굴을 보고지고

워낙 판이 오래 되고 낡은 탓으로 어음이 선명치 않았으나 대충 알아들은 바로는 이상과 같다. 여기서 〈값진〉*이라는 말은 국악인 홍정택 씨의 증언으로는 〈백세에〉라고 부르기도 하였다고 한다. 그리고 〈함의

로〉*라는 말의 〈함의〉는 아마도 협의(嫌疑)일 것인 바 요즈음에 쓰이고 있는 〈미심쩍음〉이라는 뜻이 아니라, 〈꺼리고 미워함〉 또는 〈마음속에 간직하는 섭섭함〉이라는 고어적인 뜻일 것이다. 그러므로 〈전생에 무슨 혐의로〉라는 구절은 육자배기에 있는 바 〈전생 차생 무삼 죄로 우리 둘이 삼겨나서〉 하는 정경과 비슷한 것이 아닐까 한다. 〈옥중가〉에 보이는 바 〈뜻 정자 내셨거든 이별 별자 내지 말거나, 이 두 글자 내신 사람 날과 백년 원수로구나〉 할 때의 만남이 간절하고 소중한 그만큼 그 헤어짐을 한탄하는 심정 또한 간절함을 말하는 대문이라 하겠다. 명창 박귀희 여사의 증언에 의하면 임방울이 가는 곳마다 〈쑥대머리〉와 아울러 〈추억〉이라는 노래가 쌍벽을 이루며 지속적이고도 광범한 인기를 모았다는 것이다. 이 〈추억〉의 SP음반이 〈쑥대머리〉의 그것에 버금갈 만큼 그 종류가 많은 것만 보아도 이를 알 수 있을 듯하다. 이 노래 끄트머리의 〈보고지고 보고지고〉 하는 중모리 가락이 없는 음반도 있다.

이 노래가 그처럼 대중적인 인기를 모으게 된 데에는 위에서 말한 바 애절한 사연, 그리고 그 사연을 일깨워주는 〈망처(亡妻)를 생각함〉이라는 부제가 적지 아니 작용하였으리라는 생각이 들기도 하지만, 역시 그 가사·곡조 자체의 유다른 애절함이 망국한(亡國恨)에 사로잡혀 있었던 당대인들의 심금을 울릴 수 있었기 때문이 아닐까 한다. 〈쑥대머리〉나 〈추억〉이 다같이 빼저린 상실과 좌절을 한탄하는 가사 내용이요 또 그런 가사 내용에 상응하는 전형적인 계면조의 가락이기는 하지만, 이런 범주 안에서 다시 이 두 노래를 비교해볼 때, 〈쑥대머리〉는 좌절 앞에서의 격렬한 몸부림이 주조를 이루고 있는 데 반하여 〈추억〉은 절대적 상실 앞에서의 장탄식이 주조를 이루고 있다고 할 수가 있다. 전자가 늦은 중모리 가락으로 되어 있는 데 반하여 후자가 진양조, 그중에서도 육자배기 목으로 일관하고 있는 사실도 이런 점과 상응하는 면이라 할 것이다. 명창 박동진 씨의 「흥부가」 중의 놀부의 박통 속에서 나온 상두꾼들이 상여소리를 외는 대문에서, 팔도에서 모여든 상주들이 곡을 하는데, 평안도에서 온 상주는 수심가조로 곡을 하고, 경기도에서 온 상주는 양산도조로, 강원도에서 온 상주는 정선아리랑조로 곡을 하는데, 진라도 상주는 육자배기조로 곡을 한다고 박동진 씨는 아니리를 늘어놓고 있다. 이런 면과 관련해서 생각할 때 죽음을 영탄하고 있는 이 〈추억〉의 가락이 진양조 육자배기목으로 되어 있는 것은 과연 제격이라 아니할 수 없는 것이다.

이런 점과 관련하여 이 〈추억〉이라는 노래의 가사가 김소월의 「초혼」과 그 모티프에 있어서 아주 비슷하다는 사실을 간과할 수 없을 듯하다. 물론 문학의 자리에서 볼 때 전자가 후자에 멀리 미치지 못함을 부인할 수는 없다. 양식적으로 분류할 때 이 〈추억〉은 단가라 할 수 있고, 따라서 노래의 가사라는 특수성 때문에, 거기 따르는 제약성이 시가로서의 독자성을 유지하게 하는 데 적지 않은 장애요인이 되고 있음을 부인할 수 없다. 〈앞산도 첩첩허고 뒷산도 첩첩헌디〉 하는 그 서두부터가 판소리의 관용구를 그대로 답습한 것이라 할 수 있고, 〈황천이 어디라고……〉니, 〈그리 쉽게 가랐거든……〉이니 하는 구절들도 역시 판소리나 민요의 관습을 그대로 답습한 것이라고 할 수 있다. 그리고 그것은 노랫말이 순수한 문학으로서 조명받게 될 때에 자칫하면 한계성으로 지적될 수도 있는 부분이라고 할 수가 있다.

그러나 판소리의 노랫말은 어디까지나 판소리라는 총체성 속에서 포착할 때 비로소 그 정체가 드러나는 것과 마찬가지로 이 짤막한 단가의 노랫말 역시 단가라는 장르적 조건 속에서 조명받게 될 때 그 본연의 모습이 제대로 부각되기에 이르는 것이다. 얼핏 보기에는 지극히 느슨하고 맥풀린 관용구의 반복처럼 느껴지는 상기한 구절들도 임방울 특유의 애절한 계면조 육자배기목의 흐름 속에서 조명받게 될 때, 그것들은 얼핏 들으면 단조로운 반복같이 들리는 상주의 곡성이 사실은 듣는 이의 심금을 울려주는 것과 방불한 그러한 효과를 발휘하기에 이르는 것이다.

그런데 상주의 곡성의 반복과도 같은 계면조 육자배기목의 이러한 반복은,

> 이승에 있난 동무들은 백년을 통곡한들 보러 온 줄을 어느 뉘가 알며 천하를 죄다 외고 다닌들 어느 곳에서 만나보리오.

하는 대문에 이르러 그 가사·창조는 일대전환을 가져온다. 가사 내용에 있어서는 마치 「초혼」의,

> 부르는 소리는 비켜가지만
> 하늘과 땅 사이가 너무 넓구나

하는 경우와 같은 인간으로서의 숙명의 뼈저린 확인으로 치닫게 되고, 이와 상응하여 그 창조 또한 가장 격렬하면서도 청승스런 목타루를 통하여 상청으로 치달음으로써 한 절정을 이룩하게 되는 것이다. 말하자면 이제까지의 넋두리조의 반복은 이 대문에 이르러서는 격렬한 오열(嗚咽)로 치닫게 되는 셈이다.

그러나 이런 절정이란 오래 지속될 수는 없다. 〈하늘과 땅 사이가 너무 넓구나〉 했을 때, 이 절정의 순간에 이르러서는 이미 그러한 톤을 계속 유지하면서 이어갈 수 있는 말이란 있을 수가 없다. 그러한 톤을 계속 유지하기 위해서는 침묵하는 도리밖에 없다. 그러나 그 절정의 침묵이란, 사람의 감성을 가지고서는 도저히 오래 견뎌낼 수 있는 것이 아니다.

명창 이화중선

이런 절정의 순간에 다다른 다음에는 사람의 감성은 모름지기 본래의 일상적인 톤으로 되돌아가지 않으면 안 된다. 이와 꼭 마찬가지 이치로서 이승의 천하를 죄다 외고 다닌 〈추억〉의 화자 역시도 그 사무치는 절정의 오열에 이르러서는 저승까지 사무치게 할 수 있는 말을 다시 더 찾아낼 수가 없는 것이다. 이 절정의 오열의 톤을 유지하기 위해서는 말문을 닫아버릴 수밖에 없다. 그러나 그 절대의 침묵이라는 것도 오래 지탱될 수는 없다. 그것은 이내 넋두리조의 반복으로 되돌아가지 않으면 안 된다. 〈무정하고 야속한 사람아〉 이후의 가사·창조가 바로 이에 해당한다.

육자배기에 이런 것이 있다.

사람이 살며는 몇백년이나 사드란 말이냐.
죽음어(에) 들어 니나노수 있느냐
살아서 생전시어(에)
각기 마음대로 놀고나헤에……

여기서 〈니나노수 있느냐〉라는 것은 〈너, 나, 노소(老少) 있느냐〉, 즉 너나 나나 늙은이나 젊은이나 죽음 앞에서는 동등하다는 뜻이다. 필자가 젊었을 때만 해도 가령 이화중선 같은 명창의 가락으로 이 노래를 들을 때마다 기묘한 갈등에 사로잡히곤 했었다. 호된 목마름 끝에 시원한 냉수를 마셨을 때와 같은, 또는 오랜 어떤 의문의 짐을 부렸을 때와 같은 한없이 시원스럽고 홀가분한 해방감을 느끼면서도 당돌한 젊은 마음은 그 노랫말의 사연을 순순히 받아들이는 일에 한사코 저항감을 느끼곤 했던 것이다. 그 노랫말의 사연이 너무도 염세적·허무적인 것 같았고 어찌 보면 내일 없는 향락주의에의 예찬같이만 느껴졌기 때문이다.

그러나 나이가 들어가면서 차차 이 사연의 깊은 뜻이 깨달아지는 것

같은 감회에 사로잡히게 되었다. 〈사람이 살며는……〉이니 〈니나노수……〉니 하는 구절들은 사실은 염세나 허무의 차원을 훨씬 넘어선 한국 민중들의 어떤 깨달음의 경지를 보여주는 것이라는 생각을 갖게 되면서, 오히려 숙연한 감회에 사로잡히곤 하게 되었다. 사람이 죽는다는 가장 평범한 사실을, 가장 평범한 사실로서 받아들이는 것 이상의 근원적인 깨달음이 또 어디 있을까? 이런 깨달음에 다다랐을 때, 사람은 이승의 온갖 어리석음에서 비로소 해방될 수 있지 않을까? 따라서 이러한 깨달음 다음에 오는 〈각기 마음대로〉 노는 행위를 일러 어찌 다만 내일 없는 향락주의라 하겠는가? 그것은 차라리 공자의 종심소욕(從心所欲)의 그것이라고까지는 말할 수 없다 할지라도, 그런 어떤 경지와 연관되는 차원의 행위로 간주해야 하지 않을는지. 이때의 놀이는 이미 새로운 삶의 지평으로 펼쳐지는 그것이라 할 것이다. 이러한 경지가 곧 한국 민중들이 지향하는 바 멋과 슬기의 경지가 아닐까 한다. 그리고 우리가 항용 운위하는 한이라는 것도 이러한 경지와의 관련 속에서 포착해야 할 것이라고 나는 생각한다.

이승의 산야를 〈죄다 외고 다니며〉 임을 찾아 통곡하던 임방울도 간지 어언 30여 년이 지났다. 이 생각을 할 때 또 한번 숙연한 감회를 금할 수가 없다.

제2부

임방울과 잡가

> 정해진 기간의 순회공연을 마치고 육지로 돌아오는 배를 타게 되었는데 구름 떼처럼 몰려든 사람들이 뱃전을 부여잡고, 임방울의 옷자락을 부여잡고 도무지 놓아주지를 않더라는 것이다.

임방울이 작사·작곡하여 부른 것으로 되어 있는 〈추억〉이라는 단가의 가락이 전형적인 계면조(界面調), 그중에서도 영탄적인 애원성(哀怨聲)으로 한없이 길게 늘여빼는 육자배기목이 주조를 이루고 있거니와, 사실은 임방울이 남겨놓은 그 많은 음반이나 테이프 중에 육자배기가락을 녹음한 것은 하나도 구경하지 못하였다. 그의 생애를 통하여 아예 육자배기를 부른 일이 없는 듯하다.

「가만히 보니까 임방울 씨에게는 한 가지 철칙이 있었던 것 같습니다. 다른 것이 아니고, 육자배기·흥타령을 부르지 않는다는 것 말입니다. 가령 김소희 씨·박귀희 씨, 이런 분들과 한자리 어울려 모두들 흥겹게 육자배기·흥타령을 부를 때에도 임방울 씨는 그걸 부르지 않았어요. 한번 해보라고 자꾸 권해도 〈부를 줄 몰라요, 몰라요〉 하며 웃기만 할 뿐 하지는 않더란 말입니다.」

국악인들이 지금과는 또 달리 한창 어려운 처지에 있었던 무렵 꾸준히 그들을 도와준 것으로도 유명할 뿐 아니라, 특히 임방울과는 20여 년 동안 변함없는 교분을 유지하면서도 여러 가지 면에서 그를 도와준 것으로도 유명한 조선일보사 방일영 전회장의 말이다.

「나로서는 잘 모르는 일이지만, 후에 들으니 판소리 명창은 육자배기·흥타령을 부르지 않는다더군요.」

방 전회장은 말을 이었다.

방 전회장의 이 말과 관련하여 연상되는 것은 명창 박동진 씨가 완창한 「변강쇠가」의 한 대문이다. 원래 이 「변강쇠가」는 신재효본으로 전하는 판소리 여섯 마당 중에 불행히도 가사만 전하고 그 곡조는 단절되어버린 것인데 근년에 박동진 씨가 여기에 다시 곡을 붙여서 완창하였던 것이다. 이 노래 중에 변강쇠가 하도 가난한데다가 겨울은 닥쳤는데 땔감도 떨어져서 산으로 나무를 하러 갔다가, 여럿이 모여서 노래를 하는 초동(樵童)들을 만나는 장면이 있다. 모두들 흥이 나서 한 사람이 「방아타령」을 하니 또 한 사람이 「농부가」를, 그 다음이 「산타령(육자배기)」, 또 그 다음이 「흥타령」 하는 식으로 노래가 이어지는 대문인데, 육자배기를 부르는 초동이 등장하는 대문에 이르러 박동진 씨는 농 반 진담 반으로,

「광대가 육자배기를 다 하다니……」 하는 혼자말을 하고는 육자배기를 딱 한 곡 부르고 있다. 역시 박동진 씨의 「수궁가」 중에 희한한 언변으로 용왕을 속이고 구사일생으로 세상에 살아 돌아온 토끼가 하도 좋아서 방정을 떨다가 덫에 걸린 다음, 초동들이 나무하러 산으로 노래하며 올라오는 장면으로 이어지게 되는데 이때의 초동 노래 중에도 역시 육자배기가 나오거니와, 박동진 씨는 이 대문에서,

〈원래, 광대는 육자배기·흥타령 등을 잡가라 하여 부르지 않는 법이지

만 한번 불러보기로 하는디.〉

라는 사설과 함께 역시 한 곡만 부르고 있다. 요컨대 판소리예술의 한 부분으로서는 잡가를 부를지언정 그 자체로서 그것을 부르는 것은 광대의 금기사항으로 되어 있었던 것이 아닌가 한다.

현전하는 임방울의 「수궁가」로는 별주부의 꾐에 빠져 수궁까지 따라갔던 토끼가 교묘한 언변으로 용왕을 속이고 구사일생으로 위기를 모면하고 다시 망망창해를 자라 등에 실려 나와, 해변에 당도하여서는 깡총 뛰어내려 모른 채로 산중으로 들어가는 대문에서 그치고 있다. 신재효본의 「토별가」에서도 그 결말은 약간 다르지만 대체로 이런 어름에서 토끼의 수난이 끝나고 있는 것은 마찬가지다. 그러나 현전하는 거의 모든 바디의 「수궁가」는 육지로 돌아온 뒤에도 경망한 토끼에게는 여러 번 수난이 닥쳐온다. 즉, 살아 돌아온 토끼가 자기를 속여 위기에 몰아넣었던 별주부에게 한참 욕설을 퍼부은 다음, 살아 돌아온 것이 하도 기뻐서 제 손수 이리 뛰고 저리 뛰고 방정을 떨다가 덫에 걸려 나무하러 올라온 초동들한테 죽을 경을 치르게 되고, 그러고도 또 방정을 떨고 다니다가 이번에는 굶주린 독수리한테 덜미를 채어 혼비백산하다가 역시 교묘한 언변으로 위기를 모면하는 대문으로 이어지는 것이다. 임방울의 「수궁가」 역시도 녹음되어 전해지지 않아서 그렇지 이 대문은 마찬가지로 이어지고 있었을 것으로 추리된다. 임방울과 함께 유성준에게서 「수궁가」를 배운 박초월의 노래에서도 이 대문이 그대로 이어지고 있는 것으로 보아도 이는 능히 추측할 수 있는 일이다. 임방울이 이 대문을 불렀다고 할 때, 그 초동들이 나무하러 올라오며 잡가를 부르는 장면을 어떻게 처리하였을까 하는 것은 한 흥미거리로 남거니와 판소리의 한 부분으로서 부르는 이상 임방울 역시 이 대문에서 육자배기를 굳이 기피했으리라고는 생각되지 않는다.

시인 김시철 씨의 낚시에 관한 어느 수필에 의하면 낚시하는 이들은 붕어를 〈조물주의 수작품(秀作品)〉으로 간주하는 반면, 나머지 물고기들은 몰아때려서 잡어(雜魚)로 간주하여 기피하는 모양이거니와, 판소리 광대가 육자배기·흥타령 등을 잡가라 하여 기피하는 것도 이와 비슷한 것은 아닐는지 모르겠다. 그리고 그것은 또 가령 우리 나라의 시인이나 작가 중의 어떤 이들이 자기 영역 밖의 가벼운 문장을 쓰는 일을 잡문이라 하여 기피하는 경우와 상통하는 것이 아닐까 한다. 그것이 반드시 그래야만 하느냐 하는 것은 여기서 따질 계제가 아니거니와, 어떻든 그것은 자기 분야에 대한 외곬수의 순정을 반영하는 소행이라고 할 수는 있을 듯하다. 이런 점에서 임방울의 그러한 고집도 자기 예술에 대한 사랑과 긍지의 표현으로 볼 수 있을 듯하다.

판소리와 육자배기·흥타령 등을 비교하자면 그야말로 만리장성과 자그마한 시냇물과도 같은 차이라고나 해야 할 것임은 물론이다. 판소리는 한마디로 말해서 민족음악의 옴니버스라고 할 수 있다. 그 가락 속에는 궁중의 아악(雅樂)이나 양반들의 시조가락을 비롯하여 팔도의 모든 민요가락, 불교의 범패가락, 무가(巫歌) 등등 우리 전통음악의 모든 가락들이 모여들어 대하 같은 흐름을 이루고 있다. 우조(羽調)·계면조(界面調) 할 때는 남성적인 가락과 여성적인 가락으로 나누어질 수도 있다. 평조(平調)의 어떤 대문에서는 아악이나 시조창 등에서와 같은 양반계급의 우아하고 유장한 가락을 느낄 수 있는 데 반하여, 또 계면조나 메나리조나 덜렁제(설렁제)의 어떤 대문에서는 서민적인 애환과 해학을 느끼게 된다. 경드름 같은 데서는 경기도지방의 가락을, 계면조의 어떤 대문에서는 전라도 민요나 평안도 수심가나 강원도 정선아리랑의 어떤 분위기를 느낄 수 있는 데 반하여, 엇모리가락의 어떤 대문에서는 범패(梵唄)의 가락을 느끼게 되고, 자지러질 듯이 길어지는 어떤 대문에서는 무가

(巫歌)의 분위기를 느끼게도 된다. 요컨대 판소리가락 속에는 우리 민족의 가지가지 가락들이 스며들어서 도도한 대하(大河)를 이루고 있다는 것이다.

판소리의 기원이 어디서 연유하였느냐 하는 문제는 아직도 미해결의 문제로 남아 있다. 어떤 이는 광대(廣大)의 기원을 신라 화랑(花郞)에서 연유하는 것으로 간주하여 판소리의 연원을 신라시대와 연결시키려 하기도 하고, 어떤 이는 전라도지방의 무가(巫歌)에서 연유하는 것으로, 또 어떤 이는 불가(佛家)의 범패(梵唄)에서 연유하는 것으로, 또 어떤 이는 남도 민요, 특히 육자배기·흥타령 등이 그 창조(唱調)의 근간(根幹)을 이루었을 것이라고 추리하는 사람도 있지만, 필자의 견해로는 아직은 이렇다 할 정설(定說)이 세워지지 못할 것같이 보인다. 필자의 소박한 견해로는 구비적(口碑的) 전승(傳承)으로서의 서사 내용이 어떤 천재적인 가객에 의하여 민요적인 가락에 얹혀서 노래로 불리어지게 되고, 또 전승·보급되는 과정에서 천재적인 가객들에 의한 끊임없는 세련화·다양화의 과정을 거치는 일방, 이런 가락에 흥미를 느낀 식자(識者)들의 창작적인 참여에 의한 첨가 내지 수정·삭제 등을 거치는 동안에 판소리 예술이라는 장르가 성립되었을 것으로 보인다. 그것이 다시 조선조 말기의 신재효 같은, 음악도 알고 식자도 있는 사람에 의하여 문자로 정착을 보게 된 것이 아닐까 한다.

판소리의 역사로 볼 때 구비적 전승에만 의존해오던 것을 문자로 정착시킴으로써 그 아이덴티티를 확립시킴과 아울러 구전적 전승에 늘 수반되게 마련인 산실(散失)의 위험을 막았다는 것(전승하던 열두 마당 중에 여섯 마당만이 문자로 정착되고 그나마도 〈변강쇠가〉의 곡조는 단절되고 말았지만), 문자로 정착시키는 과정에서 풍부한 창작적인 윤색을 가함으로써 그 문학적 품격을 높였다는 것 등은 신재효가 판소리사에 기여한 획기적 공로라 할 수 있다. 그러나 이렇게 문자로 정착시키는 과정에서 판소리 본래의 유동성(流動性)·현장성에서 연유되는 발랄한 즉흥적 생동감이 다분히 감쇠되었으리라는 것도 능히 상상할 수 있다.

아무튼 판소리의 기원을 따지는 일은 현재로서는 미해결의 문제로 남아 있다 하겠거니와, 바로 이 사실이야말로 그것이 고유한 우리 가락의 옴니버스라는 사실을 반증하는 점이 아닐까 생각한다.

그러나 특히 육자배기·흥타령의 가락이 판소리가락의 근간을 이루었을 것이라는 견해에는 필자로서도 어느 정도 수긍하고 싶은 생각이 들기도 한다. 판소리의 여러 창조(唱調)들은 그 서사문맥의 다양성과 혼융일체를 이루면서 인생의 다양한 국면을 드러내 보여주는 것인 만큼 특정한 어느 창조에 우열을 매길 수는 없지만 역시 그 비중으로 볼 때 계면조가 제일 우위에 있는 것만은 부정할 수 없다. 그 계면조의 가장 전형적인 창조가 다름 아닌 육자배기목, 즉 육자배기·흥타령 등의 창조인 것이다. 특히 서편제(西便制)의 창조에 있어서, 그리고 역사적으로는 오명창 이후의 판소리에 있어서 이런 경향은 짙은 듯하다. 이런 점에서 육자배기·흥타령이 전라도의 전형적인 민요라는 사실과 판소리예술이 전라도의 인맥(人脈)을 중심으로 발전되어왔다는 사실은 결코 우연한 일이 아니라고 본다.

이렇게 볼 때 지난날의 판소리의 큰 광대들이 육자배기·흥타령 등을 애써 기피한 사실은 얼핏 보면 매우 아이러니컬하다는 생각이 들기도 한다. 그야 물론 만리장강을 헤쳐가는 광대들에게 있어서 육자배기·흥타령 등은 그야말로 호젓한 시냇물 정도로나 여겨졌으리라는 것을 능히 상상할 수도 있는 일이지만, 호젓한 시냇물은 또 시냇물대로 만리장강과는 바꿀 수 없는 그 고유한 맛과 운치를 지니고 있음을 부인할 수 없고, 또 어떻든 그것이 판소리예술의 한 중요한 바탕이 되고 있음을 부인할 수는 없는 일이기 때문이다.

그러나 판소리 광대들이 육자배기·흥타령 등을 애써 기피한 데에는 또하나 판소리 예술 자체 내의 중요한 이유가 있었음을 간과할 수 없다. 그것은 육자배기·흥타령의 창조가 전형적인 계면조, 그중에서도 한량없이 길게 늘여빼는 육자배기목이라는 이유 때문이다. 원래 장탄식이나 넋두리 등 한마디로 말해서 청승이라는 것은 여성들의, 특히 한국여성들의 전유물이다. 남자의 울음에는 간장을 에는 오열(嗚咽)이나 구천에 사무치는 호곡(號哭) 호천망극의 통곡은 있을지언정 두 다리 쭉 뻗고 퍼버리고 앉아서 땅바닥을 두드려가며 끝없이 되풀이하는 장탄식이나 넋두리는 없는 것이다. 그것은 여성들의 울음에만 있는 것이다. 청승 그것이 설움 많은 청상(靑孀)에서 연유되는 것이고, 그런 청승스런 가락이야말로 전형적인 육자배기목이기 때문이다. 판소리 명창 중에 이화중선이나 김소희 같은 여류에게 뛰어난 육자배기·흥타령의 업적이 있는 데 반하여 역대의 남자 명창 중에는 그런 업적이 없는 것도 이런 데 기인하는 것이다. 가령 오태석 같은 명창에게서 육자배기·흥타령의 업적을 볼 수 있는 것은 사실이지만, 이 경우마저도 가야금 병창이라는 특수한 양식으로 여성화(女性化)시킨 경우에만 가능했던 것이다.

종래의 광대들, 적어도 오명창(五名唱) 이전의 광대들은 한결같이 육자배기목을 기피하였던 것으로 알려져 있다. 오늘날 전해지는 음반으로 볼 때 이동백·김창룡 등의 경우에서마저도 우조 중심의 고졸(古拙)·강건한 창조가 주류를 이루고 있음을 알게 된다. 동편제나 중고제의 창조에서 특히 이런 면이 두드러졌었음은 주지의 사실이다.

이런 계면조 육자배기목은 정통적인 판소리 가객들이 특히 기피하는 이른바 노랑목으로 기울어질 위험성이 짙다. 노랑목이란 요컨대 애원성(哀怨聲) 일변도의 육자배기목이 예술적 치열성을 결여하고 달콤한 감상

명창 김창룡

적인 창조로 기울어진 경우를 이름이다. 육자배기목은 자칫하면 이런 안이한 감상으로 기울어질 위험성이 짙은 것이다. 정통적인 남성 광대들이 육자배기·흥타령을 기피한 것은 이런 면에서 볼 때 당연하다 아니할 수 없다.

그러나 아까도 말한 바와 같이 계면조 육자배기목이 판소리예술에 차원 높은 감칠맛을 부여하고 있음은 결코 부인할 수 없는 일이다. 우조·평조 위주의 고졸·강건한 창조가 주류를 이루던 동편제의 판소리가 오명창 이후 특히 송만갑 등 이후에 와서 계면조의 화려한 테크닉이 첨가됨으로써 화려하고도 감칠맛이 넘치는 음악으로 일대전환을 이루게 되었다는 것은, 전에 동편제의 후예인 송만갑이 서편제의 가락을 받아들임으로써 새로운 가풍(歌風)을 수립하기에 이르렀다는 것을 말한 부분에서 이미 언급한 바 있다. 그것은 그야말로 획기적 전환이었던 것이다.

각설.

임방울이 이처럼 육자배기·흥타령 등을 기피하여 왔지만, 그러나 딱 한 번 흥타령 한 대문을 부르는 것을 들어보았노라고 방일영 전회장은 말하는 것이었다.

> 가네 가네 나는 가네, 임을 두고 나는 가네,
> 인제 가면 영영 가느냐, 영영 간들 잊을손가,
> 아이고대고 <u>으흐흐흐</u> 성화가 났네 헤에

어느 자리에서 임방울이 난데없이 이 흥타령을 부르더라는 것이다. 원래 육자배기나 흥타령이 다같이 애원성(哀怨聲)의 영탄조이기는 하지만, 육자배기가 애절한 장탄식이라고 한다면 흥타령은 퍼버리고 앉아서 한량없이 늘어놓는 넋두리라고 할 수 있거니와, 명창 임방울의 이른바 〈찬물 날아가는 소리〉(명창 강도근(姜道根) 씨가 임방울의 청을 두고 표현한 말)로 불렀으니 참으로 기막힌 가락이었을 것이다. 방 전회장을 비롯한 좌중의 인사들이 잠시 넋을 잃었을 것은 물론이려니와 딱 이 노래를 하고는 그만이더라는 것이다. 평소에 그렇게도 기피하던 흥타령을 이렇게 느닷없이 부른 것도 뜻밖이려니와 그 한 곡만 부르고는 그만인 것도 이상한 일이어서 방 전회장은,

「아니, 오늘은 웬일로 흥타령을 다 부르며, 또 그 하나만 부르고 그만두는 까닭은 무엇이오?」

하고 물어보았다는 것이다. 그랬더니 임방울이 그 노래를 부르게 된 연유를 다음과 같이 이야기하더라는 것이다.

한번은 임방울이 울릉도에 갔었다는 것이다. 시인 유치환의 시구와 같이 동해의 외딴 섬 울릉도, 요즈음과도 또 달라서 교통이 좋지 않은 일제시대에 그 울릉도까지 찾아간 임방울의 소리가 그곳 사람들의 외로운 마음을 사로잡았을 것은 물론이다. 정해진 기간의 순회공연을 마치고 육지로 돌아오는 배를 타게 되었는데 구름 떼처럼 몰려든 사람들이 뱃전을 부여잡고, 임방울의 옷자락을 부여잡고 도무지 놓아주지를 않더라는 것이다. 예술가로 태어나서 이 이상의 보람이 다시 또 없다 하겠거니와 마음 여린 임방울이 여기서 감동하지 않을 수 없었을 것은 물론이요, 그런 벅찬 감동 속에서 자신도 모르게 즉흥적으로 솟아난 소리가 바로 이 곡이었다는 것이다. 붙들고 놓지 않으려는 사람들이나 그것을 뿌리치고 떠나는 길을 재촉해야 하는 임방울이 모두 울음바다를 이루었을 것이었다.

「그때의 일이 떠오를 때면 이 곡이 저절로 나오게 돼요.」

임방울은 그렇게 말하며 빙그레 웃더라는 것이다.

과거에 조선일보사 주최로 해마다 당시의 부민관에서 명창대회를 개최했었는데, 방 전회장이 들어보니 당시의 기라성 같은 명창 중에서도

특히 임방울의 소리는 하늘이 내린 목청 같더라는 것이다. 그때부터 그는 임방울의 소리를 좋아하게 되었다. 그의 나이 29세 때에 박귀희 여사의 소개로 사십 당년의 임방울을 만나게 된 뒤부터는 임방울이 죽기까지의 20여 년 동안 두터운 교분을 맺어왔었다 한다. 두 사람은 자주 만났고 이따금 바깥나들이도 같이하는 경우가 많았다 한다.

「임방울 선생의 성품은 다시 없이 유순하고 수줍움을 타는 분이었어요. 허지만 또 어떤 면에서는 고집도 대단했어요. 마음에 맞지 않은 자리에는 여하한 사람이 불러도 가지 않는 성미였지만, 한번 마음이 맞았다 하면 신들린 듯이 노래를 내놓는 분이었어요. 또 결벽증도 대단해서 하다못해 담배가 떨어져도 담뱃값 좀 달라는 소리를 평생에 한 번도 한 일이 없어요. 그리 쉽게 가실 줄 알았더라면 그 목소리를 차분히 녹음이라도 해둘 것을, 이제 생각하면 철천지한입니다.」

방 전회장은 말하는 것이었다. 〈추억〉이라는 노래를 손수 작사·작곡하여 부른 임방울은 이제 살아 있는 사람들의 영원한 추억 속의 인물이 되고 말았다.

임방울과 카루소

> 그가 통도사 가는 길목의 공터에서 기상천외한 즉흥적인 무료공연을 벌인 것도 따지자면, 그 자리에 모인 청중들의 반응을 통하여 예술가로서의 보람을 찾을 수 있었기 때문일 것이다.

「임방울 씨도 창극을 더러 하기야 했지요. 그런데 남의 지배받기를 싫어하고 연출받기를 싫어하는 성미였어요. 그 대신 그분 혼자 멋대로 하게 내버려두면 또 그렇게 잘할 수가 없었어요.」

박귀희 여사의 말이다. 그는 본시 정통적인 판소리 가객이요 따라서 창극보다는 정통적인 판소리를 하기 위하여 농악이 곁들인 포장걸립 쪽으로 즐겨 참여하였다는 말을 앞서 한 바 있거니와, 임방울과 같이 창극도 한 일이 있었노라는 홍정택 씨의 증언에 의하면, 임방울이 창극을 하는 경우, 이따금 기상천외한 즉흥적인 장면을 벌여 관중들의 열광적인 갈채를 받는 경우도 자주 있었던 모양이다. 가령, 홍부 역으로 임방울이 출연하여 박을 타는데, 어허이 여루 톱질이야, 어쩌고 하다가 박이 탁 벌어지면 연기가 풀썩 솟는 장면에서 임방울이 무대에서 온데간데없이 사라져버렸다는 것이다. 주인공이 무대에서 행방불명이 되었으니 관중도 관중이지만 공연(共演)하는 사람들이 잠시 애가 마를 지경인데, 어느새 그는 무대장치로 세워둔 박흥보집 지붕 꼭대기에 올라가 있었던지, 거기서 다음으로 이어지는 대사를 엮어내더라는 것이다. 물론 대본에도 없는 이런 장면이 벌어지자 관중들은 열광적인 박수를 보내며 잠시 웃음바다를 이루더라는 것이다.

또 한번은, 박귀희 여사던가 누구던가 어떻든 여류가객이 이도령 역을, 그리고 임방울이 춘향의 편지를 가지고 한양으로 올라가는 방자 역을 맡아, 박석티에서 둘이 만나 수작하는 장면인데, 원래 판소리 자체로서도 이 장면은 다소 해학적으로 전개되는 부분이고, 또 연출도 다소 코믹하게 전개시켰던 모양이기는 하지만, 정작 벌어진 광경은 기상천외의 것이었다 한다. 춘향의 편지 좀 보자거니, 남의 집 내서(內書)를 어찌 보여줄 수 있겠느냐고 잡아떼거니, 한참 둘이서 실랑이를 하다가 어사가 방자의 옷자락을 잡아채는 바람에 방자의 동저고리가 홀렁 벗겨지고 임방울은 경각에 웃통이 드러난 꼴이 돼버렸다. 그때에 방자 역의 임방울이 창졸간에 〈아이고매애〉 소리를 지르며 빼빼이를 돌았던 모양인데, 그 광경이 어떻게나 익살스러웠던지 관객들이 박장대소를 하며 열광하더라는 것이다. 망측스럽게 여겨질 수도 있는 이런 아슬아슬한 장면에서 그는 희한한 기지를 발휘했다는 것이다.

전북대학교의 이기우 교수가 목격했다는 이야기인데, 한번은 이런 일도 있었다 한다. 「춘향가」 중에서 암행어사가 남원으로 내려오는 도중에 〈농부가〉를 부르는 그 고장의 농부들과 만나는 장면이 있다. 임방울은 이 장면의 여러 농부 중의 하나로 출연을 했었다 한다. 〈농부가〉는 〈어이여이 여이여루 사앙사아디이야아〉 하는 합창의 후렴에 이어 한 사람씩 나서서 본노래를 부르는 형식으로 되어 있거니와, 합창의 후렴이 끝나고 나서 누군가 노래를 받아 불러야 할 판인데 출연자들이 서로 미루었든지 누군가가 순서를 착각했든지 잠시 노래가 멎어버렸다는 것이다. 박자는 어김이 없이, 금세 몇박이 흘러갔는데, 그때에야 임방울이 얼른 소리를 이어 부르는데, 도중에 부른 소리답지 않게 천연덕스러울 뿐 아니라, 잠시 멎었던 그 몇박마저도 빈 공간으로 느껴지기는커녕 독특한 창법상의 기교처럼 의식되더라는 것이다.

판소리가 본래 즉흥성을 한 중요한 속성으로 하는 예술이거니와, 타고난 판소리 가객인 임방울은 창극을 할 때에도 이런 기상천외의 즉흥성을 발휘했던 모양이다. 그의 이런 즉흥성이 엉뚱하게 발휘되어 공연자(共演者)들의 땀을 빼게 한 경우도 없지 않았던 모양이다. 박귀희 여사의 증언인데, 8·15 직후이던가, 그 무렵에 대전에서던가 「남강풍운」이라는 창작 창극을 할 때 이야기라 한다. 「남강풍운」이라는 작품은 동학혁명을 배경으로 한 것인데, 임방울이 주인공으로서 관군에 쫓기는 동학군의 한 사람이 되고, 박귀희 여사는 임방울의 애인 역, 그리고 박초월 여사 역시 임방울을 사모하는 역쯤으로 출연했던 모양이다. 동학군 임방울이 관군에 쫓기어 어느 민가에 숨어 있는 동안에 여인(박귀희)을 만나 사랑하게 되고 급기야 여인이 임신까지 하게 된 데에서 일본관헌에게 쫓긴 임방울이 마침내는 서울로 떠나가게 되는 줄거리였다 한다.

그런데 그날은 연출자와 뜻이 맞지 않았었던지, 혹은 공연자(共演者)와 뜻이 안 맞았었던지, 좌우간 임방울이 단단히 화가 났었던 모양이다. 평소에는 그다지도 상냥하고 따뜻한 임방울이지만 이따금 성질이 나면 엉뚱할 때도 있었던 모양이다.

「부아가 나면 자신도 몰라요. 뿔뚝성질이 있어 가지고……」

라고 박귀희 여사는 임방울의 일면을 말하거니와, 그날은 바로 그런 뿔뚝성질이 단단히 돋았었던 모양이다. 앞으로도 족히 30분 정도는 연극이 더 계속되어야 비로소 서울로 떠나게 되어 있는 동학군 임방울이 줄거리

명창 박초월

고 뭐고 아랑곳없이,

「가네 가네 나는 가네, 임을 두고 나는 가네, 한양 천리 먼먼 길을 나 홀로 떠나가네.」

하더니 한양 천리 아닌 무대 밖으로 휑 나가버리더라는 것이다. 이때에 또 임방울 특유의 방랑벽이 도졌던 모양이다.

자, 그러니 땀을 빼야 할 사람은 무대에 덜렁 남게 된 나머지 공연자들 일밖에.

「관중들은 꽉 들어차 있지요, 연극은 중두막에서 허리가 잘렸지요, 그래, 할 수 없이 박초월 씨와 제가 나머지 30분을 메꾸어내는 데 죽을 곤욕을 치렀어요.」

박귀희 여사의 회상이다. 임방울의 타고난 즉흥성은 이렇게 엉뚱하게 발휘되어 옆에 있는 사람마저도 30분 이상의 즉흥극을 연출케 하는 결과를 빚은 셈이다. 임방울의 성격의 일단이 잘 드러나는 일화라 하겠거니와, 그때 일을 회상하며 박귀희 여사는,

「그때 일을 생각하면 지금도 식은땀이 납니다. 그때 일은 평생에 잊을 수가 없어요.」

하며 웃는 것이었다. 물론 고인을 원망하는 어조가 아니라, 그리운 추억을 회상하는 그런 어조였다.

이 또한 「춘향가」 중 〈농부가〉와 관련되는 이야기인데, 임방울과 동료들이 연방 무대 앞으로 모를 심어 나오면서 농부가를 부르는데, 관중석에서 어떤 갓 쓴 노인 하나가 벌떡 일어서며,

「그렇게 심다가는 모를 다 밟겠다아.」

하며 벽력같이 호통을 쳤다. 모란 본시, 뒤로 물러서며 심어나가는 것이매 이런 추궁은 당연한 것이라 할 수도 있을 것이다. 느닷없는 추궁에 무대에서는 한순간 멈칫하며 노래와 일손이 바야흐로 멎으려 하자, 임방울

은 지체 없이,

「이 논배미가 웬 논배미냐, 심심산골의 봉답(奉畓)이로다.」

하는 노래로써 그 추궁에 화답(和答)을 하였고, 잠시 멈칫해 있던 다른 무대인들도 이내 기력을 회복하여 〈어이여이 여이여루 사앙사아디이야아〉 하는 후렴을 받았다. 자칫, 파흥(破興)이 될 뻔하였던 관중석에서도 이런 예기치 못한 기지에 그만 우레 같은 갈채를 보낸 것은 물론이다. 봉답이란 천수답(天水畓)을 말하는 것으로 가파른 산비탈이나 후미진 시냇가 같은 데에 어렵사리 일궈놓은 것이매, 논배미라고 해보았자 그 모양새며 넓이가 가지가지일밖에는 없다. 반달 같은 놈, 손바닥만한 놈, 그 다랑이 수로 말해도 헤아릴 수가 없다. 어떤 사람이 새로 산 봉답 한 마지기의 논다랑이 수를 세어보려고, 비 오는 날 삿갓을 쓰고 논에 가서 세어보니, 아무리 헤어도 한 다랑이가 모자라서 이상타 여기고, 돌아가려고 벗어놓은 삿갓을 들었더니 그 밑에 한 다랑이가 있더라는 민담이 있거니와, 이런 좁고 옹색한 논배미에서야 논두렁이 반듯반듯한 들논에서처럼 한 포기 한 포기를 제법 격식대로 심어갈 도리도 없을 것은 당연한 이치다.

한번은 조선일보사의 방일영 전회장과 동행하여 임방울이 경상도의 양산 통도사 구경을 간 일이 있었다 한다. 때마침 일요일인데다가 화창한 봄날쯤 되었던 모양이다. 바야흐로 다투어 피기 시작한 온갖 꽃들이 영취산 일대를 온통 천자만홍으로 물들이고, 겨울 동안 움츠리고 있던 산새들도 깃을 치며 흥겹게 지저귀고 있었다. 휴일인데다가 날씨도 화창한 탓인지 그날사 말고 유달리 유람객으로 붐비었다.

경내(境內)를 한바퀴 돌고 바야흐로 일행이 절간 앞의 돌다리께를 나올 무렵에 임방울이 콧노래를 낮게 흥얼거리기 시작하였다. 방 전회장으로서는 이런 일은 처음 겪는 일이 아니었다. 임방울과 알게 된 이후로,

마주앉은 좌석에서나 동행으로 나들이를 하는 차중에서나 길을 걸을 때나, 그가 노래를 흥얼거리는 일을 방 전회장은 수없이 보아왔던 것이다. 단적으로 말해서 그는 밥 먹을 때, 말할 때, 잠잘 때를 제외하고는 그야말로 노는 입에 염불이라는 격으로 예외없이 노래를 흥얼거렸던 것이다. 그만큼 임방울은 부지런한 광대이기도 하였던 것이다.

화창한 날씨 탓이었는지, 아름다운 자연의 풍광(風光) 탓이었는지, 그 날은 임방울의 목이 유달리 앵겼넌 보양이다. 돌다리를 다 건너고 내려오는 길에 접어들 무렵부터는 노랫소리가 차츰 커지더니, 계곡을 휘돌아 흘러내리는 시냇가의 햇볕 단양한 공터에 다다랐을 즈음에는 마침내 본격적인 통성으로 바뀌어 있었다. 「적벽가」 중의 불지르는 대문으로 접어들고 있었다.

임방울의 노래 중에 어떤 것을 더늠으로 꼽을 수 있을까 하는 문제는 여간 어려운 일이 아니다. 널리 알려지기로는 「춘향가」 중의 〈쑥대머리〉나 「수궁가」 중의 〈고고천변〉 같은 것이 으뜸이라 하겠지만, 어떤 이는 「수궁가」 중의 〈범피중류〉나 토끼 배 가르는 대문을 더늠으로 들기도 하고, 또 어떤 이는 「적벽가」 중의 〈새타령〉이나 〈조조 군사설움타령〉을 들기도 한다. 각자의 의견이 구구하여 대중을 잡을 수가 없다. 각자의 기호나 취향에 따라 더늠으로 꼽는 대문이 가지가지인 것이다. 기라성 같은 역대의 명창 중에 유독 임방울에 한하여 그 더늠을 꼽기가 이다지 힘겨운 까닭이 어디 있을까? 각자의 의견이 중구난방으로 엇갈리는 탓이라 하겠거니와, 바로 이 사실이야말로 그가 명창 중의 명창, 만인에게 골고루 호소하는 무한히 폭넓은 명창임을 말해주는 것이 아닐까 한다. 그만큼 그의 노래는 인생의 다양한 국면을 언제나 최상의 차원에서 드러내 보여주고 있고, 또 만인의 다양한 개성을 최상의 차원에서 감동시켜주고 있기 때문일 것이다. 말하자면 그의 노래는 모두가 더늠이라 할 수밖에는 없다는 말이다.

동행한 방 전회장도 이 점에서는 마찬가지 생각이었다. 그 모두가 각기 그 나름으로 더늠인데, 어찌 구태여 거기서 다시 또 더늠을 가려낼 수가 있단 말인가. 그러나 방 전회장으로서는 방 전회장 나름의 기호와 취향이 없을 수 없었다. 그가 특히 좋아하는 것은 「적벽가」요 그중에서도 특히 불지르는 대문이었다. 오늘은 임방울이 마침 그가 좋아하는 그 적벽가 불지르는 대문을 하고 있었던 것이다. 현전하는 판소리 다섯 마당 중에서도 남성적인 의리와 기개, 남성적인 야망과 좌절이 비장한 아름다움으로 치닫는 대표적인 노래가 적벽가요, 그런 비장한 아름다움이 한 절정을 이루는 것이 다름 아닌 조조의 백만대군이 치솟는 화염 속에 일시에 함몰하는 그 불지르는 대문이라 할 것이다.

노랫소리가 차츰 높아지자 유람객들이 한 사람 두 사람 모여들기 시작하더니, 본격적인 통성으로 바뀌기 시작한 그 시냇가 공터에 이르렀을 즈음에는 어느새 임방울을 둘러싸고 모여든 사람들로 둥그런 울타리를 이루게 되었다. 그 사람 울타리에 막히어 임방울의 걸음도 이제는 더이상 옮길 수가 없게 되었다. 청중들이 모여들자 임방울은 더 신명이 났다. 창졸간에 북이 마련되어 있는 것도 아니고, 고수가 따로 있지도 않았지만, 모여든 청중들의 무릎장단과 자연발생적으로 터져나오는 추임새만으로 넉넉히 그 북과 고수의 몫을 해낼 수 있었던 것이다.

이 판소리 「적벽가」는 줄거리를 중국의 「삼국지」에서 빌려왔지만, 그 상황의 전개나 표현의 방식은 완전히 조선민중의 삶의 감각에 의하여 환골탈태되어 있다.

조조가 장대(將臺)에 높이 올라 부하 장졸들에게, 내가 미구에 천하를 얻게 되면, 그대들에게 차례로 천금상도 주고 만호후(萬戶候)로 봉하겠다고 한참 푸짐하게 장담을 하는데 난데없이 동남풍이 설설 불기 시작한다. 모사 정욱이 의심이 부쩍 나서 이 엄동설한철에 동남풍이라니 아무래도 수상하니 방비를 하자고 아뢰는데, 조조가 이르기를, 동지가 지나면 그럴 수도 있는데, 뭘 의심하느냐고 핀잔을 준다. 「적벽가」 불지르는 대목은 대체로 이 근처에서부터 시작하여, 오나라의 황개장군이 화선(火船) 20척을 이끌고 항복하는 체하고 조조의 백만대군이 집결해 있는 선단(船團)으로 다가가는 장면으로 이어지는 것이다. 다가오는 황개장군의 화선을 보고 조조는, 황개가 양초(糧草)를 싣고 나한테 항복하려고 다가오고 있다고 하며 좋아하는데, 모사 정욱이 이르되, 군량을 실은 배 같으면 선체가 묵직히 물 속에 가라앉을 텐데, 가볍게 흔들리는 것을 보니 무슨 간교가 있는 듯하다고 하니, 그제야 조조도 의심이 나서 방비를 하기에 이른다. 노래는 마침내 처참한 화공(火功)이 시작되는 자진모리 가락으로 접어들고 있었다.

불화살과 화포 등을 가득가득 실은 황개의 화선들이 방통의 연환계(連環計)에 속아 옴짝달싹할 수 없게 얽어매어 있는 조조의 백만대군의 선단께로 다가간 연후, 마침내 〈방포일성(放砲一聲)이 쿵, 하더니 천지가 드르르르르〉 무너지기 시작하면서 처참한 화공이 전개되는 자진모리 대문으로 이어지고 있었다. 이때에 이미 공터와 행길에는 모여든 사람들로 입추의 여지가 없었고, 그러고도 모자라 시냇물 흐르는 계곡의 바위 위와 진달래꽃이 바야흐로 흐드러지게 만발한 산등성이까지도 구름처럼 모여든 사람으로 하얗게 덮여 있었다.

「(자진모리) 문빙(文聘)보고 방색(防塞)타가 살 맞아 떨어지고 황개 화선 이십 척 거화포 신기전(擧火砲神機前)과 뗏떼떼떼 나팔소리 두리둥둥 뇌고(雷鼓) 치며 번개같이 달려들어 고함이 진동하여 한번 불이 벗석, 천지가 뜨르르르르 두 번을 불로 치니 화염이 충천 풍세(風勢) 우루루루 물결은 출렁 전선은 뒷둥 돛대 와직끈 용총(龍摠) 활대 노(櫓)사웃

대 우번(羽旛) 삼판(三板)나리·족판(足板) 행장 멍에 각 부대가 물에가 풍──기치 펴얼펄 장막 쪽쪽 화선 궁전(弓箭) 방패 창과 깨어진 통노구 거말 장말 밤 쇠나발에 북 징 꽹과리 쟁그랑 와르르 철철 산산이 깨어져서, 풍파 강상에 화광이 훠얼훨 수만 전선이 간 곳 없고 적벽강이 뒤끓어 불빛이 낮빛 아니냐? 가련할손 백만군병은 날도 뛰도 못하여, (휘모리) 숨막히고 기막히고 살도 맞고 창에도 찔려 앉어 죽고 서서 죽고 울다가 웃다 죽고 밟혀 죽고 맞아 죽고 원통히 죽고 성내어 죽고 졸다가 죽고 진실로 죽고 재담으로 죽고 무단히 죽고 함부로 덤부로 죽고 떼떼 구르르르 궁굴며 이빨사 가슴 탕탕 두다리며 죽고 참으로 죽고 거짓말로 죽고 죽어보느라고 죽고 이놈 네에미 욕하며 죽고 떡 입에다 물고 죽고 꿈꾸다 죽고 한 놈은 선두로 우르르르 나서며 이마 위에다 손을 얹고 고향을 바라보며 앙천통곡 호천방극 아이구 어머니 나는 죽습니다 물에가 풍 빠져 죽고, 한 군사 내달으며, 나는 남의 오대 독신이로구나 칠십 당년 늙은 양친을 내가 다시 못 보고 죽겠구나. 내가 아무때라도 이 봉변당하며는 먹고 죽을라고 비상 사 두었더니라, 와삭와삭 깨물어 먹고 죽고, 한 놈은 그 통에 한가한 체하느라고 시조(時調) 반장(半章)만 빼다 죽고, 직사 몰사 대하 수중의 깊은 물에 사람을 모두 국수 풀듯 더럭 더럭 풀며 짓급 조집 귀약 통남 날개 돗바늘 적벽 풍파를 떠나갈 적에 일등 명장이 쓸데가 없고 날랜 장수가 무용이로구나. 허저는 창만 들고 서황은 칼만 들고 남은 군사 거느리고 죽을 뻔 도망할 제 황개 화선 무릅쓰고 쫓아오며 외는 말이, 붉은 융포(戎袍) 입은 것이 조조니라, 도망 말고 쉬 죽거라, 선봉대장에 황개라, 호통하니 조조 여혼(餘魂) 기겁하여 입은 융포 벗어버리고 다른 군사를 가리키며 참 조조는 저기 간다아, 제 이름을 제가 부르며, 이놈 조조야아, 부질없이 총 놓다 화약 눈에 뛰어들어 몹씨도 아리니라. 날다려 조조란 놈 제가 진실 조조니라. 꾀탈 양탈 도망할 제

장요 활을 급히 쏘니 황개 맞아서 배 아래 뚝 떨어져 물에가 풍— 낙수하니, 공인아 날 구하라, 한당 듣고 급히 건져 살을 빼어 본진으로 보래랼 적에 좌우편 호통소리 조조 장요 넋이 없어 오림(烏林)께로 도망할제 조조 재간이 비상하여, 둔종(臀腫) 났다 다칠세라, 배 아프다 놓치지마라, 까딱하며는 똥 싸겠다. 여봐라 정욱아 위급하다 날 살려라, 날 살려라, 날 살려라, 날 살려라. 조조가 겁짐에 말을 꺼꾸로 타고, 여봐라 정욱아, 어찌 오늘은 이놈의 말이 퇴불여전하여 적벽강으로만 뿌드등 뿌드등 돌아가는구나. 주유 노숙이 축지법을 못하는 줄 알았더니마는 상부텀 땅을 찍어 우기던가 보구나, 여봐라 정욱아, 위급하다 날 살려라. 승상이 말을 꺼꾸로 탔소. 언제 옳게 타겠느냐, 말 머리만 떼어다가 똥구녁에다 박어라, 박어라, 박어라, 박어라. (아니리) 정욱이 웃고 여짜오되, 승상 말씀을 듣자오니 영웅이란 말씀은 삼국에 날 만도 하시오.」

시인 정양(鄭洋) 교수는 임방울의 노래를 찬란한 진달래꽃밭에다 비유한 일이 있거니와, 불의의 화공(火攻)을 당하여 진달래꽃보다 더 붉은 피를 흘리며 죽어가는 조조 백만대군의 원통한 넋에 들린 듯, 임방울의 천방지축으로 몰아붙이는 가락은 거창한 호곡(號哭)과도 같이 시내를 굽이돌고 산등성이에 흐드러진 진달래꽃밭을 휘돌아 끝까지 푸르기만 한 창공을 향하여 여울지며 번져갔다.

다급해진 조조가 말을 거꾸로 타고 달리자 말이 적벽강 쪽으로만 뿌드등 뿌드등 달려가고, 이에 더욱 겁이 난 조조가 〈주유(周瑜)·노숙(魯肅)이 축지법을 못하는 줄 알았더니마는 상부텀(진즉부터) 땅을 찍어 우기던가(찍어 당기던가) 보구나. 여봐라 정욱(程昱)아 위급하다 날 살려라〉 〈승상이 말을 거꾸로 탔소〉 〈언제 옳게 타겠느냐 말머리만 들어다가 똥구녁에다 박아라 박아라 박아라〉 하는 대문에 이르러서는 와그르르 무너지는 청중들의 웃음소리가 산울림처럼 번졌다. 구천에 사무치는 호곡(號

哭)의 파도에 떼밀려가던 청중들은 이제야 그 희한한 주술(呪術)에서 풀려났고, 놀이판은 봄바람과도 같은 해학의 동산을 이루었다.

노래는 다시 한 번 굽이를 틀어, 적벽강에서 죽은 조조 군사들이 원조(怨鳥)가 되어 모두 조조를 향하여 원망스럽게 지저귀는 〈새타령〉의 장엄처절하면서도 야심 많은 독재자에 대한 해학적인 야유의 가락이 짙게 풍기는 우조(羽調) 중모리로 이어지고, 거기서 다시 맴생이(염소) 웃음으로 내갈기는 조조의 호언장담이 급전직하하여 장창을 비껴 잡고 횡행횡행(橫行橫行)하며 달려드는 상산 조자룡(趙子龍)의 엇모리장단의 기습공격으로 이어져나갔다. 긴긴 봄날도 어느덧 기울어져 땅거미가 지기 시작하고 있는데도 죄었다가는 늦추고 늦추었다가는 죄고 하는 임방울의 신명의 물결은 거침없이 흘러가기만 하였다.

이탈리아의 신화적인 테너가수 카루소의 일화 중에 이런 것이 있다. 어느 날 카루소가 한길을 걷고 있었다. 다 떨어진 모자에 남루의 차림을 한 늙은 장님 거지 하나가 찌그러진 기타에다 노래를 하며 구걸하고 있는 광경을 그는 보았다. 물론 서투른 노래였다. 이를 본 카루소가 성큼성큼 그 장님께로 다가가서 그 다 떨어진 모자를 빌어 쓰고, 그 찌그러진 기타를 멘 다음 노래를 하기 시작하였다. 시끄러운 한길이었지만 그의 노래는 그 도시의 소음을 제압하고도 남았다. 길 가던 사람들이 모여들기 시작하였다. 청중이 구름처럼 모여들었을 때 그는 찌그러진 모자를 벗어들고 장내를 돌았다. 모자는 금세 은화로 가득 찼다. 카루소는 그 은화가 가득 찬 모자와 찌그러진 기타를 장님에게 건네주고 청중들에게 정중히 인사를 한 다음 자기 갈 곳을 향하여 걸음을 재촉하였다.

두 천재적인 가수의 일화가 아주 비슷한 점이 재미있다. 모두가 따뜻한 마음씨의 소산임을 알 수 있다.

임방울은 생전에 녹음하는 것을 아주 싫어했다 한다. 그런 그의 괴팍

스런 고집 때문에 그 좋은 노래가 다 전해지지 않고 만 것을 생각하면 애석하기 짝이 없는 일이지만, 그 괴벽을 나쁘다고만 할 수는 없을 듯하다. 자기 예술에 대한 긍지가 크면 큰 만큼 그에 대한 책임감도 컸었을 것이며, 자기 예술이 아무렇게나 굴러다니는 꼴을 차마 볼 수 없었을 것이었다. 더구나 그것이 싸구려 흥행행위 같은 데로 이용되는 것은 견딜 수 없는 일이었을 것이다.

그럼에도 불구하고 그는 자기 예술을 진정으로 사랑하고 이해해주는 사람에게는 또 그렇게 너그러울 수가 없었다는 것이 방 전회장의 증언이다. 그런 사람이 녹음기를 들이대면 언제라도 흔쾌히 응해주더라는 것이 방 전회장의 증언이다. 그러한 그의 너그러운 성품 탓으로 아쉬운 대로나마 오늘날 우리가 즐길 수 있는 바와 같은 그의 예술의 부분들이 남게 된 것이다.

그가 통도사 가는 길목의 공터에서 기상천외한 즉흥적인 무료공연을 벌인 것도 따지자면, 그 자리에 모인 청중들의 반응을 통하여 예술가로서의 보람을 찾을 수 있었기 때문일 것이다. 자기 예술을 진정으로 이해하고 사랑하는 마음을, 거기 모인 군중들의 반응 속에서 찾을 수 있었기 때문에 그는 그들과 호흡을 같이하였을 것이다. 판소리 본래의 존재양식은 이런 것이 아닐까 한다.

임자 없는 녹수청산

임야 오백 평의 소유권에 아등바등하는 사람은 끝내 그 오백 평의 주인 이상이 될 수 없지만, 그 집착에서 해방된 사람은 온 세상의 녹수청산의 주인이 될 수 있을 것이 아닐는지?

「사실, 임 선생 풍채를 논지하자면, 죄송스런 말씀이지만 별반 볼품없는 분이라고 해야겠지요. 키는 보통키보다도 오히려 작은 체수에다 얼굴은 살짝 얽기까지 했지요. 어깨는 약간 안으로 굽기까지 했지요. 아무리 체수에 알맞은 두루마기를 입었다 해도 헐렁해 보이고, 앉아 계실 때의 모습을 가만히 보고 있노라면, 영락없이 체대 큰 남의 옷을 빌려 입은 것 같아서 영 태가 나들 않는단 말입니다. 게다가 눈을 호동그랗게 깜박이며 바싹 쪼그리고 앉아 계시는 모습은 그 양반 별호 그대로 〈달아맨 토끼〉가 분명해요.」

전주의 국악인 홍정택 씨는 임방울의 인상을 이렇게 말한 일이 있다. 이어서,

「그런데 이 양반이 한번 소리를 하기 시작했다 하면, 더구나 그 목이 제대로 열렸다 하면 전혀 딴 분같이 보이기 시작하거든요. 참말로 그 이

치가 묘하달밖에요.」
하는 것이었다. 홍씨의 이 말은 필자로서도 충분히 납득할 수 있을 것 같은 생각이 든다. 임방울의 소리를 찬란한 진달래꽃밭에 비유한 시인이 있거니와, 어떻든 그런 찬란한 가락이 도도하게 흘러가는 가운데 귀를 기울이고 있노라면 듣는 사람이 그 찬란한 진달래꽃밭 속에 파묻히는 황홀한 착각에 사로잡히게 될 뿐 아니라, 그 노래하는 사람 자신의 모습마저도 찬란한 꽃밭 속의 가장 찬란한 존재로 달라져 보이리라는 것은 능히 상상할 수 있는 일이기 때문이다.

신재효는 「광대가」에서 광대가 갖추어야 할 요건 중에서도 〈인물치레〉를 으뜸으로 꼽았지만, 이때의 인물치레라는 것이 단순히 외모나 풍채 등과 같은 신체적 조건만을 뜻하는 것이라고 한다면, 광대로서의 임방울은 제일 중요한 요건에서 결격이라 할 수도 있을 것이다. 임방울의 제자인 임준옥 씨한테서 들은 이야기인데, 한번은 임방울이 창극에 출연하기 위하여 분장실에서 분장을 하다 말고, 얼굴에 바른 도우랑(파운데이션 같은 화장품)을 손가락끝으로 찍어내 보이면서,

「이봐여, 이렇게나 묻어나온당께.」
하더니,

「내 곰보자국을 다 메꾸려면 도우랑 값깨나 들겄어.」
하며 좌중을 웃기더라는 것이다. 그가 굳이 창극을 기피한 이유는 물론 정통적인 판소리 가객으로서의 고집스런 긍지 때문이라 하겠지만, 자신의 외모상의 조건에서 오는 자격지심이 혹 작용하지는 않았었는지 모르겠다.

그러나 이러한 그의 인물됨이 가객으로서의 그에게 조금도 결격사유가 될 수 없었다는 것은 무엇보다도 그의 예술가로서의 화려한 생애가 증명해주고 있다. 그의 예술은 그의 인물치레의 여부를 보상하고도 훨씬

남는 어떤 것이었기 때문이다. 그의 생애에서 볼 수 있는 화려한 여성관계만 놓고 보더라도 그에 있어서는 이미 외모나 풍채 같은 것이 문제가 될 수 없었다는 유력한 증거라 할 것이다.

「남성으로서의 임방울 선생의 매력은 어디에 있다고 보십니까?」

하는 필자의 물음에 여류국악인 한애순 여사는 웃으며,

「그야 물론 그분의 예술이지요.」

하였다. 그야말로 동문서답 같은 답변이었으나, 곰곰 생각할수록 당연한 말이라는 생각이 드는 것이었다. 찬란한 진달래꽃밭 중의 가장 찬란한 존재로 부각되는 명창 임방울에게서 이 이상의 어떤 매력을 다시 또 거론할 수 있겠는가? 그러나 필자로서는 좀더 추궁해보지 않을 수 없었다.

「그 다음은요?」

「따뜻한 그분의 성품이지요.」

명창 조상현(趙相賢) 씨는 임방울의 성품을 말하면서 이렇게 단언한 일이 있다.

「만약, 임방울 선생을 나쁘다고 하는 사람이 있다면, 틀림없이 그 사람 자신이 나쁜 사람입니다.」

한때 임방울과 부부의 인연을 맺은 일이 있었던 한애순 여사에게 필자는 이렇게 물어본 일이 있다.

「남편으로서의 임 선생, 또는 인간으로서의 임 선생에게 결함이라 할까 부족한 점이라 할까, 그런 점이 있다면 어떤 점을 들 수 있습니까?」

「그 양반은 너무 청백해요. 그리고 성품이 너무 소탈해요.」

「너무 소탈하다는 것은 무슨 뜻입니까?」

「말하자면 사람이 너무 좋다는 뜻이지요. 손위가 됐든, 손아래가 됐든, 할말은 하고, 나무랄 일이 있으면 나무라기도 하고 이래야 쓸 것인디, 그저 덮어놓고 남 좋자는 대로만 위주로 삼으니, 당신 일이 무엇이 되겠어요?」

하이데거는 인간의 자아(自我)를 본질적 자아와 비본질적 자아로 나누어서 생각했다 하거니와, 이런 개념과는 물론 전혀 다르지만, 한 남성을 두고 보더라도 바깥세상 사람들이 그를 보는 관점과 집 안에서 아내가 그를 보는 관점은 반드시 동일하다고는 할 수 없을 듯하다. 바깥세상 사람들이 보는 그의 장점이 집 안의 아내에게는 오히려 그의 단점으로 보일 수도 있을 것이다. 남 좋자는 대로만 양보를 하다보면, 가족들에게는 고스란히 부채로 떨어질 것은 당연하다. 여러 사람들의 증언에 의하면 그의 가족들은 늘 빈곤 속에 시달리지 않으면 안 되었었다 한다. 조선일보사 방일영 전회장과 그렇게 친근히 지내면서도, 하다못해 담뱃값 한번을 빌리려 하지 않았었노라고, 방 전회장이 증언한 바 있거니와, 한번은 그의 곤궁함이 보기에 하도 딱해서 방 전회장을 중심으로 한 몇몇 인사들이 임방울에게 집이나 한 채 마련해줄 양으로 주선을 하였는데, 도중에 이를 알게 된 임방울이 펄쩍 뛰며 거절하는 바람에 결국 좌절이 된 일도 있었노라고, 국악인 한애순 여사는 말하고 있다.

「그때나 지금이나 출연교섭이 온다든지, 무슨 초청교섭이 온다든지 할 때면 출연료 문제를 가지고 얼마를 내야 가겠다, 그렇게는 어렵다, 이렇게 흥정을 안 합니까요? 예술인도 먹고 살아야 하닝께 그럴 수밖에는 없는 일이지요. 그런디, 그 양반은 도무지 그런 흥정을 모르는 분이었어요. 얼마가 됐든 주면 받고 안 주면 말고 그러제, 그런 흥정 같은 것을 하는 분이 아니었어요. 그리고 또 남의 딱한 꼴도 못 보는 성미였어요. 빈손 터는 한이 있어도 누가 딱한 처지에 있다 하면, 힘 닿는 데까지는 돌봐주제, 그저 보들 못하는 분이었으닝께요. 6·25 직후라면 얼마나 어려운 때입니까요? 또 사상적으로도 좌익이다 우익이다 해서 얼마나 곤란한 때였습니까요? 그런데도 국악인 중에 누가 딱한 처지에 있다 하면 데려다 감싸주고 먹여주고, 살려낸 사람이 수없이 많아요.」

한애순 여사는 말하는 것이었다.

비직업인임에도 불구하고 가위 국고(國鼓)라 할 만한 명고수였었다가 연전에 작고한 전주의 송영주(宋榮柱) 씨는 자신이 직접 목격한 일이라면서, 다음과 같은 이야기를 들려주고 있다. 8·15 직후의 일인데, 지금도 생존해 있는 안 모씨가 임방울 일행을 초청해다 납량공연(納凉公演)을 한 일이 있었다 한다. 한 달 가량이나 되는 공연이었는데, 그때 돈으로 약 40만원의 적자를 보았었다 한다.

협률사나 포장걸립 등을 인솔하고 여러 지방을 공연하고 다닌 바 있는 모씨의 말에 의하면, 이런 협률사나 포장걸립의 공연에 있어서 제일 치명적인 것이 궂은 날씨라는 것이다. 비가 오면 그날은 공치는 날이라는 것이다. 어엿한 현대식 극장일지라도 날씨가 궂고 보면 아무래도 관객이 줄어들 것은 당연하다 하겠지만, 특히 협률사나 포장걸립의 경우에는 아예 공칠 수밖에 없다는 것이다. 그도 그럴 것이, 이런 협률사나 포장걸립 등의 공연은 대개 천막 치고 포장 두른 가설극장의 공연이니만큼 비가 왔다 하면 도무지 막아낼 도리가 없다는 것이다. 그중에서도 특히 치명적인 것은 여름의 장마철 같은 때에 흐렸다 개었다 해서 날씨를 종잡을 수 없는 경우라 한다. 이런 날, 문을 열 수도 닫을 수도 없어 망설이다 결국 열어놓고보면 들어오는 관객의 수가 당일 사용하는 전기료나 나올까 말까 할 정도라는 것이다. 그때의 납량공연에서 적자를 보게 된 원인이 어디 있었는지는 창졸간에 알아낼 도리는 없으나, 여름철의 일인데다가 임방울이 즐겨하는 포장걸립이었을 것이 틀림없을 테니, 아마도 그런 날씨 탓이 아니었을는지 모르겠다.

어떻든 이렇게 공연은 끝이 났는데, 임방울은 단원들을 모아놓고 이야기를 하였다.

「야, 출연료 받을 생각들일랑은 말아라. 안 선생이 한 달 동안이나 우리를 먹여준 것만도 고맙게 생각혀야제, 더이상 손해를 끼쳐서야 쓰겄냐?」
하고는 고스란히 손을 털고 일어섰다는 것이다.

임방울에게는 몇가지 유다른 습벽이 있었다. 술을 하지 않았다는 것은 앞서 말한 바 있거니와, 술자리에서는 대개 사이다 같은 것을 달라 해서 마시며 자리에 어울렸다 한다. 누가 부득부득 술잔을 권하면 그걸 받아 놓고는 젓가락으로 술을 찍어 맛보면서,

「어이, 그 술맛 조오타.」
하며 좌중을 웃긴다는 것이다. 술은 안 하는 대신 군것질은 유달리 좋아하였다 한다. 특히 단것을 좋아하여 감이며 엿 같은 것을 즐겨 사먹었다 한다. 자기만 좋아할 뿐 아니라 일행들에게도 곧잘 사주며 먹으라고 권한다는 것이었다. 순회공연 같은 때 한 곳에 여러 날 묵게 되면, 엿장수가 매일거리로 객주집에 찾아오곤 한다는 것이었다. 그러면 으레 엿판을 내려놓으라 하고는 일행 중의 아무나 붙들고 엿치기를 한다는 것이었다. 여기서 생각나는 것은 명창 조상현 씨의 생과자에 얽힌 회고담이다. 그가 임방울을 처음 만난 것은, 10세 전후에 소리공부를 하기 위하여 이른바 서편제 보성소리의 종가(宗家)인 보성의 정응민(鄭應珉) 씨 집에 문하생으로 있을 때의 일인데, 한번은 순회공연차로 그 지방을 찾은 임방울이 그 집을 들렀을 때라 한다. 조상현 씨의 소질에 큰 기대를 걸고 있었던 스승 정응민 씨가 그를 불러내어 임방울 앞에서 소리를 부르게 하였다. 그때에 임방울이 어린 조상현의 소리를 칭찬하며 정응민에게 말하기를,

「형님, 물건만 잘 달구어내시오. 팔기는 내가 내다 팔 테잉개.」
하였다. 그 당시 정응민과 임방울은 호형호제를 하고 지냈었다. 어린 조

상현으로서는 임방울의 이 말이 무슨 뜻인지를 잘 몰랐다. 그런 지 몇해가 흘렀다. 한번은 조상현이 광주에 간 일이 있었는데, 우연히 한 곳을 지나다가 임방울이 협률사 공연을 한다는 광고를 보았다. 그래서 여관을 찾아가 임방울을 만났다. 처음에는 누군지 알아보지 못한 임방울이 그가 찾아온 연유를 말하자 그제서야,

「오, 네가 그때 소리하던 아이로구나. 그새 많이 컸구나.」

하며 반겨하였다. 그러나 이내 그의 어조가 달라지더니,

「헌디, 소리공부는 안 허고 벌써부터 이런 데를 기웃거린단 말이냐?」

하고 책망을 하였다.

그 당시 협률사나 포장걸립 가운데에는 애기명창이라 하여 어린이를 무대에 내세워 노래를 부르게 하는 수도 더러 있었던 모양인데, 조상현도 그렇게 노래를 부르고 싶어서 찾아온 것으로 그는 알았던 모양이었다. 그것이 아니고, 그저 선생님이 오셨다기에 인사라도 드리고 싶어 찾아왔노라고 조상현이 말하자 그는,

「그래 알았다.」

하더니,

「그새 공부는 많이 했는지, 찾아온 김에 한번 불러보아라.」

하였다. 조상현의 소리를 다 듣고 난 그는,

「많이 늘었구나. 이제 가락수는 어지간히 익힌 모양잉게 목을 다듬어야제.」

하였다. 조용한 산중에 들어가서 몇날 며칠이고 목이 터질 때까지 독공(獨工)을 해야 한다고 일러주었다.

가객에게 있어서의 독공의 중요성을 조상현은 그때 비로소 알게 되었다. 그 이후로 절간이나 골방 같은 데로 독공을 떠날 때마다 그는 임방울의 훈계를 늘 되새기곤 하였다.

다시 또 몇해가 흘렀다. 그 동안에 조상현의 나이도 십대 후반기에 접어들었다. 변성기도 지난 이후여서 이제야 청이 제대로 자리잡혀가기 시작할 무렵의 어느 날 임방울이 순회공연차로 전주에 왔다. 조상현이 두근거리는 가슴을 안고 임방울을 찾은 것은 물론이다.

「아이고, 인자 어른이 다 되어뿌렀구나. 그새 선생님도 안녕하시냐?」

선생님이란 정응민을 이름이었다. 조상현이,

「예.」

하고 대답하자,

「그래, 그러면 그 동안에 익힌 소리를 한번 혀보아라.」

하였다. 소리를 다 듣고 난 그는,

「인자는 제법 되었다. 어디, 우리를 한번 따라다닐 생각은 없느냐?」

하고 물었다. 조상현으로서는 물론 여부가 없었다. 그가 한 3년 동안 임방울 일행을 따라다니게 된 것은 그때의 일이었다. 그는, 공연무대에서는 단가(短歌) 정도를 불렀고, 임방울 가까이서 잔심부름 같은 것을 하였다.

일행들은 그를 〈쌔또, 쌔또〉 하고 불렀다. 〈쌔또〉란, 그가 정응민 씨 문하에 있을 때에 붙여진 별명인데, 그 많은 문하생들의 잔심부름을 거의 도맡다시피 하였다. 그곳에서 읍내까지 근 이십 리나 되는 길을 하루에도 몇번씩을 번개같이 갔다왔다한다 하여, 쌔빠또(셰퍼드)처럼 동작이 낫낫하고 속빠르다 해서 붙여진 이름인데, 사람을 어찌 쌔빠또라 할 수 있느냐 해서 〈쌔또〉라고 부르게 된 것이었다. 그 별명이 이곳까지 따라오게 되어 임방울도 곧잘 그를 부를 때면 〈쌔또, 쌔또〉 하였다.

하루의 공연이 끝나고 일행들이 돌아와 잠자리에 들 때쯤 되면 흔히 임방울이 〈쌔또야, 쌔또야〉 하고 불렀다. 무슨 잔심부름시킬 일이라도 있어 그러는가 하여 조상현이 그야말로 쌔또같이 달려가보면 그 당시에는 구하기 어려운 생과자 같은 것을 손가방에서 내주며 먹으라 하였다. 술은 못하지만 단것은 좋아하는 줄 아는 고장의 인사들이 당시에는 구하기 어려운 이런 생과자 같은 것을 선물로 주곤 했는데, 임방울은 그것을 간직해두었다가 한창 먹성이 왕성한 나이의 그에게 내주곤 했던 것이다.

엿치기 이야기 끝에 조상현 씨의 생과자 이야기가 나오게 되었다. 이야기를 다시 돌이키기로 하자.

엿치기란 내기를 건 사람들끼리 엿판에 둘러앉아 각기 엿가락 하나씩을 골라잡고 중간을 딱 부러뜨린 다음, 그 자리에 묻어 있는 엿고물이나 부스러기 같은 것을 입으로 훅 불어내면 크든 작든 으레 엿구멍이 드러나 있게 마련이다. 그 엿구멍의 크기로써 승패를 결정하는 것이다. 엿구멍이 제일 작은 사람이 패자로 되어 엿값을 도맡아 물어야 하는 것이다.

그 엿구멍의 크고 작음이 완연히 차이가 나는 경우는 문제가 없지만, 대개는 어슷비슷해서 승패를 판정하기 힘들 경우가 많다. 더구나 그 엿구멍의 모양새도 동그랗게 나 있는 놈, 세모진 놈, 〈한일 자〉형으로 난 놈 등등 가지가지여서, 컴퓨터 같은 것이나 들이댄다면 모를까, 좀처럼 크기를 대중하기 어려운 경우가 대부분이다. 이래서 대개는 크네, 작네, 실랑이가 벌어지게 되고, 그러노라면 또 판정을 해준다고 하여 제3자까지 끼여들어 분위기는 왁자지껄하니 활기를 띠게 되기 일쑤인데, 오십 당년의 임방울은 곧잘 자식 같은 젊은이들과 어울려 이런 실랑이를 즐겼다는 것이다. 엿값은 예외없이 외상으로 기재되게 마련인데, 공연을 마치고 떠나는 날이 되면, 임방울이 엿장수 외상장기를 치켜들고 아무개 얼마, 아무개 얼마, 이렇게 값을 외어가는데, 번번이 그 액수가 제일 많은 사람은 임방울 자신이었다는 임준옥 씨의 증언이다.

또 밥을 먹는 데도 독특한 버릇이 있었다 한다. 대개의 경우 밥을 물에 말아서 먹는데, 순갈질을 할 때는 마치 조리로 쌀을 일듯이 순갈로 물 위에 떠 있는 밥알을 일어서 떠먹는다는 것이었다. 그러나 평생에 반찬타박 한번 하는 것을 보지 못하였다는 것이 임준옥 씨의 말이다.

한동안 남도의 도서지방으로 순회공연을 많이 다녔는데, 육지사람의 구미에 잘 맞지 않는 섬 음식을 먹을 때도 물론 타박 한번 하는 것을 보지 못하였다는 것이다.

「섬 같은 데 가면 괴기(생선)라도 잘 얻어먹을 것 같아도, 속담에 해변산중이라고, 오히려 괴기 구경이 더 힘들어라우. 잡은 괴기는 죄다 육지로 실려가버리닝깨요. 험한 음식을 앞에 놓고 일행들이 구미를 잃고 숟갈질을 떼속거리고 있으면, 이 양반이 젓갈을 한입 집어넣으며, 야, 거, 고록젓 먹을 만허다, 먹어들 봐라 하고 맛있게 드신단 말입니다. 그러면 너도 나도 하고 그리로 젓가락이 가게 되는디, 집어서 먹어보면 소태같이 쓰고 짜단 말입니다. 일행들은 오만상을 찡그리며 웃음바다를 이루지라우.」

그는, 사람이 누구임을 가리지 않은 것과 같이 음식의 좋고 나쁨을 타박하지 않았던 모양이다.

자유당시절의 일인데, 한번은 흑산도던가 하는 섬으로 임방울 일행이 순회공연을 떠난 일이 있었다 한다. 임방울의 생애로서는 후기에 해당하는 시기의 일이었던 것이다. 그때만 해도 벌써 우리 나라의 영화산업이 차차 본격화하기 시작한 때여서, 도시의 젊은 층은 대개 영화관으로 몰려들기 시작하였고, 나이가 좀 지긋한 층은 바야흐로 붐이 일기 시작한 창극단으로 발길을 옮기던 무렵이었다. 특히 이 무렵에는 여성국극단이 폭발적인 인기를 모으던 때로서 〈임춘앵과 그 일행〉이니, 〈조금앵과 그 일행〉이니 하는 여성국극단이 판을 치던 때이다. 정통적인 판소리는 이미 시대의 추세에 밀려 발붙일 터전을 잃어가던 무렵이었다.

여기서 생각나는 것은 임방울 이후 명실공히 국창으로 군림하던 김연수(金演洙)가 겪은 웃지 못할 회고담 한 토막이다. 50년대 후반기의 일인데, 한번은 김연수 일행이 대구공연을 갔었다. 역에 내리니 많은 환영 인파가 줄을 이었다. 일행은 자못 흐뭇해 하였는데, 알고보니 자기들을 환영 나온 사람들이 아니고, 같은 날 대구시내에서 공연을 하게 된 여성국극단 일행을 마중 나온 사람들이었다. 그날 저녁에 공연을 하게 되었는데, 공교롭게도 앞뒤 극장에서 판소리와 여성국극단 공연을 하게 되었는데, 관객들이 거의가 국극단 쪽으로 쏠려버렸던 것이다.

이러한 시대적 추세 속에서 국악인들이 살아가기 위해서는 별수없이 창극 쪽으로 전환하지 않을 수가 없었다. 당시의 내노라 하는 국악인들이 거의 다 이러한 시대의 추세에 적응하는 길을 택해갔던 것이다. 그러나 그 창극에 흥미도 없었고 소질도 없었던 임방울은 고집스럽게 농악이 곁들인 포장걸립을 이끌고 다니며 정통적인 판소리를 공연하였다. 그러노라니, 그 관객이 지극히 제한된 범위에 그칠 수밖에 없게 되었다. 어지간히 큰 도시에서는 좀처럼 발붙일 터전이 없었고, 차차 읍소재지나 면소재지 쪽으로 밀려나지 않을 수 없었다. 판소리인으로서는 가장 외롭고 쓰라린 기간이었던 것이다. 그러나 남도의 도서지방만은 그래도 아직 판소리 관객들이 고스란히 남아 있었다. 영화 같은 것이 이런 도서지방까지는 채 손을 뻗치지 못하고 있었기 때문이었다. 임방울 일행 등과 같은 포장걸립이 아직도 명백을 유지할 수 있었던 것은 바로 이런 도서지방을 상대할 수 있었기 때문이었다.

정기여객선이라고는 하지만 소형의 통통배였다. 완도에서 뱃길로 떠날 때만 해도 날씨가 다소 흐린 편이기는 하였으나 별 걱정이 없으려니 하였는데, 정작 바다 가운데 들어선 무렵부터는 바람이 일기 시작하고 빗방울이 듣기 시작하더니 이내 억수 같은 폭우와 세찬 바람으로 변하였다. 통통거리며 어렵사리 떠내려가던 배가 정작 흑산도를 한 마장쯤 앞에 두고는 발동이 딱 멎더니 갑자기 나뭇잎처럼 까불리기 시작하였다. 선실 안은 수라장이 되었다. 모두들 이 구석으로 굴렀다, 저 구석으로 밀렸다 야단인 것은 고사하고 당장 뒤집힐 것 같았다.

특히 이런 사나운 경험이 별로 없었던 일행들은 서로 부둥켜안은 채 사색이 되어 있었는데, 그때 임방울이 큰소리로,

「아따, 야들아, 왜 그러고들 있냐? 자래(자라) 등에 타고 수중 귀경(구경) 가는 셈치면 될 것 아니냐?」

하여, 웃을 경황도 없는 일행들을 웃겼다는 것이다. 나뭇잎처럼 까불리는 통통배가 자라 등이라면 폭풍과 폭우가 한데 휘몰아치는 남해 앞바다는 소상팔경(瀟湘八景)이 되는 셈이지만, 소상팔경치고는 험악하기 이를 데 없는 소상팔경이랄밖에 없었으나, 다행히 멎었던 통통배의 발동이 되살아나서 일행은 구사일생으로 수중 구경은 모면하였던 것이다.

〈쑥대머리〉〈추억〉 등과 함께 왕년에 널리 민중의 사랑을 받던 임방울의 음반 중에 〈녹수청산(綠水青山)〉이라는 것이 있다.

> 임자 없는 녹수청산 일모황혼(日暮黃昏) 저문 날에, 일출동령(日出東嶺) 잠을 깨어 청림벽계(青林碧溪) 집을 삼고 값이 없는 산과목실(山果木實) 양식을 삼아서 감식(甘食)할 제……

이렇게 시작되는 평조(平調) 중모리의 이 〈녹수청산〉은 「수궁가」 중의 토끼를 꾀어서 수궁으로 데리고 가려고 감언이설로 접근하는 별주부에게, 토끼란 놈이 자신의 세상 살아가는 재미를 자랑삼아 나열하는 장면이거니와, 필자는 이 대문을 들을 때마다 임방울의 영상이 선명히 부각되는 것을 의식하곤 한다. 방정스런 토끼의 언사치고는 제법 거드름을 피운 곡조요 가사이기는 하지만, 바로 그렇기 때문에 잔뜩, 〈조를 빼고

있는(교만을 떨고 있는)〉 그 언사로 하여 은연중에 허영심 많은 토끼의 자기 과장적인 성품이 해학적으로 부각되는 대문이라 할 수 있거니와, 그 〈임자 없는 녹수청산〉이라는 말이 어딘지 임방울의 영상을 환기시켜 주는 것이다. 사람이 세상을 살다보면, 너와 나, 네 것과 내 것을 가리게도 되고, 그러노라면 아등바등거리게도 되지만, 한걸음 물러서서 돌이켜 보면 모두가 도시 덧없다는 생각이 일 것도 같다. 너와 나라는 경계를 뛰어넘게 될 때 사람은 큰 나를 찾게 되는 것은 아닐는지 모르겠다. 물유각주(物有各主)라는 말이 있지만, 한걸음 물러서서 생각해보면 네 것, 내 것이라는 경계마저가 덧없게 의식될 수 있을 것이고, 그렇게 의식될 때 그는 오히려 만유(萬有)와 일치됨으로써 그 만유의 주인이 되는 것은 아닐는지? 임야 오백 평의 소유권에 아등바등하는 사람은 끝내 그 오백 평의 주인 이상이 될 수 없지만, 그 집착에서 해방된 사람은 온 세상의 녹수청산의 주인이 될 수 있을 것이 아닐는지? 임방울은 불후의 명창일 뿐만 아니라 이런 지혜를 터득한 사람은 아니었을까?

각설이라 먹설이라

하직하고 나오는 나의 귓전에 문득 임방울의 단가 〈함평천지〉의 한 구절이 들리는 듯하였다. 그래, 함평천지 그날사 말고 세상은 유난히 화창한 함평천지의 봄날씨였다.

협률사나 포장걸립 등 이른바 가설무대의 흥행에 있어서 제일 치명적인 걱정거리가 날이 궂어서 비가 쏟아져버리는 경우라고 말한 바 있거니와, 여기에는 비길 수 없는 것이지만 또하나 골칫거리가 있는데, 그것은 이른바 도둑굿을 보기 위하여 울을 두른 포장을 들치고 침입하는 짓궂은 패들과 실랑이를 벌이는 일이라 한다. 강변 모래사장이나 장터 같은 데에 말뚝을 박고 포장을 두르고 질긴 동아줄을 둘러서 단단히 얽어매고, 그리고 그 내부에 단을 쌓아올려 무대를 만들고, 객석은 대개 맨땅에 멍석을 까는 정도가 보통인데, 질긴 천막천 같은 포장을 이중으로 단단히 두른 울은 여간해서 사람이 멋대로 침입할 수 있게 되어 있지는 않지만, 그래도 기어이 도둑굿이라도 보지 않고서는 직성이 풀리지 않는 가난한 예술애호가는 가설무대 가는 곳 어디에나 있게 마련이요, 그 가난한 예술애호가의 끈덕진 정성은 용케도 그 완강한 포장 울 어디엔가 은밀한 개구멍을 만들어낼 정도의 허술한 구석은 찾아내게 마련이라는 것이었다. 게다가 좀더 심술궂은 패들 중에는 그 값비싼 포장 울을 사정없이 찢고 들어오는 경우도 있다는 것이었다.

열 살 전후의 나의 어렸을 적의 기억을 더듬어보아도 이런 풍경은 선연한 모습으로 떠오른다. 꼬부랑나팔에 남산덩이만한 북을 가슴에 안고 〈버들잎 외로운 이정표 밑에〉니 〈타향살이 몇해던가〉를 불어대는 악단의 뒤를 이어 고깔모자에 얼룩덜룩한 복장을 한 어릿광대, 그 뒤에 이도령·성춘향의 순으로 행진하는 말시바이(서커스)행렬이 고을을 한바퀴 돌고 나면, 대부분의 어린 우리들은 그날부터 안달이 나기 시작한다. 그때 돈으로 5전이나 10전 정도의 입장료를 어머니한테서 타내기가 쉽지 않은 대부분의 우리들은 결국 포장 울 밖에 얼룩덜룩하게 그려놓은, 아슬아슬한 곡예의 현수막을 눈요기하는 정도로 치솟는 호기심을 달랠 수밖에 없으나, 개중에는 제법 용감한 모험가도 없지는 않아서 이 용감한 모험가들의 탐험에 의하여 필사적인 개구멍 돌파작전이 감행되기도 하는 것이었다.

이래서 가설무대 쪽에서는 으레 몇명의 건장한 젊은이를 울 밖의 군데군데에 세워 감시를 하게 하지만, 속담에 지키는 사람 열이라도 도둑 하나를 못 당한다는 격으로 담보만 있고 몸놀림만 날쌔고보면 용케도 그 사선(死線)을 돌파하는 데 성공하게 된다. 그러나 모험에는 역시 거기 비례하는 위험과 희생도 따르는 법이어서 가끔마다 불운의 조난자(遭難者)도 나오게 마련이다. 붙들린 것이 천려의 일실이지, 일단 붙들린 이상에는 감시원의 호된 닦달은 면할 도리가 없는 것이었다.

임방울의 포장걸립의 경우에 있어서도 사정은 비슷할 수밖에 없었을 것이었다. 약간 다름이 있다면 가난한 서커스 애호가들이 대개는 열 살 안팎의 어린 개구쟁이들인 데 반하여 판소리의 가난한 팬들은 그보다는 나이 지긋한 성인들이었을 것이요, 또 그만큼 가난은 심하고 판소리에 대한 사랑은 간절한 무리들이었을 것이었다. 그중에서도 특히 극성스러운 것은 거지 떼들이었다.

요즈음에는 모두 다 사라져버린 풍물(風物)이 되어버렸지만, 지난날 춥고 어둡고 배고팠던 식민지시대는 말할 것도 없고, 8·15 직후의 혼란기와 그에 뒤이은 자유당 초기까지만 해도 그 거지 떼들은 우리의 밑바닥인생의 한 극단의 표상이었다. 그들끼리의 의리와 동류의식은 대단한 것이어서 어지간한 시골장판 같은 데서는 고장의 유력자까지도 그들의 존재에 한몫 놓아주지 않아서는 안 될 정도로 제법 파워를 형성하고 있기도 하였다. 특히 그들의 애창곡이자 생계수단이기도 하였던 각설이타령이니 품바타령이니 하는 것은 가위 밑바닥인생의 애환과 아울러 교훈과 풍자와 해학을 담은 거리의 명물이었다.

각설이패들 중에는 어지간한 광대 뺨 쳐먹을 명창도 한둘은 있게 마련이었다. 아무리 길거리의 명창이라고는 하지만, 명창 말을 들으려면 별수없이 장구한 세월의 노래 연조와 아울러 삶의 경륜을 쌓고서야 비로소 가능한 일이매, 나이 지긋한 패들 중에서 명창을 찾지 않을 수가 없는 법이고, 따라서 대개의 경우는 패거리 중의 명창은 영좌영감(요즈음의 말로 하자면 왕초)을 겸하게도 되었다.

내가 어렸을 때만 하여도 개천다리 밑이나 장터 빈 가게 처마 밑 같은 데에 영좌영감을 중심으로 빙 둘러앉은 거지 떼들이 그 각설이타령이며 품바타령 같은 것을 열심히 공부하는 광경을 흔히 목격할 수가 있었다. 영좌영감인 예의 명창이 선창을 하면 둘러앉은 패들이 따라서 하는데, 음악수업치고는 시설도 격식도 없는, 보기에 지극히 허술한 수업 같지만, 사실은 여간만 진지한 광경이 아닌 것이었다. 그것이 그들의 놀이이자 생업이기도 하였기 때문이리라. 서두의 「따라지와 귀명창」 부분에서 볼 수 있는 광경이 바로 그것이다.

「흥부가」 중에는 놀부의 구풍표(仇風瓢) 박 여섯 통을 타는 대문이 있거니와, 그중의 한 박통 속에서 각설이패들이 나와서 야단법석을 피우는 장면이 있다.

각설이라 먹설이라 동서리를 젊어지고 죽지를 않고 또 찾어왔소 뜨르르 르르르 뜨르르 몰아 장타령 흰오얏꽃 옥과(玉果)장 누른 버들 김제(金堤)장 부창부수 화순(和順)장 시화연풍에 낙안(樂安)장 쑥 솟았다 고산(高山)장 철철흘러 장수(長水)장 삼도도회 금산(錦山)장 일색춘향 남원(南原)장 십리오리에 장성(長城)장 애고대고 곡성(谷城)장 오늘 가도 진안(鎭安)장이요 코풀었다 흥덕(興德)장 주인은 있어도 무주(茂朱)장 술은 싱거도 전주(全州)장 물은 타도 원주(原州)장 탁주를 먹어도 청주(淸州)장 돈을 내도 공주(公州)장 맨술을 먹어도 안주(安州)장 이장 저장 다닐 적에 뉘릿뉘릿 황육(黃肉)전 펄펄 뛰는 생선전 울긋불긋 황화전 파싹파싹 담배전 얼걱덜걱 옹기전 딸각딸각 나막신전 호호 맵다 고초전 어서 가자 어서 가 오란 곳은 없어도 우리 갈 길은 바쁘요 놀부 샌님 수이 가게 헙시요.

하는 각설이타령에 이어,

허품바 너품바 잘헌다 잘헌다 품바 품바 잘헌다 초당 짓고 헌 공부냐 실수없이 잘헌다 동삼 먹고 배웠냐 찐기있게도 잘헌다 기름동이나 먹었느냐 미끈미끈 잘헌다 목구멍에다 불을 켰나 훤허게도 잘헌다 뱃가죽이 두꺼운가 일망무제로 나온다 네가 저리 잘헐진대 네 선생은 오죽허랴 네 선생이 누구냐 네 선생이 내로구나 목은 조금 쉬었어도 아니리가 일쑤다 주제꼴은 꼴불견이나 들은 멋은 다 들었다 어품바 잘헌다 얼시구나 잘헌다 목 쉴라

목 쉴라 대목장에 목 쉴라 대목장에 목이 쉬면 열두 식구가 다 죽는다 가만 가만히 섬겨라 네 못허면 내가 허마 어품바 잘헌다 품바품바 잘헌다.

—『金演洙 唱本』, 「흥부가」

의 품바타령이 따른다. 자진모리 비슷한 장타령 가락으로 치닫는 이 대문을 명창 박동진 씨는 우조(羽調), 그중에서도 경쾌한 해학적인 가락으로 엮어내고 있는데, 서술내용의 재치와 해학과 삶의 애환 그리고 구걸하려는 사람으로서의, 상대방을 달래고 얼르는 심사가 그런 가락과 해조(諧調)를 이루면서 뛰어난 민중음악의 한 경지를 이룩하고 있는 것이다.

박동진 씨의 술회에 의하면 그는 젊어서 「흥부가」를 배울 때, 이 각설이타령과 품바타령을 제대로 익히기 위하여, 전라도 어느 고장의 예의 길거리 명창을 찾아간 일이 있었다 한다. 어느 개천다리 밑의 거지들 떼지어 사는 데를 물어물어서 찾아갔더니, 과연 서적을 두른 험상스런 움막 하나를 일러주더라는 것이었다. 거적문을 들치고 안으로 들어섰더니 컴컴한 움막 안에 한 늙은이가 그래도 아랫목이라고 한편에 앉아 있었고, 그는 윗목에 좌정을 하였다. 굴속 같은 움막 안의 어둠에 눈이 익은 연후에 그 영감의 몰골을 찬찬히 살펴보고 그는 그만 아연실색을 하지 않을 수가 없었다.

「영감의 몰골을 보니, 용천배기(나병환자)인지 양 손은 오그라붙어 새앙손이요, 당창에 걸렸는지 얼굴은 코빵빵이더란 말입니다.」

당시의 인상을 박동진 씨는 이렇게 말하였다.

새앙손이란 손가락이 오그라붙어 생강처럼 뭉툭하게 생긴 손이란 말이요, 코빵빵이란 코허리가 매독으로 무너앉아 콧구멍이 뻥 뚫린 형상을 이름이다.

그 영감이 그 다리 밑 가족들의 영좌영감이었던 것이다. 대번에 소름이 오싹 끼치고 전신에 식은땀이 왈칵 솟았지만, 이왕 내친 걸음이다 싶어서 그는 정신을 가다듬고, 각설이타령과 품바타령을 배우러 왔노라고 찾아온 뜻을 말하였다.

그랬더니 영감은 대뜸 말부터 〈하게〉를 놓더니,

「그려? 그러면 절부터 혀야제.」

하였다. 박동진은 다시 일어서서 정중하게 큰절을 올렸다. 사제간의 의를 맺은 것이었다.

코빵빵이인 탓으로 영감의 소리는 헛바람이 새어서 〈품바품바〉가 〈훔바훔바〉로 되고, 각설이타령이 〈각설이하령〉으로 될 수 밖에는 없었으나, 그 가락수만은 아닌게아니라 천하에 일품이더라는 것이었다.

한말의 이날치(李捺致)라는 명창이 「춘향가」〈옥중가〉 중의 잡귀잡신들이 나와서 옥중 춘향의 꿈자리를 어지럽히는 이른바 귀곡성(鬼哭聲)을 익히기 위하여 비 오는 날 무덤터에 가서 밤을 새우며 소리를 익혔다는 전설이 전해오고 있거니와, 박동진 씨의 경우도 예삿사람이 좀처럼 해내기 어려운 체험이라 아니할 수 없다. 이런 경우야말로 요즈음 흔히 말하는 현장교육의 진짜 본보기라 할 수 있겠거니와, 어떻든 이런 짙은 체험이 바탕이 되어 그런지는 몰라도 박동진 씨의 그 각설이·품바타령은 당대의 일품이라 아니할 수가 없다.

이 각설이·품바타령은 그야말로 인생의 맨 밑바닥에 깔려 살아가던 계층의 노래요 따라서 잡가 중에서도 제일 밑바닥의 잡가라 할 수가 있다. 따라서 어떤 이들은 놀부 박통 속에서 각설이패들이 나오는 장면에서 이 대문을 빼고 넘어가버리기도 한다. 먼젓번에 말한 바와 같은, 홍타령·육자배기를 광대들이 잡가라 하여 기피하는 경우와 비슷한 이치라 하겠으나, 그야 어떻든 이 각설이·품바타령 또한 민족음악으로서의 독자적인 묘미를 지니고 있는 이상 그것을 길이 보존해야 하리라고 생각한다.

그리고 판소리가 이왕 민족음악의 옴니버스라고 할 때 이를 굳이 배제시킬 이유는 없지 않을까 한다. 이런 타령이 판소리의 흐름 속에 포용됨으로써 그것은 그것대로 본격예술로서의 격을 높일 수 있게 될 것이고, 판소리는 판소리대로 인생의 다양한 국면을 포괄하는 데 더욱 기여할 수 있게 될 것이기 때문이다.

각설.

〈주제꼴은 꼴불견이나 들은 멋은 다 들었다〉 하는 품바타령의 구절과 같이 비록 인생의 밑바닥에 굴러다니는 각설이패라 할지라도 개중에는 만만찮은 명창도 있고, 또 이른바 만만찮은 귀명창도 있게 마련이다. 이런 패일수록 명창 임방울의 포장걸립 안으로 비집고 들어가고 싶어서 안달이 날 것은 당연하다. 임방울이 송정리 인근의 어느 장터에서 포장걸립을 벌였을 때의 일인데, 아닌게아니라 돈은 없고 임방울에 대한 사랑은 간절한 고장의 각설이패 중의 모험적인 몇사람이 돌파작전을 시도하다가 불운의 조난을 당하였다. 두 사람이 감시원에게 붙들린 것이었다. 일벌백계주의의 원칙 아래 되도록 많은 사람이 목격할 수 있도록 가설극장 입구께로 끌고와서 그들에게 스파르타식 닦달을 가하고 있는 참인데, 바야흐로 출연시간이 임박한 임방울이 안으로 들어서다가 이 광경을 목격하였다. 세 명의 감시원이 두 명의 조난자를 에워싸고 사정없는 발길질을 하고 있었고, 십여 명의 나머지 각설이패들은 멀찍이서 그것을 지켜보고 있었다.

「왜들 그려?」

임방울이 물었다.

「이 저석들이 주제에 개구녁치레를 할라고 안 하요?」

감시원 중 하나가 말하였다. 단단히 화가 나 있었다. 임방울은 곧 전후 사정을 짐작할 수 있었다.

「놔줘.」

임방울이 말하고는 잔뜩 웅크리고 있는 두 조난자를 일으켜 세웠다. 역시 남루를 걸친 거지였다. 그들의 얼굴에는 이미 멍이 져 있었다.

「원, 사람들도 우악스럽기는……」

임방울이 혼자말같이 중얼거리고는,

「자네들일랑은 날 따라 들어오소.」

하고는 그 두 조난자를 데리고 안으로 들어서다 말고 돌아서더니, 아직도 입구께에서 멍청히 구경만 하고 있는 나머지 거지들을 향하여,

「자네들도 다들 이리 들어들 오소.」

하였다. 거지들은 그 말이 떨어지자 잠시 감시원의 눈치를 살피더니 이내 우르르르 임방울의 뒤를 따라 안으로 들어섰다.

그때 이후로 임방울이 그 고장을 찾을 때마다 그들 거지들은 으레 임방울의 뒤를 따라 들어오는 무료관람객이 되었다. 양산 통도사에서 즉흥적인 무료공연을 하여 때마침 찾아든 상춘객들의 열광적인 갈채를 받은 바 있다고 말한 바 있거니와, 그는 진정으로 자기의 목청을 원하는 사람들을 위해서라면 개천가고 어디고를 가리지 않고 노래를 하여 그들을 즐겁게 해주곤 하였다.

한번은 담양(潭陽)천변에서 공연을 마치고 숙소로 돌아오는데, 어느 초라한 오두막집에서 슬피 우는 여자 울음소리가 들렸다. 일행을 먼저 보낸 임방울은 오두막집에 들어가서 그 내력을 물었더니, 남편이 3년 동안 앓다가 죽었는데 앞으로 어린 자식들하고 먹고 살 것은 고사하고 당장 치상비도 없다는 소리를 듣고, 그 자리에서 〈쑥대머리〉를 불렀다. 순식간에 구경꾼들이 구름처럼 몰려들었으며 그 자리에서 치상비를 거둬주고 왔다.

이는 소설가 문순태 씨의 증언이다. 앞서, 길 가던 테너가수 카루소가

거지장님 악사를 보고는 즉석에서 가두 자선공연을 하여 돈을 거두어 주었다는 일화를 소개한 바 있거니와, 임방울의 이 일화는 그보다 훨씬 짙은 분위기와 아울러 향기 같은 것을 느끼게 한다. 불후의 명창으로서의 명성에도 불구하고 가난한 세습광대로서의 수모를 늘 견디며 살아갈 수밖에 없었던 임방울은, 자신의 불우한 처지에 비추어서 남의 아픔을 또한 같이 아파해줄 수도 있었던 비단결 같은 마음의 소유자이기도 하였던 것이다. 우리가 운위하는 한(恨)의 바탕에 이런 측은지심이 깔릴 수 있다는 것을 간과해서는 안 될 것이다.

역시 문순태 씨의 증언이거니와, 1961년 3월 8일, 이 불후의 천재의 영광스럽고도 한이 서린 생애에 막이 내렸을 때 그의 유족들은 뜻밖에 일단의 조문객들을 맞게 되었다 한다. 모두가 남루를 걸친 무리들이었다. 인근의 거지들이었다. 초상집에 구걸하러 온 것이 아니라 대예술가의 죽음을 조문하러 온 것이었다. 생전에 늘 자기들을 위하여 공짜로 극장을 들여보내준, 그래서 그의 노래를 즐길 수 있게 하여준 임방울의 죽음을 애도하기 위하여 찾아온 것이었다. 그다지 많은 액수는 아니었으나 일정액의 조위금도 마련하여 가지고 왔던 것이다. 고인의 죽음을 알고 그냥 말 수가 없어 자기네들끼리 거두어 가지고 왔던 것이다. 문순태 씨의 증언에 의하면 그가 직접 살펴보았다는 바, 유족들이 보존하고 있는 임방울의 초상 때 부의록에는 그 각설이패들의 명의로 그때 돈 삼만환이던가가 기록되어 있었다고 한다.

서두에서 진술한 바, 임방울이 세상을 떴다는 소문을 듣고, 밥을 비는 대신, 마른 전으로 다니면서 똥그랑땡(돈)을 빌어서 임방울의 유족들에게 부의금으로 전하였다는 예의 각설이패들이 바로 이네들이다.

며칠 전에 필자는 송정리에 살고 있다는 임방울의 미망인을 만나보러 간 일이 있었다. 그 고장 공보실의 도움으로 그 집을 찾는 데는 힘이 들지 않았으나 결국 헛걸음만 하고 말았다. 가는 날이 장날이라고 미망인과 가족들이 모두 서울에 살고 있는 큰딸의 아들, 그러니까 임방울의 외손자 집을 다니러 간다고 떠난 뒤로 꽤 오래 되었는데도 아직 돌아오지 않고 있다는 것이었다.

미망인 박오례(朴五禮) 여사는 그 당시 당년 80세요, 육십이 다 된 큰딸과 그보다 두어 살 아래의 아들 화택(化澤) 씨와 셋이 살고 있다는 말을 들었는데, 그 집에 당도하고 필자는 의외의 느낌을 받았다. 연전에 풍편으로 들은 바, 그의 유족들이 곤궁히 지낸다 하여 그 고장의 뜻있는 인사들이 중심이 되어 모금운동을 벌여 아파트를 하나 마련해주었다는 말을 듣고 참 잘한 일이라고 생각한 적이 있었는데, 내가 안내받은 집은 아담한 양옥집으로 대지 50여 평에 자그마하게 가꾼 화단까지 있는 집이었다.

그러나 알고보니 그게 미망인의 집이 아니고, 협실에 세들어 살고 있는 집이었던 것이다. 아파트를 마련해주었다는 것이 멀쩡한 헛소문임을 알게 되자 나로서는 일종의 배신감마저 느끼지 않을 수 없었다. 내가 그 집이나 한번 사진에 담아보려고 카메라를 꺼냈더니, 접대하러 나온 주인집 아주머니가 웃으며,

「모두들 사진을 찍으러 와쌓는 통에 할머니가 아주 귀찮아하세요.」
하는 것이었다.

나는 다시 카메라를 가방 안에 집어넣고 말았다. 쑥스럽기도 부끄럽기도 하였기 때문이었다.

큰딸은 10여 년 전부터 중풍으로 불수의 몸이요, 아들은 태어날 때부터의 정신박약자, 둘째딸은 영광인가 어디 시골에 살고 있다는데 그 또한 여의치 못하다는 것이었다. 이러한 그들에게 카메라를 들이대서 어쩌자는 것인가?

하직하고 나오는 나의 귓전에 문득 임방울의 단가 〈함평천지(咸平天地)의 한 구절이 들리는 듯하였다. 그래, 함평천지, 그날사 말고 세상은 유난히 화창한 함평천지의 봄날씨였다. 줄곧 〈함평천지〉만 속으로 외면서 나는 귀로에 올랐다.

애 썩고 남은 간장 (1)

농 반 진담 반의 축제기분에 들뜬 그들은 마침내 이 두 남녀를 한 방에 몰아넣고는 밖으로 문을 걸어잠가버렸던 것이다.

25세에 처음으로 상경, 당시의 국창 김창환(金昌煥) 씨의 소개로 서울의 첫 무대에 서게 되었다. 무대 뒤에서 차례를 기다리고 있을 때였다. 와들와들 떨며 손발을 가눌 길이 없었다. 그때 막 무대에서 박수를 받으며 물러나온 기생 하나가, 떨며 의자에 앉아 있는 전라도 시골뜨기를 보고, 비키라고 소리를 쳤다. 검은 바지에 흰 옥양목 두루마기, 고무신 뒤꿈치의 양말이 해진 행색이 만만했던 것이다. 차례가 되었다. 엉성한 박수 속에서 첫 무대, 첫 소리가 〈쑥대머리〉였던 것이다. 소리는 끝났으나 청중은 그를 무대에서 물러서지 못하게 했다. 무대 위에 방석이, 모자가, 버선짝이 마구 날아들어왔다. 그 다음날, 소리를 쳤던 기생이 비단옷 한 벌과 구두를 사가지고 정성스레 바쳤다. 임씨의 이름이 들날리기 시작한 것은 그때부터였던 것이다.

—예용해(芮庸海)「인간문화재」, 〈임방울편〉

이는 시골뜨기 임방울이 처음으로 무대에 서게 되어 단번에 유명해진 경위를 서술한 예용해 씨의 진술이다.

그런데 이보형 씨는 임방울이 처음으로 무대에 서게 된 경위를 다음과 같이 적고 있다.

임방울이 처음 서울에 온 것은 그가 스물다섯 살이 되던 해인 1928년이다. 그때에는 송만갑, 이동백, 정정렬 같은 쩡쩡 울리는 명창들이 서울을 휩쓸고 있었던 터라 바지저고리에 흙 묻은 고무신을 신은 시골 청년 임방울을 누구 하나 거들떠 보지도 않았다. 다만 김창환의 조카로서 착실히 공부했다고 하니 「어디 한번 공력이나 재어보자.」 하고 송만갑이 서둘러서 명창대회의 맨 끝자리에 그를 끼워주었다. 그때에 임방울이 동양극장 무대에서 부른 노래가 저 유명한 〈쑥대머리〉였다. 어수룩하게 생긴 시골뜨기가 서럽게 가슴을 짜내어 통성으로 퍼부어대는 소리 솜씨에 청중들은 놀라서 소리판이 떠나가라고 추임새를 해댔다. 그리하여 임방울은 단번에 소리 잘하는 젊은 명창으로 이름이 났고 여기저기 소리판에 끌려다니기에 소맷자락이 떨어져나갈 지경이었다.

어떤 이야기에 따르면 임방울이 동양극장에서 처음 〈쑥대머리〉를 부르던 날에 마침 어느 음반회사의 간부가 그의 소리를 듣고 그날로 당장 그를 불러내어 호텔에 재우면서 선금조로 양복과 구두를 맞추어 주고 그를 자기 회사의 전속으로 삼았다고 한다.

아무튼 그는 콜롬비아, 빅터, 오케이 같은 그 무렵의 유명한 음반회사에 불려다니면서 많은 곡을 취입했다.

—「임방울과 김연수」, 『뿌리깊은 나무』 1977. 11.

시골뜨기 임방울이 명창대회에서 〈쑥대머리〉를 부름으로 하여 단박에 유명해졌다는 점에서는 두 분의 진술이 일치하고 있으나, 약간 차이를 드러내는 부분도 있다. 예용해 씨는, 당시의 국창 김창환의 소개로 임방울이 첫 무대에 서게 되었다고 말하고 있는데, 이보형 씨는, 김창환의 조카로 착실히 공부했다니 어디 한번 공력이나 재어보자 하여 송만갑이 명창대회에 끼워주었다고 말하고 있는 점이 그것이다. 그 말이 그 말 같지만, 임방울이 외숙인 김창환의 후광을 입고 무대에 서게 된 것은 사실일지 모르나, 그를 직접 무대에 세운 사람은 송만갑이었음을 분명히 하고 있는 것은 이보형의 진술이다.

정노식(鄭魯湜)의 「조선창극사」에 보면, 융희황제가 조선의 성악 발달을 위하여 원각사를 설치하고, 김창환을 그 주석에, 송만갑, 염덕준을 그 간부로 선정하였다고 진술되어 있다. 원각사가 설립된 것은 1904년의 일이다. 어떻든 같은 오명창으로 김창환을 비롯하여 송만갑·이동백 등등이 거론되지만, 제일 나이가 많았던 것은 김창환이었던 것이다. 따라서 임방울이 첫 무대에 설 당시만 해도 김창환은 상당히 고령이어서, 임방울을 무대에 세우는 실질적인 역할은 그보다 연하인 송만갑이 하였으리라고 생각된다.

여기서 잠시 임방울이 그 첫 무대에서 불렀다는 〈쑥대머리〉에 대하여 생각해보기로 하자. 이는 「춘향가」의 바디에 따라서 들어 있는 경우도 있고 없는 경우도 있다. 원래는 없었는데, 임방울로 인연하여 하도 유명한 더늠으로 되자 후에 이를 끼워넣은 바디도 있다. 그 가사는 다음과 같다.

> 쑥대머리 귀신형용 적막 옥방 찬 자리에 생각난 것이 임뿐이라. 보고지고 보고지고 한양낭군 보고지고 오리정 전별 후로 일장 수서(手書)를 내가 못 봤으니 부모 봉양 글공부에 겨를이 없어서 이러는가. 여인신혼(與人新

婚) 금슬우지(琴瑟友之) 나를 잊고 이러는가. 계궁항아(桂宮姮娥) 추월같이 번뜻이 솟아서 비취고저 막왕막래(莫往莫來) 막혔으니 앵무서(鸚鵡書)를 내가 어이보며 전전반칙 잠 못 이루니 호접몽을 어이 꿀 수 있나. 손가락에 피를 내어 사정으로 편지헐까. 간장의 썩은 눈물로 임의 화상을 그려볼까. 이화일지춘대우(李花一枝春帶雨)에 내 눈물을 뿌렸으니 야우문령단장성(夜雨聞鈴斷腸聲)에 빗소리 들어도 임의 생각. 추우오동엽락시(秋雨梧桐葉落時)에 잎만 떨어져도 임의 생각. 녹수부용(綠水芙蓉)의 연 캐던 채련녀(採蓮女)와 제롱망채엽(提籠忘採葉)의 뽕 따는 여인네들도 낭군 생각은 일반이나 날보다는 좋은 팔자. 옥문 밖을 못 나가니 뽕을 따고 연 캐겠나. 내가 만일에 임을 못 보고 옥중 고혼(孤魂)이 되거드면 무덤 근처 있는 나무는 상사목(想思木)이 될 것이요, 무덤 앞에 섰는 돌은 망부석이 될 것이니, 생전사후 이 원통을 알아줄 이가 뉘 있드라는 말이냐 퍼버리고 앉아 설리 운다.

모진 매를 맞고 적막한 옥방의 찬 자리에서 나날을 보내야 하는 춘향의 가긍한 정상과 아울러, 피를 토하는 듯 처절한 목청으로 울부짖는 그녀의 이 진술은 우리 시가문학의 한 백미로 꼽을 수 있을 것이다. 이런 처절한 울부짖음은 그대로 식민지시대 우리 민족의 가슴속에 절대적인 공감을 불러일으켰던 것이다. 가사도 격조 높은 시가문학이요, 곡조도 명곡 중의 명곡인데, 이를 천하명창 임방울이 불러댔으니, 삼천리 강산이 우꾼하였을 것은 당연하다.

이 〈쑥대머리〉는 신재효본 「춘향가(남창)」에도 그 원형적 모습이 보인다. 그 부분을 여기에 옮겨본다.

때묻은 남루의상 쑥대머리 귀신얼굴 적막 옥방 혼자 앉아 생각느니 임뿐이라. 보고지고 보고지고 우리 낭군 보고지고. 오리정 이별 후에 일자서(一字書) 없었으니 부모 봉양 글공부에 겨를 없어 그러한가. 연이신혼 금슬우지(宴爾新婚 琴瑟友之) 나를 잊고 그러한지. 무산신녀(巫山神女) 구름 되어 날아가서 보고지고. 계궁항아(桂宮姮娥) 추월같이 번뜻 돋아 비치고저. 막왕막래(莫往莫來) 막혔으니 앵무서(鸚鵡書)를 어찌 보며, 전전반칙(輾轉反側) 잠 못 드니 호접몽(胡蝶夢)을 꿀 수 있나. 손가락의 피를 내어 내 사정을 편지할까. 간장의 썩은 물로 임의 화상 그려볼까. 이화일지춘대우(梨花一枝春帶雨)에 내 눈물을 뿌렸으면 야우문령단장성(夜雨聞鈴斷腸聲)에 임도 나를 생각할까. 녹수부용(綠水芙蓉)에 연 캐는 정부(征夫)들과 제롱(提籠) 망태기에 엽(葉)뽕 따는 잠부(蠶婦)들은 낭군 생각 일반이나 나보다는 좋은 팔자. 옥문 밖을 못 나가니 연 캐고 뽕 따겠나. 임을 다시 못 뵈옵고 옥중 장혼(獄中戕魂) 죽게 되면 무덤 앞에 돋는 나무는 상사목(想思木)이 될 것이요, 무덤 근처 있는 돌은 망부석이 될 것이니. 생전 사후 이 원통을 알아 줄 이 뉘 있으리. 애고 애고 설운지고 일야(日夜) 애통 지낼 적에.

〈강한영 현대어역〉

양자가 대체로 비슷하다. 그러나 부분적으로 약간씩 다른 부분도 상당히 있다. 그런데 김창환의 「춘향가」에 있는 〈쑥대머리〉는 오늘날의 그것과 꼭 같다. 말하자면 임방울의 〈쑥대머리〉는 김창환제임이 분명하다는 것이다. 더구나 김창환이 그의 외숙인 만큼 그에게서 〈쑥대머리〉를 배웠으리라고 추리하기가 쉽겠지만, 이미 살펴본 바와 같이 그의 〈쑥대머리〉의 스승은 다른 사람인 것이다.

뿐만 아니라, 임방울이 자기 외숙한테서 직접 소리를 배운 일이 거의 없었던 것 같다. 임방울이 자기 외숙 김창환 씨를 찾아가서 소리공부를 하러 왔노라고 말하니까, 그럼 한번 혀봐, 해서 불렀더니, 그래 가지고 무슨 소리공부를 헌다고 혀, 하며 팽개쳐버리더라는 이야기를 임방울한테 들었노라는 홍정택 씨의 말을 앞서 인용한 바 있거니와, 그 무렵에는 김창환이 워낙 나이가 많은 때여서 소리를 가르쳐 달라고 할 수도 없었을 것이다.

이야기가 잠시 옆길로 흘렀거니와, 앞서 인용한 예용해 씨의 문장에서도 볼 수 있듯이 임방울에게는 데뷔 당초부터 여인과의 사연이 끊이지 않았던 모양이다.

그의 미망인 박오례 여사는 〈아매, 그분을 거쳐간 여인들을 수로 세자면 한 도라꾸도 더 될 게여!〉(文淳太의 「임방울」, 『月刊中央』 1972. 12.) 라고 말했다 하거니와, 또한 그는 여인들과의 사이에 얽힌 사연도 많이 남기고 있다.

앞에서 소개한 바 임방울 자신의 작사·작곡으로 되어 있는 〈추억〉이라는 단가에 얽힌 광수 기생 김산호수라는 여인과의 사연은 그 노래와 더불어서 널리 알려진 것이거니와, 임방울의 예술은 많은 여인들과의 염문(艶聞)을 낳게 하는 계기가 된 것이 분명하다. 남성으로서의 임방울의 매력이 무엇이냐는 필자의 물음에 〈무엇보다도 먼저 그의 예술이지요〉라고 국악인 한애순 여사는 답한 바 있거니와, 그의 예술이야말로 그 많은 사연을 낳게 한 결정적 계기가 되었던 것 같다.

그러나 그의 생애를 더듬어볼 때, 그의 예술이 그의 여인들을 불러들인 것만이 아니고, 오히려 그 여인들이 그 예술로 하여금 성취에로 치닫게 하는 꾸준한 자극제가 되어준 사실도 간과할 수 없다. 명창 한애순 여사가 전하는 다음과 같은 일화는 그 한 예가 된다. 임방울의 나이 이십 전후의 일이라니까 그의 첫 스승집 헛간 움막 안에서 3년 공부를 마치고 난 이후의 일이요, 그러나 아직 그의 다음 스승인 유성준(劉成俊)을 만나기 전의 일이었을 것이다.

그 무렵에 그는 어느 협률사를 따라다니며 노래를 부르고 있었다. 첫 스승 밑에서의 3년 공부가 결실을 하여 이미 어느 정도 득음(得音)을 한 연후의 일이기도 하였으나, 본시 예술의 차원이란 언덕 위의 산이요, 산 위의 태산인 것이다. 기라성 같은 당대의 오명창은 말할 것도 없지만, 그에 뒤이은 김정문(金正文)·장판개(張判介)·강남중(姜南中)·성원목·조몽실(曺夢實) 등등 쟁쟁한 젊은 명창들이 앞서거니 뒤서거니 하며 기예를 겨루던 무렵이었다. 임방울이 스무 살 당년에 이미 인근에서 명창이라는 말을 들었다고 하지만, 그러나 그것은 어디까지나 우물 안 개구리 정도의 명성에 지나지 않았다는 것은 이런 당대의 명창들과 한 무대에 서게 되었을 때 비로소 깨닫게 된 일이었다. 그중에도 특히 송만갑 문하에서 연마한 동편제의 김정문, 그리고 근력은 그다지 틀스러운 편이라 할 수 없으나 오밀조밀한 감칠맛에 있어서 특출한 조몽실 등은 당시의 임방울보다 한두 수 윗줄이었다. 임방울은 늘 그들의 노래에 자기 노래가 밀리는 것을 느끼지 않을 수 없었고, 그것은 더없는 괴로움이었다.

협률사 안에는 여류들도 꽤 있었다. 그중에는 노래도 뛰어나고 용모도 특출한 여인들도 더러 있었다.

장 모라는 여류는 임방울이 이곳으로 들어온 첫날부터 그의 눈길을 끌었다. 같이 생활하는 시간이 길어질수록 장 여인에 대한 그의 연모의 정은 짙어만 갔다. 그러나 그녀는 임방울에 대하여 한결같이 냉담하였다. 달래고 하소연해보아도 소용없는 일이었다. 그다지 훤출하다 할 수 없는 체수에 얼굴은 살짝 얽기까지 하였고, 총각머리 땋아내린 머릿빛은 볼품없이 빨간 그의 꾀죄죄한 풍채도 풍채려니와, 무엇보다도 아직은 채 곰삭았다 할 수 없는 그의 소리를, 그녀는 깔보고 있는 눈치가 분명하였다. 나중에야 안 일이지만 그녀는 바야흐로 명성을 들날리는 조 아무개라는 젊은 광대에게 온통 마음이 쏠려 있었던 것이다. 그에게 냉담하게 굴 것은 당연한 일이었다.

단원 가운데는 박 모라는 늙은 여류가 있었다. 삼십이 넘은 여인인데 노래도 신통치 않은데다가 어깨까지 딱 벌어진 박색이었다. 이 여인이 자꾸 임방울에게 지분덕거렸다. 그야말로 불난 데 부채질하는 격이었다. 어느 날 소리방에서 목을 풀고 있는데, 이 여인이 〈뽀짝거리며〉 다가왔다. 임방울은 마침내 울화가 치밀었다. 그 길로 일어서 밖으로 뛰쳐나와 버렸다. 박달나무 목침 하나와 북채 하나만을 챙겨들고 정처 없는 길을 나섰다. 그가 지리산 산중의 어느 조그만 암자 근처의 토굴 속에 들어앉은 것은 바로 그 다음날의 일이었다. 1년을 작정하고 선생한테서 배운 노래들을 처음부터 다시 익혀나가는, 이른바 독공은 이렇게 시작되었다.

「아무튼지간에 들고간 몽침(木枕) 하나가 어떻게나 닳았던지 장구통(長鼓) 허리같이 잘룩하니 패어부렀드라요.」

남편한테서 들은 이야기라면서 미망인 박오례 여사는 임방울이 어느 해 독공할 때의 정황을 그렇게 말하는 것이었다.

명창 강도근 씨의 증언이다.

강도근 씨는 원래 송만갑의 수제자인 김정문에게서 사사받았고, 송만갑으로부터도 직접 사사받은 동편제의 정통을 잇는 명창이다. 당년 80여 세인 그는 지금 남원에서 후진을 기르고 있다. 특히 「흥부가」는 그의 더늠이라 할 수 있거니와, 전성시대의 목청은 〈청댓잎 날리는 소리〉라는 찬사를 들을 정도로 힘차고도 서슬이 선 것이었었다.

그가 처음으로 임방울을 만난 것은 그의 나이 17세 때였다. 그때 임방울은 이미 〈쑥대머리〉 선풍을 일으켜 명성을 천하에 떨치기 시작하던 30대 초반이었다. 그 무렵 강도근은 동편제의 문하였음에도 불구하고 임방울의 소리에 반하여 임방울과 합류하여 포장걸립을 따라다니고 있었다.

「동편제인 내가 서편제 임방울 선생을 따라다닌다는 것은, 우리 선생님(김정문을 가리킴)을 배반하는 것이나 마찬가진 줄은 알았지만, 임 선생 소리를 들어보니 아닌게아니라 한(恨)도 있고 맛도 있고, 기막히더란 말이오. 나이가 들수록 동편이 좋고, 우리 선생님들(송만갑·김정문 등을 이름)의 소리가 보밴 줄은 알게 되었지만, 그때의 철없는 소견으로는 유득시(유달리) 이런 한과 맛이 서린 서편제 가락이 좋게만 여겨지더란 말이오.」

임방울을 처음 만나게 되었을 당시를 회상하며 강도근 씨는 이렇게 말하는 것이었다.

경남 하동(河東) 쌍계사(雙溪寺) 앞의 강변에 포장걸립을 쳤을 때의 일이었다.

그 당시 임방울은 전남 장흥(長興) 출신의 장옥주라는 여류와 한창 정분이 나 있었다. 무명저고리, 생갈포 중의에다 중대가리에 검정 학생모자를 쓴 강도근에 대하여 청중들은 〈애기명창〉 났다고 유다른 갈채를 보냈었으나, 어찌 된 일인지 정작 임방울이 무대에 섰을 때의 청중들의 반응은 그다지 열광적인 것이 못 되었다. 그의 명성을 듣고 모여든 사람들이 실망을 안고 돌아가는 눈치였다. 날이 갈수록 그들의 실망의 정도는 심해져가기만 하는 듯하였다. 아닌게아니라 어린 강도근이 보기에도 임방울의 목이 날로 주저앉는 듯하였다. 모여드는 청중의 수효도 하루가 다르게 줄어들었다. 초조해진 것은 단장과 임방울이었다.

「어찌 된 일이여, 방울이?」

단장이 물었다.

「나도 모르겄소.」

임방울이 시무룩하게 대답하였다.

「목이라는 게 제 육신의 일부지만, 잘될지 못 될지는 저도 알 수가 없습니다.」

얼마 전, 전주의 대학축제에 초청공연을 하는 무대에서 명창 오정숙(吳貞淑) 여사는 이렇게 말한 바 있지만, 가객의 어려움은 바로 거기에 있었다. 바로 어제까지만 해도 〈찬물 날아가는 소리〉를 시원스레 뽑아내던 당대의 명창 임방울의 목청이 무슨 탈이 나서 그러는지 영 주저앉아 일어설 줄을 몰랐다.

단장과 걱정을 주고받은 다음날 이른 아침이었다.

여관방에서 목을 풀고 있는 강도근에게 임방울이 혼자말같이 조용히 이렇게 말하였다.

「도근아, 아무래도 안 되겠지야?」

「무엇 말이여라우?」

강도근이 반문하였다.

「목을 다시 세워야 쓰겄다.」

임방울은 그렇게 말하고는 방문을 열고 나가버렸다. 임방울이 포장걸립이고 자기 여인이고 다 버리고 3년 동안 종적을 감춘 것은 그때의 일이었다.

나중에 안 일이지만 그때 임방울이 찾아간 곳이 전남 광주에 사는 송영감 집이었다. 송 영감은 소리를 좋아하였고, 특히 임방울의 소리에는 미치다시피 한 사람이었다. 찾아온 임방울을 그는 자기 집 골방 안에 가두어두고 1년 동안 바깥출입을 못하게 하였다. 자기가 기거하는 안방을 거쳐서야 들어가는 그 골방 안에 임방울을 가두어둔 송 영감은 안방에 앉아서 임방울의 소리에 밤낮으로 귀를 기울이고 있었으므로 임방울은 나올래야 나올 수가 없었다.

스무 살 때 순창 어느 곳에서 어느 여인에게 유혹당하여 하룻밤을 지내고 나니, 〈목이 부러져서〉 그 길로 도망쳐나와 새벽길을 걸어 하동 쌍계사를 찾아가서 거기서 다시 목을 세우는 데 꼭 10년의 세월이 걸렸었노라고 명창 강도근 씨는 말한 바 있다. 명창과 주색은 가장 가까이 있는 것이면서도 또 가장 멀리해야 할 금기사항이기도 한 듯하다. 여기에 광대의 어려움이 있었던 것 같다.

「아, 소리 잘하라고 육회(肉膾)를 만들어주어 잘 먹고 났더니, 나오라는 소리는 자꾸 주저앉고, 딴 마음만 일어서고, 어만(딴) 동네로만 기별이 가더란 말이시.」

임방울이 어느 자리에 초청되어 갔다 돌아오며 이런 농을 하더라고 명창 박동진 씨는 말한 바 있다. 역대의 명창들이 추운 냉돌이나 무더운 골방, 인적이 드문 산중의 토굴 같은 데를 찾게 되는 것도 이런 면에서 우연이 아니라 하겠다. 추운 냉돌, 더운 골방, 인적 끊긴 토굴 같은 데서 여름이고 겨울이고를 가리지 않고 소리를 질러대며 목을 얻어야 춘하추동 어느 때라도 목이 말을 잘 듣게 되는 법이라고 임방울이 술회한 일이 있노라고 여류명창 한애순 여사는 말하였거니와, 이렇게 세속에서 격리된 세계를 찾게 되는 이유의 다른 중요한 하나는 역시 자기에게 정신없이 휘감겨오는 세속의 인연을 단절하는 극적 전기를 마련코자 하는 간절한 소망 탓이었을 것이다.

말하자면 임방울의 생애는 세속에서의 얽힘과 그것을 단절한 연후의 고독한 수련 사이의 끊임없는 왕복의 생애였던 것 같다. 앞에서 소개한 바, 〈추억〉이라는 노래와 관련되는 김산호주라는 여인과의 애절한 사연도 이런 문맥 속에서 파악할 수 있을 듯하다.

1930년대 후반기에 접어들면서 임방울에게는 혹독한 시련의 나날이 닥쳐온다. 1930년대 후반에서 1945년 8·15해방까지의 기간은 우리 민족으로서는 가장 혹독한 수난의 기간이었다. 1931년 이른바 만주사변을 도발한 일본 제국주의는 동남아 각국에 꾸준히 침략의 마수를 뻗치어,

1937년에는 중일전쟁을 일으켰고, 1941년에는 마침내 태평양전쟁을 일으킴으로써 동남아 전역을 2차대전의 소용돌이 속으로 몰아넣었던 것이다.

이 기간에 일본 제국주의는 우리에게 이른바 창씨개명을 강요하였고, 지원병제, 이어서 징병제를 강행하였으며, 징용, 정신대, 공출, 애국헌납 등을 강요하였으며, 마침내 우리의 말과 글까지 말살하기에 이르렀다. 우리 민족으로서는 역사상 최대의 수모의 기간이요 수난의 기간이었다.

우리 민족 고유의 말과 가락으로 살아가야만 하는 국악인들에게 있어서 이 기간은 더구나 치명적인 시기였다. 1941년 일본 제국주의는 마침내 우리의 말과 글을 전면적으로 말살하기에 이르거니와, 미구에 다가올 이런 암흑을 예견하면서 국악인들은 그야말로 살얼음판을 걸어가는 심정으로 하루하루를 겪어야만 하였다.

임방울이 속해 있던 이른바 포장걸립도 언제 해체될지 모를 절박한 정황 속에서 나날을 보내지 않으면 안 되었다. 극장이나 영화관은 물론이요, 이런 포장걸립이나 협률사 같은 유랑연예단체에서도 막을 올리기에 앞서 이른바 황국신민의 서사(誓詞)라는 것을 외우고서야 공연을 할 수가 있었다. 나중에는 단가나 판소리에도 한 대문씩은 일본말로 옮겨서 부를 것을 강요하였다. 참으로 기막힌 일이었다. 그러나 그것은, 차일피일 날짜를 미룰 수가 있었다. 소리라는 것이 하루 이틀에 숙달되는 것이 아니므로, 숙달이 될 때까지 충분한 시간이 필요하다는 핑계를 댈 수가 있었다. 그러나 그것도 잠시 동안의 유예에 불과하였다. 그러한 핑계도 무한정으로 유효할 수는 없었기 때문이다.

일본 제국주의는 우리의 전통 가락을 이처럼 억압하는 반면에, 일제에 충성을 강요하는 국책적인 가요 아니면 전쟁을 찬양하는 군가 같은 것을 보급하기에 급급하였다. 이와 아울러 자기들의 전통 가락의 하나인 나니와부시(浪花節) 같은 것을 한반도에 퍼뜨리기에 분주하였다. 나니와부시란, 19세기 후반에 일본의 대표적인 서사요인 죠루리(淨瑠璃)에서 파생한 것으로 서사요라는 점에서 우리 나라 판소리와 궤를 같이하는 것이다. 나니와부시는 일본 군국주의의 팽창과 더불어 급속도로 보급되었으며, 2차대전 당시에는 침략전쟁을 합리화하고 군국주의를 찬양하는 내용의 것을 유행시키기도 하였다.

더욱 기막힐 일은, 일본 군국주의를 찬양하는 내용을, 가사는 한국말로 하되 가락은 나니와부시 가락에 얹혀서 연창하는 얼빠진 자까지 등장하는 지경에 이르렀었다.

이런 절박한 상황 속에서 마침내 임방울이 속해 있던 포장걸립도 해체의 위기에 직면하게 되었다. 공연내용이 말썽이 되어 소리꾼 한 사람과 단장이 일경에 붙들려가서 곤욕을 치르는 사태를 맞게 되었던 것이다. 그 소리꾼이 부른 단가 「진국명산」의 가사 내용이 불온하다는 것이었다.

〈진국명산 만장봉이요, 청천삭출금부용(靑天削出金芙蓉)과 거벽(巨壁)은 흘립(屹立)허여 북주(北主)로 삼각이요 기암은 두기(斗起) 남안잠두(南案蠶頭)로다〉, 이렇게 시작되는 「진국명산」은 송만재의 관우희(觀優戱) 같은 글에도 언급되어 있는 것으로 꽤 오래된 노래인 바, 오명창의 하나인 송만갑이나 그 이후의 장판개 같은 이가 잘 불렀다고 전해지고 있다. 이는 서울의 경개의 아름다움을 찬양하고 나라의 태평과 백성들의 평안을 축원하는 내용인 것이다.

문제가 된 구절은 〈주상전하는 성수무강하사 천천만만세를 태평으로만 누리소서. 우리도 일민(逸民)이 되야서 강구연월(康衢烟月)에 격양가를 부르리라〉 하는 부분이었다. 〈주상전하〉란 누구를 말하느냐는 것이었고, 〈우리도 일민이 되야서〉 할 때의 일민이란, 어느 나라 일민이냐는 것이었다. 결국 무기한의 공연 정지를 먹게 되었던 것이다.

단원들은 모두들 여관방에 웅크리고 앉아서 회계를 보는 R이 돌아오기를 눈이 빠지게들 기다리고 있었다. 단원들은 아침부터 굶고 있었다. 밥값이 많이 밀렸다고 해서 오늘 아침부터는 밥을 주지 않고 있는 것이었다. 돈 변통을 하러 나간 R이 돌아와봐야 밥을 먹든 죽을 먹든 할 텐데, 해거름이 가까웠는데도 R은 돌아오지 않고 있었다.

「앞일이 난감허구먼.」

고수인 이씨가 말하였다. 그는 오랫동안 임방울의 지정고수였었다.

「쑥대머리에다가도 일본말을 한 구절 넣어 부르라니, 인자는 이 노릇도 작파혀야 허겄어.」

임방울이 말하였다.

「나는 이 노릇 작파허게 되면 고향에 가서 농사나 짓겄어.」

「농사지을 땅이라도 있으니 다행이제. 나는 아무런 계칙이 없어.」

「아주머니랑은 그대로 송정리에 잘 계시제?」

「그저 무소식이 희소식 아니라고?」

「아이가 몇이더라?」

「아들 하나에 딸 둘. 딸애들은 학교에 다니고.」

「아들애는?」

「그저석은 지금 열 살이나 되얐는디 여태 말도 못혀.」

「왜 그런대여?」

「그러니 애물단지제.」

「그애 이름이 화택이제?」

「그래 화택이여. 화가 나서 화택이여. 허허허.」

임방울의 웃음은 어딘지 속이 비어 있는 듯한 것이었다.

「그 사람 별소리 다 허네.」

「그나저나 잡혀간 사람들은 무사히 풀려날지 모르겠구먼.」

「금매 말이여.」

두 사람은 한동안 말없이 앉아 있었다. 이때 젊은 단원 하나가 밖에 나갔다가 들어서며,

「저녁밥도 안 줄 모양인디, 회계양반은 왜 여태 소식이 없대요?」

「금매 말이요. 왜 여태 소식이 없지요?」

「이러다가는 아침부터 종일을 민두룸이 넘어가는 것 아니라고여?」

젊은 남녀 단원들이 중구난방으로 한마디씩 하였다.

「핫다 이 사람들아, 밥타령 그만들 허소. 뱃속의 우레소리도 가만히 들어보면 거문고 산조가락 비젓허단 말이시.」

임방울이 익살기 있는 어조로 말하였다. 모두들 가볍게 웃었다. 가라앉았던 분위기가 다소 활기를 되찾는 느낌이었다. 고수 이씨도 이런 활기에 편승해보려는 듯이 한마디 거들었다.

「거문고 산조가락이라니, 그 무슨 자다가 봉창 뜯는 소리여?」

「아, 오늘 아침만 해도 진양조 가락으로 점잖게 시작허더니, 중모리 중중모리를 거쳐, 점심때를 말끔히 넘기닝개 자진모리 가락으로 쪼르륵 거린다 그 말이여.」

그러자 좌중에서 일제히 웃음이 터졌다. 여기에 힘을 얻은 듯 임방울은 난데없이 홍보의 〈밥타령〉을 뽑기 시작하였다. 당연히 고수 이씨가 북을 잡게 되었다.

「(아니리) 밥님 너 참 본 지 오래다. 네 소행을 생각허면 대면도 허기 싫제마는 그래도 그럴 수 없어 대면은 허거니와 원, 사람을 그렇게 괄시헌단 말이냐. 에라 이손, 섭섭타 섭섭해. (자진모리) 세상 인심 간사허여 추세를 헌다헌들 너같이 심헐소냐. 세도집 부잣집만 기어코 찾어가서 먹다 먹다 못다 먹으면 도야지 개를 주고 떼거위 학두루미와 심지어 오리

떼를 모두다 먹이고도 그래도 많이 남아서 쉬네 썩네 허잖더냐. 날과 무슨 원수되어 사흘나흘 예사 굶겨 뱃가죽이 등에 붙고 갈빗대가 따로 나서 두 눈이 캄캄허고 두 귀가 먹먹허여 누웠다 일어나면 정신이 아찔아찔 앉었다 일어서면 두 다리가 벌렁벌렁 말라 죽게 되었으되 찾는 일 전혀 없고, 냄새도 안 맡이니 그럴 수가 있단 말이냐. 에라 이 괘심헌 손 그런 법이 없느니라. 한참 이리 준책터니 도로 슬쩍 달래는듸, 흐흐 그것참 내가 이리 했다 해서 노여워 아니 오랴느냐? 어여뻐 헌 말이제 미워헌 말 아니로다. 친구가 조만(早晩) 없어 정지후박(情之厚薄)에 매였으니 하상견지만만야(何相見之晩晩也)오. 떨어져 살지 말자. 애개 애개 내 밥이야. 옥을 준들 널 바꾸며 금을 준들 바꿀소냐. 애개 애개 내 밥이야. 제발 덕분에 다정히 살자. (아니리) 새 정이 붙게 허느라고 이런 야단이 없었구나.」

평소에 별로 부르지 않던 「흥보가」였다. 더구나 임방울 자신과는 다소 서먹한 관계에 있었던 김연수의 대표적 더늠이라 할 수 있는 이 〈밥타령〉을 임방울은 막힘 없이 술술 뽑아내는 것이었다. 처음에는 그저 가벼운 마음으로 장단을 잡아가던 고수 이씨도 임방울의 노랫가락에 끌려들어 본격적으로 추임새를 놓기 시작하였다. 방안에 있는 사람들도 소리속으로 빨려들기 시작하였다. 여관 홀 안에도 하나 둘씩 사람이 모여들기 시작하였다. 임방울의 소리는 계속되어갔다.

「(아니리) 한참 노담을 허더니만 흥보가 밥을 먹는듸 흥보집에 숟가락은 본래 없거니와 하도 좋아서 손으로 밥을 뭉쳐 공중에다 던져놓고 죽방울 받듯 입으로 밥을 받어먹는듸 입으로 받어만 놓면 턱도 별로 놀리지 않고 어깨 주춤 눈만 끔적허면 목구멍으로 바로 넘어닥치든 것이었다. (휘모리) 흥보가 좋아라고 흥보가 좋아라고 밥을 먹는다. 밥을 뭉쳐 공중에다 던져놓고 받어먹고. 밥을 뭉쳐 공중에다 던져놓고 받어먹고 던

져놓고 받어먹고 던져놓고 받어먹고 던져놓고 받어먹고, 배가 점점 불러오니 손이 차차 늘어진다. 던져놓고 받어먹고 던져놓고 받어먹고 던져놓고 받어먹고, (아니리) 흥보가 밥을 먹다 죽는구나. 어찌 먹었던지 눈 언덕이 푹 꺼지고 코가 뾰쪽허고 아래턱이 축 늘어지고 배꼽이 요강 꼭지 나오듯 쑥 솟아나와 배꼽에서는 후춧가루 같은 때가 두굴두굴 굴러내리고 고개가 발딱 자드라지며, (아니리) 아이고 이제는 하릴없이 나 죽는다. 배고픈 것보담 더 못 살겄다. 아이고 부자들이 배불러 어떻게 사는고. 흥보 마누라 달려들어. (도섭) 아이고 이게 웬일이요. 언제는 우리가 굶어 죽게 생겼더니마는 이제는 밥에 치어 내가 과부가 되네. 아이고 이 자식들아. 너희 아버지 돌아가신다. 어서 와서 발상(發喪)들 허여라아. (아니리) 이럴 지음에 흥보가 설사를 허는듸 궁둥이를 부비적, 부비적, 홱 틀어노니, 누런 똥줄기가 무지개살같이 운봉 팔영재 너머까지 어떻게 뻗쳐놨던지 지내가는 행인들이 황룡(黃龍) 올라간다고 모다 늘어서서 절을 꾸벅꾸벅 허든 것이었다.」

소리가 이에 이르자 방안은 물론 여관 홀에 있는 사람들까지 아연 활기를 되찾으며 박장대소를 하기에 이르렀다. 아까까지도 밀린 밥값 때문에 시큰둥한 표정으로 외면하던 주인 아주머니도 어느새 홀에 나와서 연방 조오타, 잘한다 추임새를 해가며 좋아하였다.

임방울의 소리가 멎자 주인 아주머니는 식모와 같이 부엌으로 들어가더니 주섬주섬 밥상을 보아가지고 나왔다.

「시장허실 텐디. 우선 이것으로 요기라도 허시씨요들. 내 곧 저녁 지어드릴 팅개.」

밥상을 임방울 앞으로 내려놓으며 주인 아주머니는 이렇게 말하였다. 임방울의 소리에 그녀의 마음은 한량없이 누그러진 모양이었다. 임방울도 덩달아 입이 벌어지며.

「이런 고마울 데가 어디 있소.」

하고는 동료들을 둘러보며,

「자 여소들, 이리 와.」

하였다.

이렇게 하여서 임방울 일행은 급한 대로 시장기를 면할 수 있었고, 이어서 들어온 저녁상까지 받을 수가 있었다.

그러나 그것은 어디까지나 일시적인 요행에 불과하였다. 시국은 날로 날로 판소리로서는 치명적으로 불리한 방향으로 기울어져 갔다. 이른바 태평양전쟁을 일으킨 일본 제국주의는 마침내 우리말과 글을 못 쓰게 하였다. 우리 민족으로서는 역사상 가장 치욕적인 시기였다. 일제의 이런 야만적인 조처로 하여 가장 치명적인 타격을 입게 된 것은, 우리말 우리 가락으로 노래하며 살아가야 하는 소리꾼들이었다. 우리말과 글을 못 쓰게 하였으니 소리꾼들은 살길을 찾아 뿔뿔이 흩어지지 않을 수 없었다.

이런 암담한 시기를 전후하여 임방울은 금광에 손을 댔다. 금광에 손을 댔다는 말은 실은 너무 과장된 표현이고 구례에다 논을 좀 사서 사금을 캐보았던 모양이다.

「한번은 어디서 생전 처음 보는 기계며 연장 같은 것을 잔뜩 실어다가 마당에 쌓아 놓았는디 알고 보닝개 그것이 금을 캐는 연장이던 갑습디다.」

부인 박오례 여사의 말이다.

채만식의 장편소설에 「금의 정열」이라는 것이 있다. 채만식 자신이 한때 금광에 손을 댔던 모양으로, 그때의 경험이 바탕이 되어 나온 작품으로 알고 있다. 김유정에게도 「금 따는 콩밭」이라는 단편소설이 있다. 단편소설이지만 당대의 시대적 단면이 한결 선명하게 부각되어 있다. 농사꾼이 노다지 꿈에 홀려서 누에 칠 생각은 않고 아까운 뽕밭을 마구 파

헤쳐서 신세를 망치는 이야기를 그린 것인데, 해학적인 표면의 액션의 진행과는 달리 암담했던 당대의 한 모습이 선명하게 부각되어 있다.

「한참 동안은 낯선 양복쟁이들이 집에 들낙거리고, 우리집 양반도 그 사람들 따라서 부산하게 어디를 나돌아 다니시더니, 얼매 못 가서 그 이상시런 기계며 연장들을 죄다 남헌티 넘겨줘 부렀는 갑습디다. 아무리 논바닥을 파고 또 파도 나오라는 금은 안 나오고 흙탕물만 원없이 나와서 작파혀부렀다데요. 그 논을 팔라고 내놨는디, 도무지 살라고 뎀비는 사람이 나서지도 않더래요. 논바닥이 방죽같이 물이 벙벙헌디 누가 쳐다나 보겄어라우?」

박오례 여사는 말하는 것이었다.

소리꾼으로 살아온 임방울이 명창으로서의 자기 삶의 궤적에 어울리지 않게 금 캐는 일에 손을 댔다는 사실에서 우리는 김유정의 「금 캐는 뻥밭」의 주인공의 모습에서 느끼게 되는 바와 비슷한 어떠 처절함 같은 것을 느끼게 된다. 그것은 곧 나라 잃은 민족이 한때나마 겪지 않으면 안 되었던 처참한 모습의 하나이기도 하였던 것이다.

그러나 8·15해방은 마침내 왔다. 8·15해방은 우리 민족 최대의 소망임은 말할 것도 없는 일이거니와, 우리말로 우리 가락을 소리하며 살아가는 국악인들에게 있어서 8·15해방은 더구나 간절한 소망이었다. 명창 임방울이 한애순 여사를 만난 것은 8·15의 감격을 맞은 지 얼마 뒤의 일이었다.

임방울의 매력은, 첫째는 그 예술, 둘째는 그 사람됨이라고 말하는 한애순 여사와의 인연은 이러하다.

한애순이 처음 임방울을 만난 것은 6·25 전, 그녀 나이 23세 때의 일이었다. 추석 가까운 어느 가을날인데, 40대의 임방울이 그녀 집을 찾아왔다. 추석을 기하여 정읍에서 명창대회가 열리게 되어 있었는데, 출연교섭차로 그녀를 찾은 것이었다. 순창서 어려서부터 소리공부를 한 그녀는 그때는 이미 명창 말을 듣고 있었다. 초혼에 실패하고 혼자 친정에 와 있던 때였다.

이렇게 하여 임방울과 같은 단원이 되어 여러 고장을 순회하게 되었다. 임방울을 만나기 전까지만 해도 한애순은 임방울을 대단찮게 생각하고 있었다. 한창 임방울의 〈쑥대머리〉 레코드가 인기를 끌 때에도 한애순은 그 레코드를 듣고는,

「좋은 목 갖고 싱겁게도 한다.」

이렇게 생각하고 있었다.

「나도 그보다는 높았으면 높았지, 낮진 않다.」

이런 자부심을 가지고 있었던 것이다. 그러나 그 명창대회에 출연하게 된 첫날부터 그녀는 그의 소리에 완전히 매료되고 말았다. 맨 나중에 출연한 그의 소리를 듣고 그녀는, 그의 소리와 자기 소리는 그야발로 삭은 언덕빼기와 까마득한 태산준령의 차이라는 것을 실감하게 되었다.

무대에 오른 임방울은 〈쑥대머리〉를 부르기 시작하였다. 〈쑥대머리 귀신형용〉 할 때부터 그녀는 자신의 귀를 의심하였다. 기계소리로 듣던 목청과는 전혀 딴판이었다. 따뜻하고 웅숭깊으면서도 한량없이 충충한 한이 서린 그 목청은 딴 세상에서 들려오는 소리 같았다. 〈오리정 전별후로〉 하며 용트림할 때부터 장내에는 거대한 파도 같은 술렁거림이 일었다. 그 용트림은 임방울의 도도한 흐름을 따라 이리 뒤틀고 저리 뒤틀고 하면서 거대하면서도 황홀한 전율을 형성해갔다.

노래가 끝났을 때 우레 같은 박수와 아울러 〈재창이요오!〉 소리가 장내를 메웠다. 임방울이 절하고 일단 물러났다가 다시 무대에 나타나 재창을 할 채비를 마칠 때까지 계속된 그 박수와 갈채의 시간이 한애순에게는 한량없이 긴 시간처럼 느껴졌다.

명창 한애순

이번에는 〈앞산도 첩첩허고, 뒷산도 첩첩헌디〉로 시작되는 〈추억〉이었다.

〈쑥대머리〉나 〈추억〉이 모두 계면조의 슬픈 가락이지만 전자가 중모리 가락의 진득하게 안으로 다스리는 슬픔이라면, 진양조인 후자는 그야말로 장탄식의 육자배기목인 것이다. 전자를 평계면이라 할 수 있다면 후자는 진계면이라 할 수가 있다. 삼창까지 하고 나서도 청중들은 임방울이 무대에서 물러나는 것을 못내 아쉬워하였다.

「대체, 그 소리가 사람의 소리는 아닙디다요. 쇳소리가 하늘로 치솟는데, 아무튼지 온몸이 찌르르 하더랑개요.」

한애순 씨는 말하는 것이었다.

그때부터 한애순은 임방울의 소리에 매료되지 않을 수 없었거니와, 임방울 쪽에서도 그녀에게 유다른 관심을 표하는 듯하였다. 단것을 유달리 좋아한 임방울이 감이나 엿 같은 것을 사면, 꼭꼭 자기에게 나누어주곤 하였다. 공연이 끝나고 늦은 밤길을 걸어 숙소로 돌아올 때에는 흔히 그가 곁에 따라붙어 있곤 하였다.

곡성 어느 시골에서 창고를 치우고 공연을 할 때의 일이었다.

당시만 해도 전기사정이 극도로 나빠서 이따금 전기가 나가기도 하고, 그럴 때에는 미리 준비한 대초를 수십 개 밝히고 공연을 계속하곤 하였었다.

그런 형편인데도 임방울이 왔다 하면 원근에서 사람이 모여들어 늘 만원을 이루었다. 40대의 임방울은 그 노래 연조로 보나 인생의 경륜으로 보나 가위 절정기에 해당한 때인 만큼 이는 당연하다 할 것이다.

농악이 끝나고, 김영철(당시 줄타기의 일인자)의 묘기도 끝나고 판소리의 차례가 되었을 즈음에 창고 안에 불이 났다. 전기줄이 합선이 되었던 것이다.

당시는 전기사정도 나빴을 뿐 아니라, 그 시설마저도 극도로 나빴던 것이다. 일시에 암흑천지가 되고 연기가 솟는 가운데 가득 찬 청중들이 아비규환을 이루었다. 한애순은 이제는 죽는 줄 알았다. 모두들 살길을 찾아 다투어 뛰쳐나가려는 판에 연약한 여자의 몸으로서는 뛰쳐나가기는 고사하고 지레 사람 발길에 밟혀죽을까봐 정신이 없었다.

그때, 그녀 어깨를 꽉 붙잡아주는 사람이 있었다.

「자, 날 따라와.」

그 목소리는 임방울의 것이었다. 나중에야 안 일이지만, 임방울의 시선은 늘 한애순에게 쏠려 있었다. 사고가 난 그날도 마찬가지였다. 그래서 아무리 칠흑같이 어두운 속에서였지만 그는 단숨에 한애순이 있는 지점으로 뛰어올 수가 있었던 것이다.

그날 이후로 한애순은 아닌게아니라 임방울의 시선을 어디서나 느낄 수 있었다. 그것은 달콤한 즐거움이기도 하면서 무거운 짐으로 느껴지기도 하였다.

단원들이 한두 사람씩, 그들의 이런 눈치를 알아차리기 시작하였다. 전북 순창의 어느 시골에 순회공연을 갔을 때의 일이었다. 당시의 단장이었던 김 모 씨가 한애순을 불러 조용히 할말이 있다고 좀 나가자고 하였다.

두 사람은 논두렁가에 나란히 앉았다. 한참 뜸을 들이고 나더니 김 단장이 말을 꺼냈다.

「애순 씨는 임방울 선생을 어떻게 생각해?」

하였다. 짐작은 대고 있었지만, 정작 이렇게 다잡아묻는 데에는 창졸간에 대답할 말이 없었다. 사실 한애순으로서는 그저 임방울의 노래가 좋았고, 그의 사람됨이 좋았을 뿐이지, 그 이상으로 이런 문제를 두고 생각해본 일은 한번도 없었던 것이다. 한참 동안 아무 말없이 앉아 있는 그녀

를 보며 김 단장은,

「아들 하나 보고 싶어서, 그 양반 진즉부터 애순 씨를 마음에 두고 있었던 게여.」

하면서, 집도 마련하고 재봉침도 사고 하였노라고 푸짐한 이야기를 하였다. 그러나 한애순으로서는 도시 결심이 서지 않았다. 도무지 합당한 이야기가 아닌 것같이만 여겨졌다. 그래서 그녀는,

「나는 그런 문제를 생각해보지도 않았어요.」

라고 대답하고는 일어서고 말았다.

그런 지 며칠 뒤의 일이었다. 저녁공연을 마치고 여관에 돌아오자 아무래도 이상한 분위기가 느껴졌다. 홀 한가운데에 여러 가지 음식을 차려놓은 식탁이 하나 놓여 있었고, 식탁 양편에는 제법 화문석 같은 것도 미리 깔아두고 있었다. 그런데 특히 이상스러운 것은 같이 따라 들어서던 동료들이 홀 안으로 들어서면서부터 그녀를 쳐다보며 빙글거리기 시작하는 것이었다.

그녀는, 이제껏 자기만 모르는 사이에 꾸며진 일이 바야흐로 진행되려 하고 있음을 이제야 알게 되었다. 그녀는, 자기를 바라보며 연방 빙글거리고 있는 동료들을 두리번거리며 중얼거렸다.

「대체, 무슨 일이다요 시방?」

그러자 일제히 웃음을 터뜨렸다. 동시에 여자 동료 두 사람이 좌우에서 다가와 그녀의 양 활개를 껴안으며,

「아, 애순이가 오늘 저녁에 춘향이 노릇을 허기로 되어 있단 말이여. 임 선생은 이도령이고.」

「내가 무슨 춘향이 노릇을?」

「춘향이면 춘향이제, 무슨 춘향이라니?」

여자 동료 한 사람이 이렇게 말하며 애순에게로 다가오더니 재빨리 그

녀 머리 위에 쪽두리를 씌워버렸다.

그곳이 바로 초례청이라는 것이었고, 그 주인공은 임방울과 그녀 자신이라는 것이었다. 농 반 진담 반의 이 초례청에 둘러선 동료들은 유쾌하게 들떠 있었고, 나이답지 않게 상기된 얼굴에 수줍음을 띤 임방울이 식탁 건너편에 신랑인 양으로 서 있었고, 입구로 들어서다보니 저절로 식탁 이편에 서게 된 한애순은 어김없는 신부의 뽄새(모양)가 되어버렸다. 한애순은 이제야 사태를 짐작하고 양 활개를 요동하며 몸을 빼내려 하였으나 양편에 꽉 붙들린 활개라 꼼짝할 수 없었다. 한애순으로서는 덩달아 웃을 수도 없고, 화를 낼 수도 없어 어마지두 붙들린 채로 있는데, 연방 빙글거리고만 있던 김 단장이 나서며,

「내가 집사를 봐야 쓰겄구만, 자, 모두들 조용히, 조용히.」

하더니 목을 가다듬고 제법 엄숙하게,

「이몽룡 입장.」

하고 외었다.

「신랑 입장이면 신랑 입장이제, 이몽룡 입장은 또 뭣이다요?」

늙수그레한 단원 하나가 말하였다.

「그래그래, 신랑 입자앙.」

그러자 사모관대 차림의 임방울이 동료 두 사람에게 양 활개를 붙들린 채 저편에서 초례상 앞으로 다가왔다.

「달아맨 퇴끼가 오늘 장개가는구먼그려.」

나이 지긋한 동료가 이렇게 말하자 일제히 박수를 치며 웃음을 터뜨렸다. 김 단장은 다시 목을 가다듬고,

「자, 모두들 조용히 조용히. 춘향 입장. 아차, 춘향이 입장이 아니라, 신부 추울.」

그러자 여자 동료 두 사람에게 양 활개를 붙들린 한애순은 초례청 이

편으로 끌려가지 않을 수 없었다. 신랑 재배, 신부 사배, 어쩌고 외는 김단장의 소리가 들려왔고, 동료들에게 양쪽 겨드랑을 붙들린 한애순은 꼼짝없는 신부의 몸짓을 해야만 하였다. 하릴없는 억지 춘향이가 된 한애순은 화를 낼 수도 웃을 수도 없는 형편인데, 동료들은 조금도 아랑곳없이 부지런히 술잔을 돌리었고, 술판이 무르익자 그들은 「춘향가」 중의 〈사랑가〉를 합창하기 시작하였다. 중모리에서 중중모리로 넘어가던 〈사랑가〉의 합창은 어느새 민요 세마치장단의 흥겨운 진도아리랑으로 변해갔다.

그런데 심각한 사태는 그 다음에 벌어졌다. 농 반 진담 반의 축제기분에 들뜬 그들은 마침내 이 두 남녀를 한방에 몰아넣고는 밖으로 문을 걸어 잠가버렸던 것이다.

애 썩고 남은 간장 (2)

어느 여관 홀에서의 초례청놀이에서 억지 춘향·억지 이도령 노릇을 해야 했던 임방울과 한애순은 만난의 우여곡절 끝에 이제야 사랑하는 남녀로 만날 수 있게 된 것이다.

한 고장에서의 일정기간의 공연을 마치고 다른 고장으로 떠나야 하는, 그 전날 밤 같은 때는 단원들끼리만의 오붓한 잔치를 벌이는 경우도 더러 있었다. 일종의 자축연 같은 것이었다. 특히 그 공연이 성공리에 끝났을 경우, 이런 놀이판은 한결 신명을 더하는 것이었다. 그날 저녁의 경우도 말하자면 그런 활기 띤 놀이판의 하나라 할 수 있었다. 공연도 성황리에 끝났고, 내일이면 이웃 고을로 이동하게 되어 있었던 것이다. 이런 자리에는 유달리 시망스런 장난꾼도 한둘은 있게 마련이어서 엉뚱한 장난을 벌여 놀음판을 웃음바다로 만드는 수가 많았다. 한애순도 처음에는 오늘 밤의 이 초례청놀이를, 그저 그런 정도의 장난으로만 알았었다. 그래서 다소 심하다 싶으면서도 결국 억지 춘향이 노릇을 했던 것이다.

그러나 두 사람을 한방에 몰아넣고 밖에서 문고리까지 걸어잠그는 데 이르러서는 장난이 지나치다고 여기지 않을 수 없었다. 아니, 이건 장난이 아니고 계획적으로 짜고서 하는 소행같이만 여겨졌다. 부아가 치밀지 않을 수 없었다. 더구나 한애순의 그런 심정을 아는지 모르는지, 나이답지 않게 얼굴에 수줍은 표정을 짓고 한 손으로는 연방 코밑을 쓰다듬고 다른 손으로는 뒷덜미를 긁적거리며 벙글거리고만 있는 임방울의 모습을 볼 때, 그가 도시 능청을 떠는 것으로만 여겨졌다. 당시만 해도 다기도 있고 성깔도 만만찮았던 그녀는 마침내 분통을 터뜨렸다. 이게 무슨 짓이냐, 사람을 무얼로 알고 이러느냐, 문 열지 못하겠느냐, 소리소리 지르며 두 손으로 방문을 쾅쾅 두드리며 발길로 걷어차기 시작하였다.

일이 이렇게 벌어지자 첫째로 당황한 것은 임방울 자신이었다. 사실은 억지 이도령 노릇을 하게 된 것은 임방울 자신도 마찬가지였다. 처음 초례청놀음이 시작되었을 때, 임방울은 장난이 좀 지나치다는 생각도 없지 않았으나, 그 역시 타고난 장난기가 누구 못지않은데다가 또 그녀와의 이런 놀음이 조금도 싫지 않은 터여서 시침 딱 떼고 한데 어울려주었던 것인데, 일이 점차 맹랑하게 돌아갔을 때는 어떻게 그 흐름을 막을 재간도 근력도 없음을 알게 되었다. 그렇다고 이제 와서 차근차근하게 자초지종을 발명하기에는 한애순이 너무도 흥분해 있었다. 그래서 그는,

「그게 아니여, 그게 아니랑게.」

변명을 되풀이하며 한사코 그녀의 양 손을 붙잡고 진정시켜보려 하였으나, 그럴수록 그녀는 사납게 그의 손길을 뿌리치며 나부댔다. 마침내, 각자의 방으로 흩어져 들어갔던 단원들이 다시 뛰어나와 방문고리를 따주고, 총알처럼 튀어나온 그녀를 껴안다시피 하여 다른 방으로 데리고 가서 한참을 달래고 다독이고 한 연후에야 겨우 소동이 가라앉았다.

다음날은 아침 일찍부터 모두들 이웃 고을로 떠날 채비를 서두르느라고 분주히 움직였다. 일행이 짐들을 챙겨 들고 여관을 나서는 참인데 누군가가 외쳤다.

「아니, 임 선생이 안 보이네.」

「정말, 그렇네. 임 선생 어디 가셨디야?」

모두들 사방을 두리번거렸으나 임방울의 모습은 보이지 않았다. 그러고 보니 모두들 아침 일찍부터 부산하게 움직이는 속에 임방울의 모습이 눈에 띄지 않았었음을 일행들은 이제야 깨달았다. 젊은 단원 하나가 임방울의 방으로 뛰어간 조금 뒤에 짐을 들고 되짚어 나왔고, 그 뒤에 임방울이 한 발엔 구두를 신고, 다른 발에는 슬리퍼를 끌며 절뚝거리며 따라 나오는 모습이 보였다. 단원들 가운데 소리 죽인 킬킬거림이 일더니,

「어허, 큰일나부렀구만.」

「애순 씨가 사람 하나 죽이겠어.」

「가래톳이 서부렀다니 큰일 아니라고여?」

하는 수군거림과 더불어서 킬킬거리는 웃음소리가 차츰 높아져갔다. 남자가 여자 일로 잘못되어 가래톳이 서게 되면 상한(傷寒)으로 돌아설지 모르고, 상한으로 돌아서는 날에는 큰일을 보고 마는 법이라는 것이었다. 농담인지 진담인지 모를 이런 수군거림을 듣게 되자, 한애순으로서는 그게 모두 임방울과 자기를 도마 위에 올려놓고 이죽거리는 소리로만 들려서 귀가 따가운 것은 뒷전이요, 아니할 말로, 만일 그에게 잘못되는 일이라도 닥치게 된다면 이 일을 어쩔꼬 하는 가슴이 철렁 내려앉는 생각과 함께, 추레하게 절뚝거리며 걸어나오는 그의 모습에 그녀의 속이 한없이 〈짜안〉해지며, 조금 전까지도 얼어붙었던 마음이 사르르 녹아내리는 것을 의식하지 않으면 안 되었다.

「그렇게 해서 연애가 살짝 되어부렀지라우.」

당시를 회상하며 한애순 여사는 이렇게 말하는 것이었다.

아무튼, 그런 일이 있은 뒤부터 두 사람의 감정은 급작스레 무르익어 갔다. 그런 무르익은 감정의 교류 속에서 그들은 곡성·남원·구례·임실

등지를 순회하며 다녔다. 집을 마련하였네, 재봉침을 준비하였네 하는 김 단장의 말들이 백줴 지어낸 빈말이었음을 이제야 알게 되었지만, 이 고장 저 고장을 떠다니는 당시의 형편으로서는 그런 것이 당장 필요치도 않았고, 또 그까짓 것들은 한애순에게는 당초부터 문제가 아니었다. 그저 임방울의 예술이 좋았고 그 사람이 좋았다. 그것만으로 충분히 행복했던 것이다.

임방울과 한애순은 될 수 있는 대로 두 사람만의 오붓한 시간을 갖고 싶어하였다. 오늘 오후도 마침 단원들은 다 나가고 임방울과 한애순 두 사람만 여관에 남았다. 두 사람은 서로 손을 마주잡고 홀 안을 빙빙 춤추고 돌면서 〈사랑가〉를 하기 시작하였다. 먼저 임방울.

둥둥 내 사랑 어허둥둥 내 사랑 저리 가거라 뒷태를 보자 이만큼 오너라 앞태를 보사 아장아장 걸어라 걷는 태 보자 빵긋 웃어라 잇속을 보자 너와 나와 유정허니 어찌 아니가 다정하리 담담 장강수(淡淡長江水) 유유원객정(悠悠遠客情) 하교불상송(河橋不相送) 하니 강수원함정(江樹怨含情) 우리 연분은 천정이니 만년 간들 변할손가 어허둥둥 내 사랑아

이어서 한애순이 화답하였다.

도련님은 흉중대략(胸中大略) 보국충신이 되올세라 사육신이 되신 듯 생육신이 되신 듯 정송강 충무공 고운선생이 되신 듯 내삼천(內三千) 외팔백(外八百) 주석지신(主席之臣)이 되시리로다 둥두두웅둥둥 어허둥둥 내 사랑

마침내 두 사람이 합창을 하기에 이르렀다.

사랑 사랑 사랑 내 사랑이야 으흐으으으 내 사랑이로다 선마둥둥 내 사랑이야 동정칠백리 월야추(月夜秋)에 무산(巫山)같이 높은 사랑 유유낙일 권렴간(悠悠落日捲簾間)에 꽃과 같이 고운 사랑 으스름밤 초생달이 방실방실 웃는 사랑 남창(南倉) 북창(北倉) 노적같이 담불담불이 쌓인 사랑 사랑 사랑 긴긴 사랑 대천같이도 긴긴 사랑 세월아 네월아 가지를 마라라 어허둥둥 내 사랑

임방울과 한애순의 〈사랑가〉가 바야흐로 노그라지는데 김 단장이 홀 안에 들어섰다. 임방울과 한애순은 얼른 손을 놓고 떨어졌다.

「허허허…… 그대로 계속하지를 않고……」

김 단장이 이죽거리자, 임방울이 수줍은 듯 뒤꼭지를 긁적이며,

「하, 거, 뭐.」

라고 우물거리니, 김단장이,

「하, 거, 뭐가 어떻다는 거요. 창극은 영 할 줄 모른다더니 잘하기만 하네. 방금 두 분이 하신 것 그대로 오늘 밤 무대에 올립시다.」

라고 정색하고 말하니, 임방울이 두 손을 훼훼 내저으며,

「안 돼요 안 돼. 장난으로 한번 그래본 것인디 창극은 무슨 창극.」

「장난이라니, 썩 좋기만 하던데 뭘. 참, 애순 씨는 부모님들께는 연락했어요? 성례를 서둘러야 할 텐데.」

김 단장은 한애순을 보며 이렇게 말하니 한애순은 수줍은 듯 고개를 숙이며,

「이번 공연이 끝나면 집에 한번 다녀올라고 헙니다.」

「그럼 됐어요. 그리고 아까 두 분이 하던 그 〈사랑가〉 장면, 처음부터 다시 한 번 해봐요. 봐서 오늘 저녁 무대에 올리게 말이요.」

「아, 안 돼요. 나는 창극 못헌다닝께 그러네.」

「왜 그래요. 잘하기만 하던데.」

「아무튼지 나는 못혀요.」

임방울이 단호하게 말하니 김 단장은,

「참말로 그 고집하고는……」

하고는 밖으로 나갔다.

두어 달 동안의 소정의 순회공연이 마무리지어졌을 때, 한애순은 일단 임방울과 헤어져 순창의 친정집으로 돌아왔다. 집이네 재봉침이네가 당초부터 마련없는 형편이기는 하였지만 어떻든 이제부터는 신접살림을 차려야 할 계제에 접어들어 있었으니, 양편에서 그런 나름의 준비가 없을 수 없었고, 또 이런 중대사를 앞에 둔 한애순으로서는 친정 식구들과 의논해보지 않을 수도 없었던 것이다.

그러나 임방울과의 이야기를 꺼내자 집안 어른들은 펄쩍 뛰었다. 한애순의 말이 채 끝나기도 전에 어른들은 발끈해가지고 그녀 말을 분질러버렸다. 뜬구름처럼 떠다니는 사람과 어울려서 무슨 낙을 보겠다는 소리냐고 어른들은 책망이었고, 나이 층하도 유분수지, 어디 그게 합당한 소리냐고 언니는 핀잔이었다. 코를 빠뜨리고 방바닥만 내려다보고 앉아 있는 한애순을 향하여 언니는,

「네가 미쳐도 보통 미친 게 아니로구나.」

하면서 다시는 말도 꺼내지 못하게 하였고, 아버지는,

「그런 소리 두번 다시 꺼냈다가는 다리몽생이를 분질러 놓을팅개 그리 알어.」

하며 엄포를 놓았다.

그날부터 식구들은 그녀를 대문 밖에도 못 나가게 하였다. 꼼짝없는 감방생활이 시작되었다.

한애순은 가눌 길 없는 마음을 달랠 양으로 수를 뜨기 시작하였다. 청

청한 소나무 가지에 단정학이 한 마리 나래를 접고 있고, 또 한 마리가 이쪽 학을 향하여 손짓이라도 하듯이 두 날개를 활짝 펴고 허공에 떠 있는, 당시에 흔히 볼 수 있는 송학도(松鶴圖)의 베갯모였다. 수를 뜨기 시작하자 조금씩 그녀 마음이 가라앉아갔다.

푸른 소나무와 거기 앉은 한 마리 학이 거지반 끝나갈 무렵의 어느 날 오후였다. 늦은 점심을 마치고 수틀을 펴들고 있는 참인데 밖에서 사람 소리가 들려왔다. 그 소리가 귓전에 들렸을 때 그녀 손길은 무슨 전류에 닿기라도 한 듯이 떨리기 시작하였다.

「애순 씨 집에 있지라우?」

하며 대문을 들어서는 목소리는 분명 임방울의 것이었다.

한애순은 자기도 모르게 손에 든 수틀과 바늘을 방바닥에 떨어뜨렸다. 가슴이 두방망이질치기 시작하였다.

「애순이, 시방 집에 없어라우.」

하는 목소리는, 부엌에서 설거지를 하다가 대문께의 사람 찾는 소리에 마당으로 나서며 대꾸하는 언니의 것이었다. 지난번 임방울이 한애순을 데리러 왔을 때에 생면한 일이 있었으므로 언니로서도 초면은 아닐 터였으나, 그 목소리는 냉랭하고 어딘지 날이 선 듯하였다. 그가 누군지를 첫눈에 알아보았기에 오히려 그녀 목소리가 냉담해졌는지도 모를 일이었다.

「집에 있단 말을 듣고 왔는디요?」

「집에 있든 없든, 뭣 헐라고 그애는 찾소?」

언니의 목소리에는 짜증까지 섞이어 있었다.

한애순은 금세라도 뛰쳐나가 만나보고 싶은 생각은 간절하였으나 왜 그런지 전신이 굳은 듯 꼼짝할 수가 없어서, 그 자리에 그냥 앉아 있기만 하였다. 어른들의 단속이 하도 엄한 탓도 있었지만, 무엇보다도 딱딱하게 굳어버린 전신이 그녀의 뜻대로 움직여주지를 않았던 것이다.

「거 누구래여?」

이번에는 윗방문이 열리더니, 아버지가 토방으로 내려서는 기척이 났다. 아버지는 누가 찾아왔는지를 이미 알고 있는 눈치가 분명하였다. 그 어조가 이미 예사롭지 않았던 것이다.

「애순이가 말하던 사람이 찾아왔어라우.」

하는 것은 언니의 목소리.

잠시 동안 잠잠하였다. 서로 인사라도 나누는 듯하였다. 그 무거운 침묵에 뒤이어 이윽고,

「애순 씨를 만나볼 일이 있어서 왔는디요.」

하는 임방울의, 나이답지 않게 수줍음을 타는, 더듬거리는 목소리가 들렸다.

「무슨 소린 줄은 알겄는디, 그 애 만나줄 수 없으닝개 어서 돌아가기나 혀.」

「사실은……」

하며 우물거리는 임방울의 소리가 들렸다.

「사실이고 네 가락 실이고, 그런 가당찮은 소리 그만 허고 어서 돌아가란 말이여.」

아버지의 목소리는 단호하였다.

한애순은 아까부터 가슴이 죄어들기 시작하였고 코끝에서는 단내가 나기 시작하였다. 임방울의 수줍은 더듬거리는 목소리와 아버지의 단호하게 내지르는 목소리, 그리고 간간이 끼여드는 언니의 목소리가 범벅이 되어 그녀의 죄어들기만 하는 가슴께로 부딪쳐왔고, 그녀는 열에 들뜬 사람처럼 그 말들을 하나도 분간할 수가 없었다. 실지로, 한 식경 이상을 실랑이를 하다가 결국 임방울이 방안에 들어서보지도 못한 채 돌아갔을

때에는, 그녀는 사지가 오그라붙는 한축이 나기 시작하면서 그 자리에 쓰러지고 말았다.

한애순이, 당분간 자기를 찾지 말아달라는 간단한 사연을 적어, 언니의 바느질 상자에 놓아두고 집을 나선 것은 그런 일이 있은 지 달포 뒤의 일이었다. 그 달포 동안에 그녀는 영문 모를 열병에 시달리는 나날을 보냈다. 이따금 가슴이 두방망이질치며 옥죄기 시작하면 어김없이 코끝에 단내가 나며 한축이 엄습해오곤 하였다. 그런 시달림의 나날 속에서도 잠시도 뇌리에서 떠나지 않는 일념은 임방울을 만나야 한다는 생각이었다. 그를 만나지 않았다가는 영영 저 세상 사람이 될 것만 같았다. 달포 동안을 시달린 끝에 간신히 머리를 떠들고 일어나자, 그녀는 누구도 말릴 길 없는 자신의 일념을 실천에 옮기기로 하였던 것이다. 그녀가 묻고 물어서 서울의 어느 여관방에서 임방울을 만난 것은 그 며칠 뒤의 일이었다. 〈홍타령〉에 이런 것이 있다.

> 애 썩고 남은 간장 헝클어진 근심, 실같이 남은 혼백 하마트라면(하마터면) 끊어질 걸
>
> 그리던 임 만나니 살겠고나
>
> 아이고대고 으흐흐흐 성화가 났네 헤에

느린 중모리 가락의 전형적인 진계면의 이 가락은 애련·처절한 그 톤과는 얼핏 보기에 어울리지 않게, 사랑의 좌절 아닌 그 성취를 노래하고 있다. 게다가 대부분의 우리 시가나 민요가 사랑의 좌절이나 상실을 탄식하는 것을 주류로 하고 있는 데 반하여 이 노래는 특이하게도 사랑의 승리를 노래하고 있다. 애가 썩고 간장이 녹는 빈사 직전에 그리던 임을 만나 환희의 재생을 누리게 되었다는 노래다. 사랑의 성취에 다다르기까

지의 고조가 컸던 그만큼 그 성취의 순간에 획득되어지는 환희의 농도는 짙은 것이라 하겠다. 이런 점에서 이 노래는 「춘향가」 중의 〈옥중 상봉〉의 모티프와 방불하다고 하겠다. 이 노래의 묘미는 환희에 넘쳐야 할 승리의 순간에 애련·처절한 진계면의 장탄식이 나오고 있다는 사실이다. 그것은 일종의 기묘한 언밸런스라 할 수 있다.

판소리 용어에 〈이면(裏面)을 그린다〉, 또는 〈근경(近景)을 그린다〉는 말이 있다. 일반적으로 해석되어 오기로는 판소리의 극적인 전개상황과 일치되게 창조(唱調)를 엮어가야 한다는 것이다. 즉, 서사내용과 음악의 가락이 해조(諧調)를 이루어야 한다는 것이다. 그러나 그 해조란, 기쁜 상황은 기쁘게, 슬픈 상황은 슬프게 불러야 성취되는 것이라고만 풀이되어서는 안 된다. 그런 도식적인 풀이를 가지고서는 이 노래가 반영하는 기묘한 언밸런스의 묘미를 파악할 수 없게 되고 만다. 환희의 만남 장면에서 비애의 장탄식을 늘어놓는다는 것은 분명 서사내용과 창조(唱調)가 상응하는 것이 아니라 상반하는 것이기 때문이다. 가령 곽씨부인이 죽었을 때 심봉사가 허허, 웃으며 덩실덩실 춤을 추는 경우라거나, 「적벽가」 중에 오한(吳漢) 연합군에 쫓긴 조조가 천방지축으로 살길 찾아 도망치는 급박한 순간에 〈조조가 말을 거꾸로 타고…… 운운〉 하는 난데없는 웃음판을 빚게 하는 경우 등도 이 노래와는 정반대의 의미에서 비슷한 언밸런스를 이루는 예라 하겠다. 그러나 사실은, 이런 언밸런스의 순간에 〈이면을 그린다〉는 예술적 해조가 차원 높게 성취되기도 한다는 것을 간과해서는 안 된다. 이런 아이러니야말로 판소리 미학이 간직하는 한 중요한 속성이며, 또 흔히 말하는 한국적인 한(恨)의 한 중요한 일면이기도 한 것이다. 비애나 탄식의 대칭이 되는 낙천(樂天)과 해학이 한국적인 한의 범주 앞에 일원적 양면성으로 포괄될 수 있는 것은 그 때문이다.

어떻든, 순창의 어느 여관 홀에서의 초례청놀이에서 억지 춘향·억지 이도령 노릇을 해야 했던 임방울과 한애순은 만난의 우여곡절 끝에 이제야 사랑하는 남녀로 만날 수 있게 된 것이다. 그야말로 〈애 썩고 남은 간장〉 연후의 만남이었던 것이다.

그러나 그들의 사랑은 오래가지 못하였다. 그들의 사랑의 기간은 한 1년쯤 계속되었을 뿐이었다. 그 1년간은 피차 가객으로서 여기저기를 순회하며 떠다녀야 하는 1년간이었으므로 무슨 오붓한 보금자리 같은 것을 마련할 수 있는 기간은 되지 못하였다. 게다가 그나마도 두 사람 사이에는 이따금 헤어짐이 있어야만 하였다. 같은 단체에 소속되어 순회하는 그 기간 중에 임방울이 다른 곳 여기저기에 초청되어가는 경우가 많기도 하였지만, 무엇보다도 그의 타고난 방랑벽 탓이라 할 수 있었다. 온다 간다는 말 한마디 없이 훅 떠나면 여러 날을 소식이 끊기는 경우도 많았다. 그런 헤어짐 속에서 그들은 그 지긋지긋한 6·25동란을 치러야만 하였다. 그 소용돌이 속에서 그녀는 사랑의 결실이라 할 수 있는 딸을 낳았다.

여기서 잠시 임방울이 겪은 6·25의 한 단면을 살펴보기로 하자.

6·25가 터졌을 때 임방울은 마침 가족들과 헤어져 서울에 있었다. 졸지에 난리를 만나 미처 어쩌지도 못하고 있는 사이에 서울이 인민군의 수중으로 들어가 버렸던 것이다. 그런 연후에야 남하를 하게 되었으니 그 고생은 이루 말할 수 없었을 것이다. 당시 40대 초반인 임방울은 의용군으로 끌려갈 염려는 없었으나 노무자로 징발될 위험성은 늘 따랐다. 그러나 무엇보다도 가슴 졸여야 하는 것은 곳곳의 검문소를 통과하는 일이었다.

그런데 서울서 먼먼 전남 송정리까지 내려오는 동안에 몇번 호된 곤욕을 치르기도 하였으나, 이내 손쉽게 검문소를 통과하는 비결을 터득하기에 이르렀다. 검문을 하는데 있어서 인민군들은 무엇보다도 먼저 양손을 내보라 하여, 손 검사부터 하였다. 손이 거칠고 못이 많이 박혀 있으면 근로계급이지만, 손이 희고 고우면 유한계급이라는 일차적 기준에 의해서였다. 이 기준에 의하여 임방울은 당연히 유한계급으로 규정되지 않을 수 없었다. 어려서 잠시 탈곡기 돌리는 사람 밑에서 잔일을 한 일은 있었지만, 그것 말고는 평생 소리 속에서 살아온 임방울의 손이 희고 고울 것은 당연한 일이었기 때문이다. 손이 희고 곱다는 사실로 하여 진땀을 빼야 할 일이 생길 줄은 꿈에도 생각지 못하였다. 손이 희고 고운 사람은 남한 정부의 공직자거나 자본가계급일 가능성이 짙었기 때문에 철저한 심문을 받아야 하였다. 말하자면 백수건달일 수밖에 없는 임방울은 철저한 심문을 받아야만 하였다.

몇번 이런 추궁을 겪으면서 자신이 국악인임을 밝힐 것은 당연한 일이었고, 스스로 국악인임을 증명하기 위하여 〈쑥대머리 귀신형용〉을 한 대문 뽑아대기에 이르렀다. 어디서 왔느냐, 직업이 무엇이냐, 꼬치꼬치 심문을 하는 동안 사뭇 까다롭고 삼엄하던 분위기가 천하명창의 노래가 흐르는 동안에 이내 봄바람같이 부드러워졌던 것이다. 요즈음과는 달리 그 당시로서야 아무리 인민군일지라도 〈쑥대머리〉 모를 사람 없었을 터이므로 명창의 소리로 하여 이내 화창한 봄날씨 같은 분위기가 빚어졌던 것이다. 명창 박녹주 여사의 자전적인 진술에 의하면 서울에서 광주까지의 임방울의 피난행은 이런 식으로 진행되었던 것이다.

6·25 얘기가 나온 김에 국악과 6·25의 함수 관계에 대하여 잠시 생각해보기로 한다.

8·15는 우리들에게 해방을 가져다주었지만, 동시에 분단의 아픔을 주기도 하였다. 국토가 분단되고 민족이 분열되기에 이르렀다. 좌우의 사상 싸움은 날이 갈수록 격화되어 갔다. 이런 소용돌이 속에서 국악계 역시 좌우로 분열되기 시작하였다. 당시의 국악계에서는 좌익 쪽에 호의적

인 사람들이 의외로 많았다. 그것은, 국악인을 천시하는 전근대적 잔재가 아직도 완전히 청산되었다고 할 수 없었던 당시의 현실에 있어서 무산계급의 행복을 보장하고 평등 사회를 건설한다는 좌익진영의 구호는 아무래도 많은 국악인들을 유혹하기에 충분하였던 것이다. 이리하여 상당수의 국악인이 좌경하였으며, 6·25 당시에는 그쪽 편에 섰던 것이다.

70년대 초반까지만 해도 이따금 이북쪽 라디오에서 흘러나오는 방송 가운데 〈공훈배우 조상선 동무의 흥보가 중 제비노정기를 보내드리겠습니다〉 하는 구절이며, 또는 〈인민배우 정남희 동무의 가야금 산조를 보내드리겠습니다〉 하는 구절들을 주워들을 수 있었던 것인데, 이는, 당시의 그런 사정을 짐작케 하는 한 예라 하겠다. 그러더니 70년대 중반 이후에는 북쪽 방송에서 판소리 같은 것은 전혀 흘러나오는 것 같지 않았었다.

근래에 몇차례, 남북공동음악회 모임을 가진 바 있었고, 몇차례 텔레비전 방영을 본 일이 있다. 그때의 인상으로 보면, 북쪽에서 연주하는 국악은 이쪽과는 상당히 다른 점이 있었던 것 같다. 첫째, 그쪽에서 사용하는 고전악기들이 대부분 개조된 것이었다. 가야금, 대금, 양금 등도 서양악기를 접목시킨 듯한 것이었다. 민요 같은 것을 노래하는 가수들의 창법도 이쪽의 국악인들의 그것과는 달리, 곱고 부드러운 것이었다. 말하자면 노랑목 계통의 창법이었다. 음악의 대중화를 지향하며, 특정한 계층이 예술을 독점하는 것을 반대하는 북쪽의 입장에서 보면 그런 방향으로 나아갈 수도 있으려니 하는 생각을 가져보았었다.

그러던 차에, 근 칠십이 되어보이는 한 늙은 소리꾼이 나와서 장구치며 서도창을 하는 데 이르러서 나는 깊은 감동을 받게 되었던 것이다. 그 노인의 가락은 진짜 서도창이었다. 뿐만 아니라 그는 서도창의 대가였다. 그 노인의 서도소리를 들으면서 나는 눈시울이 뜨거워짐을 어찌할 수 없었다. 그런 노인이 아직도 북쪽에 살아 있다는 것, 뿐만 아니라 이 어려운 시대에 남쪽까지 내려와서 우리들에게 서도창의 진수를 보여주고 있다는 것, 그것은 분명 소중한 한 희망이었다. 거기에서 나는 민족의 모습을 보았었다. 명창 조상현 씨가 그 노인을 업고 무대를 돌며 「우리의 소원은 통일」이라는 노래를 남북의 국악인이 합창하는 장면에 이르러서 나는 형언할 수 없는 감동을 받았던 것이다.

그러나 섭섭한 것은 북쪽에서는 한 번도 판소리하는 분이 나오지 않았다는 것이었다. 그러다가 근래에 북쪽에서 나온 문학사를 보았더니, 판소리에 대하여 아주 부정적으로 기술하고 있었다. 소리가 쐤되고 내용이 봉건적이라는 것이었다. 정확한 추리가 될지 어떨지는 잘 모르겠으나, 70년대 중반 이후부터 북쪽 문화권에서 판소리가 숙청당한 것이 아닌가 한다.

그런데 임방울의 생애를 살펴볼 때, 그는 정치 같은 데에는 별로 관심이 없었던 듯하다. 외줄기 소리꾼으로서의 생애에 충실하고자 하였음을 반영하는 것으로 풀이할 수 있지 않을까 한다. 따라서 좌우의 싸움의 틈바구니에서도 그는 초연한 입장을 취했었던 것 같다.

그러나 그러한 임방울도 두 가지 점에서 분단적 상황에서 연유되는 곤욕을 치르지 않으면 안 되었다. 하나는 9·28수복 직후의 일이요, 또하나는 50년대 후반, 재일교포들의 위문공연을 위하여 일본을 갔다 왔을 때의 일이다. 명창 한애순 여사의 증언에 의하면, 그는 9·28수복 직후의 서릿발 같은 분위기 속에서도 부역을 하고 숨어다니는 동료 국악인들을 숨겨주고 먹여주고 하면서 살길을 찾아주는데 발벗고 나섰었다고 한다. 사상이네 혁명이네 하는 데에는 전혀 관심이 없었지만, 동료가 죽게 되어 있는 마당에 나 혼자 살자고 이를 모른 척할 수 없다는 것이 그의 단호한 신조였다는 것이다.

다른 하나는 50년대 말, 그러니까 임방울이 죽기 1년쯤 전 일인데 재일교포들의 위문공연을 갔을 때 일로 연유되는 곤욕이었다. 일본에 건너간 그가 이곳 저곳으로 위문공연을 다니는 동안에 조총련 계통에서 그에게 접근해 왔었고, 그는 별 깊은 생각 없이 그들의 초청에 응하여 몇차례 소리를 했던 모양이다. 그런데 그것이 말썽이 되어 당국에 붙들려가서 단단히 곤욕을 치렀던 모양이다. 그가 풀려나온 이후로는 도무지 기운을 차리지 못하였고, 정신도 오락가락하기 시작하였는데, 그것은 그때 곤욕치른 일이 원인일 것이라고 명창 박동진 씨는 말하는 것이었다.

이야기가 잠시 옆길로 흘렀다. 이야기를 다시 임방울과 한애순의 사랑이야기에로 돌리기로 하자.

임방울이 한애순이 낳은 딸과 생면한 것은 6·25가 끝나고 그가 다시 고향으로 돌아온 뒤의 일이었다. 그러나 그 기간은 역시 행복한 기간이라 할 수 있었다. 비록 떠돌이 소리꾼의 생활이기는 하였으나, 임방울은 한애순에게는 한량없이 너그럽고 유순한 남성이었다. 그 기간 동안에 그들 사이에는 이렇다 할 만한 말다툼 한번 한 일이 없었다.

그런데 딱 한 번, 이런 일이 있었다. 구례에서던가, 소정기간의 공연을 마치고 이웃 고을로 이동하기 위하여 부산하게 채비를 서두르던 어느 날 아침의 일이었다. 짐들을 챙겨 들고 모두들 여관 밖에 나와서, 아직 나오지 않고 있는 사람들을 기다리고 있는 참인데, 일행보다 늦게 나온 임방울이 주렁막대(지팡이)를 짚고 잰걸음으로 한애순께로 다가오더니 느닷없이 내려치려 하였다. 처음 일격은 미처 거리가 미치지 못하여 한애순 일 보 전의 땅바닥만 내려쳤으나, 두번째로 치켜든 지팡이는 진짜로 그녀 어깻죽지를 사정없이 내려칠 만하게 그녀 앞에 다가선 연후의 것이었다. 처음 그가 지팡이를 치켜들었을 때에는, 또 무슨 장난을 벌이는 줄로만 안데다가 워낙 창졸간의 것이기도 하여서 모두들 무심히 지나쳤으나,

두번째로 다그치며 치켜들었을 때에야 그의 표정이 예사롭지 않게 골이 잔뜩 나 있는 것을 알아차린 사람들이 달려들어 그의 팔을 붙들어서, 그녀는 간신히 위기를 모면할 수 있었다. 웬일로 이러시오, 어쩔려고 이러시오, 사람들이 만류하여 임방울은 시무룩하니 물러섰고, 소동은 이내 가라앉았으나, 정작 그녀로서는 도무지 무슨 영문인지 알 수가 없었다. 임방울은 종시 말 한마디가 없었다.

나중에야 안 일이거니와, 누구한테 무슨 소리를 전해들었는지, 일행중의 법고(法鼓)잡이 김 아무개와 한애순 사이를 두고 임방울이 엉뚱하게도 강짜를 했던 것이다.

그 김 아무개라는 사람은 정읍 사람으로 농악단 중의 수법고(首法鼓 : 농악 법고잡이의 우두머리)였다. 특히 그의 열두발상모는 천하일품이었다. 임방울 일행의 포장걸립의 공연순서는 먼저 무용수들의 승무·북춤 다음에 땅재주나 줄타기, 그리고는 농악을 한바탕 치고 나서 간단한 토막 창극 같은 것을 한 다음에 소리꾼들이 연조에 따라 차례로 나와 노래를 부르게 짜여 있었고, 임방울이 맨 나중에 출연을 하였다. 공연의 절정은 뭐니뭐니 해도 역시 맨 나중의 임방울의 판소리였으나, 당대 일인자인 김종철의 줄타기, 농악의 하이라이트라 할 수 있는 그 김 아무개의 열두발상모도 적지않은 인기를 끌었었다. 특히 김씨는 이번 공연에 새로 가담한데다가 하도 말을 많이 들었으므로, 한애순이 어젯밤에는 일부러 객석에 나와 그 하는 양을 구경했던 것이고, 아닌게아니라 그 묘기에 탄복할 수밖에 없어, 얼씨구 잘한다, 갈채를 보낸 일이 있었는데, 누구한테 무슨 소리를 들었는지는 모르지만 임방울이 엉뚱하게 골을 냈던 것이다.

여기서 생각나는 것은 명창 박동진 씨가 들려주는 이동백(李東伯)의 일화 한 토막이다. 조선성악연구회 시절에 이동백이 어느 젊은 여류를 사랑하고 있었는데, 어느 젊은 국악인이 그 여인과 몰래 정을 통하였다.

이를 안 이동백이 크게 노하여 그 뒤로는 그곳에 얼씬도 못하게 하였다. 당대의 국창으로 군림하던 이동백으로부터 이런 노여움을 샀으니 그것은 국악인으로서는 파문(破門)과 다름없었다. 후에 이동백이 어느 곳에 순회공연을 나갔었는데, 아침에 투숙한 여관 바로 옆방에서 웬 소리꾼이 목을 풀고 있었다. 그 젊은 후배의 소리임을 이내 알 수 있었다. 그런데 그 소리가 너무도 특출하였다. 이동백은 당장에 미닫이를 열어젖히며 그 젊은 소리꾼을 불러들였다.

「너, 공부 많이 했다 장하다. 기왕지사는 내 다 잊을 테니 너도 그리 알아라.」

하며 그를 용서해주었다.

그 젊은 소리꾼이 명창 김창룡의 아우 김창진(金昌鎭)으로 역시 중고제의 명창이며, 박동진 씨의 스승이었던 것이다. 여기 비하면 임방울의 경우는 터무니없는 곡해라 하겠는데, 한애순이 화를 내며 대들자 임방울은 웃으며 한사코 그녀를 달래기만 하였다. 어이없는 한바탕의 소동이라 하겠거니와, 임방울에게는 이런 엉뚱한 일면도 있었던 모양이다. 명창 박귀희 여사가 말하는 〈뾸뚝성질〉이라 할 것이었다. 수줍고 내성적인 그에게는 또 이런 면도 있었던 것이다.

애 썩고 남은 간장 (3)

> 이조적인 지배계층의 비호도 받지 못하고 그 이후 인간문화재시대와 같은 행정적 지원도 받지 못한, 전적으로 민중들의 지지에만 의존할 수밖에 없었던, 그런 점에서 그는 진짜 광대다운 광대라 할 수가 있다.

「어떻게 해서 두 분이 헤어지게 되었습니까?」
하는 필자의 물음에 한애순 여사는,

「글쎄요, 무슨 이렇다 할 이유는 없었지요. 예술이 좋아서 연애가 됐지만, 좋아갖고만도 못 사는 것이고요. 애당초 서로 팔자를 같이할 처지는 못 되었지요. 예술가는 예술가와 살기가 어렵데요.」
하며 웃었다.

여기저기를 떠돌아다녀야 하는 것이 예술가로서의 피차의 형편인데다가 특히 임방울의 타고난 방랑벽은 날이 갈수록 심해져서 차츰차츰 만나서 누리는 시간보다는 헤어져 기다리는 시간이 많아져갔다. 이런 생활이 일년쯤 계속되자 한애순은 결국 지치고 말았다. 사람이란, 서로 좋아한다고만 되는 것도 아니고, 생활이란 요컨대 현실임을 깨닫지 않을 수가 없었다. 이리하여 그녀는 독립된 자기 인생을 시작해야겠다고 작정했던 것이다.

그러나 그런 이후로도 임방울은 이따금 찾아왔다. 그야말로 〈암탉이 땅짐 쥔 것맹이로〉 혼자 낳아 혼자 길러가는 딸이었지만, 임방울에게도 피붙이임에는 틀림없었으므로, 그는 이따금 그 딸을 만나보러 찾아오곤 했던 것이다. 그때마다 한애순의 마음은 언짢았다. 차분히 가라앉아가는 마음에 다시금 파문이 이는 것을 느껴야만 했던 것이다. 임방울이 세번째 찾아왔을 때 그녀는 태도를 분명히 해야겠다는 생각을 하였다. 그래서,

「당신은 당신 자식을 본다고 보러오시지만, 나는 괴롭소. 남들 보기에도 넘새스러우니, 사람을 시키든지 하면 아기는 만나게 해드릴팅개, 집에는 찾아오지 마시씨오.」
라고 말하였다.

「그 뒤로는 일체 발걸음을 끊습디다. 참말로 결심도 무던한 양반이어라우.」

당시를 회상하며 한애순 여사는 말을 맺었다.

열 살 때부터 국악을 배우기 시작하여 박동실에게서 「심청가」를 배우고, 박녹주에게서 「흥부가」를 배운 그녀는 지금 광주에서 후진을 기르고 있다. 브리태니커판 『판소리 다섯 마당』에는 명창 한애순 여사의 「심청가」가 수록되어 있다. 이 책에 의하면, 그녀의 「심청가」는 박유전 — 이날치 — 김병만 — 박동실 — 김소희·한애순 등으로 이어지는 계보로서 박유전 — 정재근 — 정응민 — 정권진·성우향·성창순·조상현 등으로 이어지는 이른바 「보성소리 심청가」와 쌍벽을 이루는 바디이다.

한번은 임방울이 한 여사를 이윽히 바라보더니 혼자말같이 이렇게 중얼거리는 것이었다.

「저 사람은 참, 묘한 여자여. 다른 사람은 내가 뭐라고 재담을 할라치면 우습다고 야단들인디, 저 사람은 통 웃는 법이 없어.」

임방울은 즉석에서 그 사람의 성격에 딱 들어맞는 별호를 짓기로 유명하여, 국악인들 중에는 죽을 때까지 그가 지어놓은 익살스런 별호를 달고 다닌 사람도 많았다 하거니와, 재담을 잘했다는 것도 널리 알려진 사실이다.

「임 선생은 크지도 않고 힘들이지도 않은 뽀시락장난을 그렇게 잘했어요.」

박귀희 여사의 말이거니와, 명창 조상현 씨가 목격했다는 다음 이야기도 그 한 예라 하겠다. 10대 후반의 조상현 씨가 임방울 일행을 따라다닐 때의 일인데, 한번은 일행들이 공연장을 찾아가느라고 시골길을 걷고 있었다. 일행들보다 두어 걸음 앞서가던 임방울이 갑자기,

「중보(中寶), 중보.」

하고 불렀다.

장월중선(張月中仙)이 뛰어갔다. 중보란 왕년의 여류 명창 장월중선의 별호 겸 애칭이었다. 당시의 국악인들끼리는 결혼한 후배 여류를 부를 때, 그 이름자 하나를 따고 그 밑에 보(寶)자를 받쳐 애칭으로 불렀던 것이다. 장월중선이 다가가자 임방울은 기다렸다는 듯이 뿡, 하고 방귀를 뀌었다. 장월중선이 코를 싸매는 시늉을 하며,

「아이, 선생님.」

하자, 그는,

「중보 줄라고 애껴둔 게여.」

하였다.

「아이, 선생니임.」

장월중선이 다시 말끝을 길게 늘이자, 임방울은 진지한 표정이 되어,

「그래, 그 성음이 어떻던고?」
하였다. 길을 메우며 가던 일행들은 한바탕 웃음판을 벌이지 않을 수 없었다.

그러한 그의 재담에도 한애순 여사가 한번도 웃어본 일이 없었다고 한다면, 이는 한 여사의 성격 탓일는지는 모르지만, 어떻든 기이한 일면이라 아니할 수 없다. 그러나 따지자면, 그런 어름에서 우리는, 이 세상의 모든 남녀관계란 각기 그 나름의 방식으로 고유한 역학관계를 형성해갈 수밖에 없다는 신비로운 사실의 반영을 엿볼 수 있는 것은 아닐까 한다. 그리고 이처럼 낱낱의 남녀관계가 각기 그 나름의 고유하면서도 신비로운 역학관계를 형성해갈 수밖에 없다는 사실 속에서 우리는, 임방울의 생애에서 볼 수 있는 바 그 숱한 방랑의 비밀을 엿볼 수 있지는 않을는지 모르겠다.

임방울의 장녀인 임오희 여사의 말에 의하면, 그는 생전에 곧잘 〈공수래공수거(空手來空手去)〉라는 말을 하였다 한다. 돈도 모르고 훌륭한 가장(家長)이었다고 할 수도 없는 임방울다운 말이라 생각되거니와, 이렇게 인생을 공수래공수거로 파악한 그의 삶의 자세에서 우리는 오히려 그의 생애가 남기고 있는 숱한 미담의 비밀을 엿볼 수도 있지 않을까 한다. 그의 그러한 공수래공수거로 파악한 인생 태도와 그의 생애가 보여준 한량없는 연민의 정은 서로 안팎을 이루는 것으로 보여지기 때문이다. 지나친 비약이 될는지는 모르나, 불가(佛家)에서 말하는 자비(慈悲)라는 것도 그런 어름에서 연유되는 것은 아닐는지? 또한 그의 이런 공수래공수거로서의 인생 태도야말로 그의 방랑의 생애를 빛게 하는 계기가 아니었을까 생각되는 것이며, 또한 그 숱한 여성 편력도 그의 이러한 인생 태도와 관련이 있었던 것은 아니었을까 생각되는 것이다.

키에르케고르는 모차르트의 오페라 「돈조반니」의 주인공 돈 환의 모습 속에서 음악미의 완벽한 인격적 현현(顯現)을 보고 있다고 한다. 즉, 추상적 개념 전달을 궁극의 목표로 하고 있고, 그 감각적 속성을 수단으로 하고 있는 언어와는 정반대로, 개념적 의미내용은 철저히 배제하면서 순수한 감각적 요소만으로 구성되는 음악은 말하자면 일종의 감각의 언어라 할 수 있는데, 그것은 끊임없는 생성(生成)과 소멸(消滅)의 시간적 계기(繼起) 속에 존재양식을 획득해가는 것이며, 이러한 시간적 계기의 역동적 에네르기의 지속 가운데 미적 시간이 성립되는 음악의 속성은, 여자에게서 여자에로 끊임없이 옮아가는 존재양식을 형성해가는 돈 환의 모습 속에 완벽한 인격적 현현이 성취되고 있다는 것이다.[1] 이런 관점에서 볼 때, 얽힘과 헤어짐의 끊임없는 운동 속에 자기 생애를 영위해간 명창 임방울의 방랑의 궤적 자체가 또한 앞서 말한 음악적 속성의 한 인격적 현현이라고 할 수 있지 않을까 한다.

그야 어떻든, 돈도 가정도 모르고 뜬구름처럼 세상을 떠돌기만 한 그의 생애가 유족들에게는 고스란히 짐으로 떨어질 것은 당연하다. 필자가 그 유족들을 만나보기 위하여 전남 송정리를 찾아갔다 헛걸음을 했었다는 것은 이미 말한 바 있거니와, 그보다 달포쯤 뒤에 서울 시흥동 외손자 집에 의탁하고 있는 미망인 박오례 여사(근 90세)와 장녀 임오희 여사(근 70세)를 찾아보았다. 미리 전화를 걸었더니 부인이 지금은 몸이 아파 누워 있는 중이라 만날 수 없다는 것을, 사정사정해서 그 다음날 찾아갔던 것이다. 신문사다 방송국이다 하는 데서 자꾸 찾아와 귀찮게 해서 만나려 하지 않았었노라고 하며 부인은 웃었었다. 그런 이후로 그 유족들과 두어 차례 연락을 가진 바 있다. 현재는 다시 솔가해 내려와 송정리 어느 집에 세들어 있다는 소식이다.

찾아간 뜻을 말하니 부인이 만나주었었고 외손자인 김규 씨(근 40세)가 옆에서 접대해주었다. 아까부터 옆방에서는 노랫소리가 들려왔다.

「아니, 저건 임 선생 소리 아니오?」

임방울의 「수궁가」 중의 〈고고천변〉이었다.

「어머니가 요즈음은 유달리 할아버지 소리만 틀어놔요.」

김규 씨가 말하였다. 어머니란 곧 임방울의 장녀 임오희 여사를 이름이었다. 내가 찾아가기 며칠 전에 가족들이 망우리공동묘지로 임방울의 무덤에 성묘를 갔었는데, 묘소 군데군데가 헐고 상한 것을 보고 돌아온 뒤로 그녀가 유달리 상심해 하고 있다는 것이었다. 〈고고천변〉의 가락이 바야흐로 용트림을 하며 치솟고 있었다. 임방울이 그 대문을 배울 때 스승 유성준으로부터 〈오냐, 내 새끼〉 하는 칭찬을 들었다는 일화가 문득 생각났다. 아마 반 세기 이상의 옛 일이었을 것이다.

부인은, 연배의 부인치고는 몸집이 큰 편이었고, 머리는 세었으나 아직도 다부진 인상을 주었다. 평생에, 남편한테서 뺨 한번 맞아본 일 없노라는 부인도 남편의 여자문제에 이르러서는 두 손을 훼훼 내저으며,

「속상한 일이야 어찌 다 말로 한다요?」

하며 웃는 것이었다.

「부부싸움은 더러 안 하셨어요?」

「왜 안 했겠어라우? 많이도 대들고 많이도 덤벼보았지만 그때마다 그 양반은 피식피식 웃기만 하고, 실실 피해부닝개 필경에는 싸움이 싱거워져불지라우.」

하였고, 마침 옆방에서 나와 있었던 임오희 여사도 어눌한 말씨로,

「달래요, 달래.」

하였다. 속이 상해서 덤비고 대드는 어머니를 자기 아버지는 늘상 구슬리고 달래고 하였다는 말일 터였다.

부인이 속이 상해 대들고 푸념하고 할 때마다 임방울은,

「거, 다, 오리정이고 당신은 객사 기둥인개 그리 알어.」

하며 달랬다는 것이다. 〈오리정 전별 후로〉 하는 〈쑥대머리〉에도 나오는 오리정이 춘향과 이도령이 작별을 하기 위해 잠시 머문 곳일진대, 끝없는 방랑으로 이어진 임방울의 생애는 말하자면 무수한 오리정을 찾아 떠다닌 생애였다고 할 수 있겠으나, 그러한 그에게도 역시 객사기둥과도 같은 마음의 고향은 소중했을 것이다.

「커가는 자식들은 어쩔 셈으로 밤낮 남 좋자는 대로만 하고 다니시오?」

돈도 가정도 모르고 떠다니는 그에게 부인이 이런 푸념을 할라치면,

「허 참 사람도, 인생은 공수래공수거여. 남 좋자는 일을 쌓고보면 자식들한테라도 복이 돌아올 날이 있는 법이여.」

하더라 한다.

「복은 무슨 놈의 복? 복이 돌아왔으면 병신 자식이 생겼을까?」

심신이 여의치 않은 아들을 두고 부인이 이렇게 목이 메이는 소리를 하면,

「그 사람 참 답답도 하시. 아, 그놈한테 안 돌아가면 그 다음에 손자한테라도 돌아갈 것 아니여.」

하며 허허, 웃어버린다는 것이었다.

임방울이 화제에 오른 자리에서 명고수 김득수 씨는,

「자고로 명창에게는 뒤가 없어요. 이동백 같은 대명창도 평생에 아들이 없었고, 송만갑·정정렬 같은 이들에게도 이렇다 할 후손이 없어요.」

하였다. 그래 그런지는 모르나 당년 60여 세(?)인 임방울의 외아들 화택씨는 심신이 아울러 여의치 못하다.

유족들을 만난 지 며칠 뒤에 장녀 임오희 여사로부터 꽤 긴 편지를 받았다. 35세 때에 산후풍이 잘못되어 말이 어눌해졌고, 일신의 기동도 여의치 않아졌다는 임 여사는 보기에 자기 어머니 못지않게 늙어보였다.

필자가 그녀를 만났을 때 그녀의 어음이 너무도 분명치 않아서 이렇다 할 대화도 해보지 못했었는데, 이렇게 필적도 단정한 편지를 받고보니 의외의 감회를 금할 수가 없었다. 말로 못한 사연을 글로 써보낸 터였을 것이다.

그 편지에 의하면 고인의 본명은 임승근, 호는 송국(松國), 국운이 기울기 시작하던 1904년 4월 25일 출생, 4·19 다음해인 1961년 3월 8일 향년 57세의 〈너무너무 아까운 연세에〉 세상을 떴다고 한다. 국악인으로서의 예명(藝名)을 임방울이라 하게 된 이유는 〈고인이 탄생 후 백일 안부터 울지 않으시고 방울방울 잘 논다 하여 고인의 부친께서 방울이라 부르게 되셨는데 그 아명(兒名)을 그대로 예명으로 하게 된 것〉이라 하였다. 미망인으로부터도 이 〈방울방울 논다〉는 아명의 내력은 들은 바 있다. 그런데, 어느 선생이 젊은 날의 임방울의 소리를 듣고 탄복한 나머지, 〈너야말로 은방울이다〉 한 것이 임방울이라는 이름을 갖게 된 내력이라고 말하는 사람도 있거니와, 어쩌면 그 두 가지 내력이 결합되어 〈임방울〉이라는 예명의 탄생을 보게 되었는지도 모르겠다.

조국을 잃은 일제치하에서의 국악인으로서의 고초, 8·15해방 후의 혼란기, 6·25동란, 그 이후 4·19에 이르기까지의 국악의 쇠퇴기에 있어서의 어려움 등 부친의 생애를 회고하면서 편지는, 〈숨길 수 없는 혼란기였고 참을 수 없는 치욕도 많았지요〉라고 쓰고, 〈한마디로 묶어보면 아버님께서는 나라 없는 우리 민족의 서러움과 울분을 달래주려고 태어나신 분 같아요〉라고 맺고 있다. 또한, 자식을 부를 때도 이름조차 부르지 않고 〈아으가, 아으가〉 그렇게 다정스럽게 불렀다는 부친의 모습을 회상하며, 임 여사는, 〈노인은 노인대로 대접을 잘 해드리고, 청년은 청년대로, 아이들은 아이들대로 뜻을 맞추어주었고…… 그래서인지 제2의 예수님이라는 별호를 타시기도 했지요〉라고 쓰고 있다. 그러나 자식된 도리로서 제일로 한스러운 것은, 고인의 선배인 송만갑·이동백·김창환 등 오명창 중에는 이조시대에 통정(通政)이네 감찰(鑑察)이네 의관(議官)이네 하는 벼슬을 한 이들이 있고, 또 고인이 돌아가신 지 3년 후에는 인간문화재라는 제도가 생겨 고인의 후배들 또한 사회적인 대접을 받게 되었는데 고인은 그 어중간에서 그도 저도 아닌 채 세상을 뜨신 일이라고 술회하고 있다. 명창 임방울, 그것이면 그만이지 거기에 무슨 벼슬이다 칭호다 하는 객쩍은 장식이 소용있단 말인가 하는 생각도 없지 않았으나, 한편으로는, 가장 어려웠던 시기를 살아가면서 예술가로서의 고초와 광대로서의 수모를 겪어내야 하였을 자기 부친을 가까이서 지켜본 그녀로서는 그런 일들이 한으로 남을 법도 하다는 생각을 하게 되었다.

오명창시대의 명창들이 누릴 수 있었던 통정이네 감찰이네 하는 이조적인 격식적 허명(虛名)도, 인간문화재 제 몇호니 하는 근래의 행정적인 보장도 누릴 수 없었던 그 중간기에 명창 임방울이 있어야 했다는 사실은, 그의 개인적 생애로 볼 때도 상징적인 의미를 갖고 있는 것이지만, 판소리사적 관점에서 볼 때도 매우 중요한 의미를 갖고 있는 것으로 보인다. 오명창의 시대가 끝나고 인간문화재시대가 도래하기 이전의 기간, 다시 말하여 명창 임방울이 명실공히 국창으로서의 전성기를 누리던 그 기간은, 문화사적인 문맥으로 볼 때 외래문화의 무비판적인 수용으로 하여 오명창시대까지 어렵사리 존속되어오던 이조적인 가치체계가 전면적으로 붕괴되어가던 시기라 할 수 있고, 예술사적인 자리에서 볼 때는 외래적인 연예물의 무비판적 수용으로 하여 전래적인 연예예술이 쇠퇴일로로 치달음으로써 그것들이 완전히 변방문화, 시골뜨기의 문화로 전락해가던 기간이었다. 그리고 이 기간은, 판소리사적인 자리에서 볼 때에도 커다란 질적 변화를 가져온 시기라고 할 것이다.

판소리는 원래 조선시대에 있어서 신분적으로 하층계급인 광대들의 예술이었고, 그 가락과 사설 또한 민중적인 데 기반을 둔 것이었음에도 불구하고 그 높은 예술성으로 하여 당대의 지배계층인 양반들의 경제적 보장과 아울러 식자층의 창작적인 참여가 가능했고, 이런 조건 속에서 그것은 차츰 폭넓은 민족예술로서의 차원 높은 형식을 성취시켜온 것으로 풀이되거니와, 판소리예술의 이런 발생학적 조건은 그 다층적(多層的)인 구조양식 속에 반영되어 있다고 보여진다. 즉, 판소리계 소설들의 표면적 주제가 대체로 당대의 지배계층의 이념인 유교윤리를 강조하고 있음에도 불구하고, 그 바탕에는 당대의 지배계층에 대한 풍자와 야유가 깔려 있는 사실이라거나, 그 창조가 시조창이나 아악의 가락 등에서 볼 수 있는 바 호방·유장한 톤과 민요 같은 데서 볼 수 있는 바 애련·처절한 톤이 씨와 날로 어울려 있는 사실, 또는 그 사설이 한편으로는 고도로 유식한 한문투의 전개가 있는가 하면 다른 한편으로는 무식한 서민층의 직설적이고 해학적인 육두문자가 전개되어가고 있는 사실 등등은 모두가 판소리의 이러한 구조양식을 반영하는 것이라고 생각된다. 지나친 도식적 비약이 될는지는 모르나 강건·웅장한 우조(羽調)와 애련·처절한 계면조(界面調) 사이의 대응관계 또한 판소리의 이러한 다층적 구조양식을 반영하는 일면이 아닐는지 모르겠다. 이런 점과 관련하여 앞서 송만갑을 언급한 글에서 필자가 말한 바, 오명창 이후에 와서 판소리 창조가 차츰 계면조 위주로 기울어져갔다는 사실을 상기할 필요가 있을 듯하다. 우조·계면조가 조화로운 균형을 유지해오던 판소리 창조가 오명창시대 이후에 와서 계면조로만 자꾸 기울어져간 사실을 두고, 어떤 이는 망국의 한이 투영된 탓이라고 풀이하기도 한다. 이러한 견해도 물론 타당하다 하겠으나, 그와 아울러서 조선조적인 가치체계의 전면적 붕괴현상을 거기서 볼 수도 있지 않을까 한다. 다시 말하면 민중적인 정서를 기반으로 하면서도 지배계층의 비호와 협력을 얻을 수 있었던 판소리예술은 국권의 상실과 함께 시작된 오명창시대에 접어들면서는 그 안정된 지지기반의 하나라 할 수 있는 지배계층의 비호와 협력을 이미 기대할 수 없게 되었고, 따라서 이제 그것은 전적으로 민중들의 지지에만 의존할 수밖에 없게 되었다는 사실과도 관련이 있을 것이라는 말이다. 판소리예술이 차츰차츰 변방문화로, 시골뜨기문화로 전락해간 사실과 그 창조가 한결같이 계면조 위주로 기울어져간 사실은 이런 점에서 결코 우연한 일치라고 할 수 없을 듯하다. 이조적인 벼슬(그것이 비록 허명에 불과한 것일지라도)에 오르지 못하고, 인간문화재시대의 행정적 보장도 채 받지 못한 그 어간에 임방울이 국창으로 부각되었다는 사실은 이런 점에서 또한 상징적인 의미 이상의 것이 있다 하겠다.

요컨대 임방울이야말로 전형적인 식민지시대의 광대, 더 정확히 말하자면 이조적인 지배계층의 비호도 받지 못하고, 그 이후 인간문화재시대와 같은 행정적 지원도 받지 못한, 전적으로 민중들의 지지에만 의존할 수밖에 없었던, 그런 점에서 진짜 광대다운 광대라 할 수가 있다. 임방울의 예술을 창졸간에 단정해서 말할 수는 없으나, 그의 판소리사적인 문맥 속에서의 큰 업적의 하나를 든다면 종래의 광대들이 〈노랑목〉이라 하여 무조건 기피하던 계면조의 창법을 개발하여 그것을 높은 예술적 차원 위에 올려 세워놓은 점이라 할 수 있다. 그리고 이는 그가 놓인 시대적 상황과 긴밀히 관련되는 점이라 하겠다.

여기서 생각나는 것은 왕년의 명창 이동백이 남겨놓은 일화 한 토막이다.

1) 渡邊護, 「音樂美의 構造」, p. 222

마지막 가는 길

장례행렬 자체가 거대한 한 국악의 제전이었다. 명창들이 차례로 상여 위에 올라 상여소리를 메겼다. 맨 먼저 박초월, 그 다음에 김소희·박귀희·박보화·장영창 등이 뒤를 이었다.

모든 공연예술이 다 그렇다 하겠지만, 특히 판소리예술은 청중과의 혼융일체 속에서만 성취되는 예술이라는 것을 강조하면서 명고수 김득수씨가 들려주는 이동백의 일화는 이러하다.

이동백(1866~1947년)이 죽기 직전의 일이라니까, 40년대 중반쯤 되었을 것이다. 전북 이리에서 협률사가 열려, 그 자리에 이동백이 출연을 했었다 한다. 이동백이 온다는 말을 듣고 구름같이 모여든 청중들이 그가 등단을 하자 우레 같은 박수를 보냈을 것은 물론이다. 박수의 파도가 멎자 그는 기력이 쇠진한 늙은 목소리로 청중을 향하여,

「박수칠 것 없소오. 박수칠 것 없어어.」

하더니 그 성음이 이내 영탄조의 도섭으로 변하여,

「이제는 내가아 죽을 날이 가까웠소오. 죽을 날이 가까웠어어.」

하자, 청중들이 열광적인 갈채를 보냈다.

이윽고 「적벽가」가 시작되었다. 〈당당한 유현주(劉賢主)는 신장은 칠척 오촌이요〉, 「적벽가」 초두 부분인데, 통성으로 다잡아 치솟는 느린 진양조, 전형적인 우조(羽調)였다. 팔십의 노옹(老翁)이라 하지만 아직도 여전히 웅장·호방한 그의 청구성으로 뽑아낸 가락이니 도도하기 이를 데 없었다. 그러나 아무리 웅장·호방한 통성을 질러대도 관중들은 코라도 고는지 도무지 반응을 보이지 않았다. 그래, 이동백은 팍팍한 나머지 이 대문을 중도에 잘라내버리고 대뜸 〈황개(黃蓋) 화선 이십 척…… 번개같이 달려들어〉, 조조의 선단에 불지르는 대문의 다급하게 몰아붙이는 자진모리로 넘어가자 청중들은 겨우 술렁이기 시작하였고, 〈산천은 험준허고 수목은 총잡헌디〉 하는 새타령을 거쳐, 조조가 호로곡(葫蘆谷)으로 패주하는 〈바람은 우루루루 지둥치듯 불고 궂은비는 퍼붓는디〉 하는 전형적인 진양조 계면조 가락에 이르자 청중들은 아연, 용트림하기 시작하였다. 그 계면조가 〈묻노라 저 백구야 너는 어이 한가허여 홍요월색(紅蓼月色) 어인 일고. 어적수성(漁笛數聲) 적막헌디 뉘 기약을 기다리나〉 하는 애련·처절하게 치닫는 진계면 대문에 이르자 마침내 얼씨구 조오타, 하는 추임새가 터져나왔다.

그러자 열광하는 청중들을 이윽히 바라보던 백발이 성성한 이동백은,

「니기미헐 놈들, 용개목 쓰닝개야 환장들 허네그려.」

혼자말을 하였다. 물론 옆에 앉아 있는 고수나 겨우 알아들을 수 있는 낮은 목소리였다. 말하자면 판소리의 참맛은 웅장·호방한 우조에 있는데도 그 가락은 몰라주고, 간드러지게 늘여빼는 계면조 노랑목을 쓰니까 좋아한다는 탄식인 셈이었다.

이 일화는 여러 가지로 풀이될 수 있다. 이동백의 창법은 크게 보아 우조 중심의 동편제이지만, 역시 충청도 태생의 광대라서 그런지 중고제의 경드름이 짙게 투영되어 있다고 필자는 생각하고 있거니와, 그러한 그의

창조(唱調)가 흥타령·육자배기 가락 등을 기반으로 한 계면조 위주의 가락을 좋아하는 전라도 청중들에게는 잘 먹혀들지 않는다는 탄식으로 풀이할 수도 있고, 웅장·고졸(古拙)한 전통적 창법을 고수하려는 노대가의 입장에서, 자주 계면조 일변도로 달라져 가는 청중들의 일반적인 기호(嗜好)의 변화를 개탄한 것으로 풀이할 수도 있다. 아마 그 두 가지 이유가 복합된, 고독한 예술가로서의 탄식이었을지도 모르겠다.

또한 이 장면에서 우리는 서산낙일과도 같은 운명에 직면한 중고제의 모습을 상징적으로 볼 수 있을 것 같기도 하다. 국창 이동백이 〈이제는 내가 죽을 날이 가까웠소〉라고 술회한 것은 물론 자신의 나이를 두고 한 말이겠지만, 어찌 보면 자신이 이제껏 기반으로 하여온 중고제의 서산낙일과도 같은 운명을 예감한 탓이었는지도 모를 일이다. 한참 당년에 기라성 같았던 중고제의 명창들이 차례로 사라지고 자기 혼자만 남았는데, 자기마저도 이제 임종을 준비해야 할 시점에 이르러 있었기 때문이다. 실지로, 1947년, 81세의 고령으로 그가 세상을 떠난 이후에는 중고제의 명맥이 완전히 끊기고 만 것이다. 강장원이나 공기남 같은 비교적 젊은 중고제의 명창들도 이동백이 죽은 3년 후에 일어난 6·25와 함께 모두 이북으로 가버렸던 것이다.

어떻든, 오명창의 마지막 생존자 이동백이 임종을 준비하던 그 시점(時點)이야말로 이왕가(李王家)의 어전(御前)에 나서볼 기회도, 그리고 그보다 반 세기 뒤에 비롯된 인간문화재의 제도적 보장을 누려볼 기회도 갖지 못한 진짜 광대 임방울이 바야흐로 전성기에 접어드는 기간이었던 것이다. 그리고 이동백이 개탄했던 바 변모되어가는 청중들의 기호에 적절하게 부합되는 새로운 창법을 개발한 천재적인 광대가 바로 임방울이었던 것이다. 왜냐하면 임방울이야말로 그의 선대 가객들이 노랑목으로 기울어질 위험이 짙다 하여 경원하던 계면조를 최상의 예술적 창조(唱

調)로 개발해낸 가객이라고 생각되기 때문이다. 이는 물론, 그가 계면만을 불렀다는 말도 아니고, 우조를 기피했다는 말도 아니다. 또 임방울 이전에는 우조만 있었고 계면조는 없었단 말도 아니다. 계면의 예술성을 최대한으로 승화시킴으로써 그것이 수반하는 노랑목으로 전락할 위험성을 극복했다는 말이요, 우조의 가락 속에 계면의 감칠맛을 부여함으로써 그것을 더욱 우조답게 고양시켰다는 말이다. 이런 점에서 그는, 앞서 말한 바, 새로운 독자적 가풍(歌風)을 수립하기 위하여 자기 가문(家門)의 우조 위주의 법제에 반역한 송만갑의 시도와 방불한 모험을 더욱 대담하고도 철저하게 수행한 가객이라 할 수 있다.

이러한 그의 노래가 당대 민중들에 의하여 얼마나 열광적인 호응을 얻게 되었는가 하는 것은, 그의 〈쑥대머리〉 선풍 하나만으로도 능히 짐작할 수 있다. 일부에서는 그의 이런 역할을 두고 판소리의 역적이니, 대중의 저속한 기호에의 영합이니 하기도 하지만, 그것은 당대의 민중적 정서와의 혼융일체 속에서만 그 최상의 예술이 성취되는 판소리 본래의 현장성을 간과한 고식적 편견이라 아니할 수 없다.

그러나 임방울의 판소리에는 한 가지 적지 않은 결함이 있는 사실도 간과해서는 안 된다. 그것은 그의 가사를 알아듣기 힘든 경우가 많다는 사실이다. 즉 그는 가사를 충분히 소화할 수 있을 만큼의 글공부를 하지 못하였다는 것이다. 특히 유식한 한문 위주의 사설에 이르러서는 그의 이러한 결함이 두드러지게 나타난다. 판소리의 장르를 어떻게 규정할 것이냐 하는 문제는 우선 접어둔다 하더라도 그것이 문학·음악·연극 등이 종합된 예술양식임을 부인할 수는 없지만, 그중에서 특히 두 기둥 같은 요인으로 되어 있는 것이 문학과 음악이라 할 수 있는데, 임방울은 그 문학적 요소의 전달에 미흡함을 보이고 있는 것이다. 따라서 판소리에서 운위하는 바 〈이면(裏面)을 그린다〉는 면에서 볼 때 이는 결함이라 아니할 수 없다.

여기서 잠시 이면(裏面)이라는 것에 대하여 생각해보기로 하자. 이면이라는 말의 사전적 의미는 〈안쪽, 일의 내막, 내용, 사리(事理), 경위(經緯) 등으로 풀이할 수 있다.

그러면 판소리에서 운위하는 〈이면〉이란 무엇인가? 〈이면을 그리다〉 할 때의 〈이면〉은 무엇이며, 〈이면에 맞다 또 어긋났다〉 할 때의 〈이면〉은 무엇인가? 판소리 용어로서의 〈이면〉이라는 말 역시 애당초 상기한 일상어의 의미망을 기반으로 하였었을 것으로 추리된다. 즉 〈이면을 잘 그렸다〉 할 때의 〈이면〉이란, 일의 내막 또는 속사정이라는 뜻으로 풀이될 수 있을 것이고, 〈이면에 맞다 또는 어긋났다〉 할 때의 〈이면〉은 사리나 경위 등의 뜻으로 풀이될 수 있을 것으로 본다.

따라서 〈이면〉이란 일차적으로는 사설, 창, 너름새, 장단 등 판소리의 여러 요소들의 상호관계를 전제로 하는 용어이다. 뿐만 아니라 판소리가 총체성으로서의 예술로서 퍼포먼스된다고 할 때 〈이면〉이라는 것은 결국 그 여러 요소들이 하나로 만나는 불꽃 튀기는 사북(求心點)과 비유될 수 있는 것이라고 하겠다. 이런 점에서 이면론은 사설, 창, 너름새들이 하나의 자리에서 만나는 예술로서의 판소리의 특질을 구명함에 있어서 중심적 과제라 할 수 있다. 〈이면을 그린다〉, 〈이면에 맞다〉라는 말은 사설, 창, 너름새 등이 서로의 〈사리 경위, 속사정에 부합되게 표현하다〉 또는 그 표현이 사설, 창, 너름새 등의 서로의 〈경위, 사리, 속사정에 어긋나지 않다〉 등으로 풀이될 수 있다. 이때의 〈이면〉은 퍼포먼스의 저편에 내재하는 〈속 의미〉가 아니고, 의미가 빚어지는 표현의 최상의 행위와 관련되는 용어이다.

이렇게 볼 때 〈이면을 그린다〉, 〈이면에 맞다〉라는 것은 사설, 창, 너름새(또는 장단이나 추임새까지 포함하여) 등 판소리의 모든 요소들이 〈상합(相合)하여 마조떠러지〉게 표현하는 것, 또는 사설, 창곡(唱曲), 연극 등을 통합하여 표출함에 있어서의 적절성 내지 일치성을 드러내는 것으로 간주할 수도 있겠다.

그러나 이러한 풀이는 자칫하면 소박한 모사나 기계적인 재현 등을 강조하는 말로 오인될 소지가 없지 않다. 〈이면〉이라는 말을 판소리의 퍼포먼스에 있어서의 여러 요소들이 혼연일체의 하나로서 불꽃 튀기는 만남을 성취하는 자리, 즉 사북으로 비유할 수 있다고 할 때, 그런 여러 요소들의 진정한, 하나로서의 만남은 〈상합하여〉나 〈적절하게〉나 〈일치되게〉만 만난다고 해서 반드시 최상의 것이 되는 것은 아니기 때문이다. 어떤 때는 〈상합하게〉가 아니라 오히려 〈상충되게〉 만날 때 더 빛나는 만남이 될 수 있는 것이며, 어떤 때는 〈일치되게〉가 아니라 〈상반되게〉 만날 때 더욱 격렬한 불꽃 튀는 만남이 이룩될 수 있을 것이다. 판소리뿐만 아니라 모든 예술의 다이나미즘은 오히려 이런 폭력적인 격돌에서 더 많이 빚어지는 것이다.

〈이면을 그리다〉, 〈이면에 맞다〉 할 때의 〈이면〉이라는 말의 본래의 뜻이 이미 살펴본 바와 같이 어떤 일의 내막이나 속사정 등을 비롯하여 사리, 경위 등의 뜻으로 풀이될 수 있다고 할 때, 상기한 판소리 용어가 일차적으로 소박한 모사론이나 속류합리주의(俗流合理主義)에로 기울어질 소지를 간직하고 있는 것은 사실이며 이제까지의 〈이면론〉의 바탕에는 그러한 두 가지 흐름이 기저를 이루어 왔던 것도 사실이다. 실지로 역대 명창들의 바디에는 〈……이리 하였다고 하나, 어찌 그랬을 리가 있으리오……〉 하는 식의 개작의 코멘트가 나타나는 경우가 많고 그것은 소박한 모사론 내지 합리성에의 지향을 반영하는 경우가 많았던 것이 사실이다.

그러나 사리니 경위니 또는 내막이니 속사정이니 하는 말들을 예술의 퍼포먼스의 자리에서 풀이한다고 할 때 그것은 결코 기계적 모사나 속류 합리주의에로 기울어질 수는 없다. 오히려 텍스트의 여러 요소들 사이의 고도의 긴장을 유지하는 관계, 혹은 유기적 총체성을 지향하기 위한 여러 요소들의 격렬한 만남 등을 강조하는 용어로 풀이될 수도 있기 때문이다. 그리고 실지로 뛰어난 천재는 언제나 위대한 예술이 요구하는 속사정이나 사리 혹은 경위에 부합되는 표현을 성취시켰던 것이 사실이다. 뿐만 아니라 고식적인 사리, 경위, 속사정 등을 뛰어넘는 자리에서 새로운 사리와 경위와 속사정을 구현하였던 것이다. 이류시인은 규칙을 준수하나, 일류시인은 새로운 규칙을 창조한다는 말도 이런 관점에서 이해될 수 있다.

이런 점과 관련하여 〈이면〉을 강조한 김연수에 대하여 〈이면만 찾다가 소리 망친다〉고 반발하였다는 임방울의 말이 지닌 역설적 의미는 음미해볼 필요가 있을 듯하다. 이 말은 물론, 판소리에 있어서 〈사설에 나타난 극적 요소에 따라 곡조를 변화시키고 연기도 곁들여야 된다〉는 김연수의 〈이면론〉에 대응하여, 어디까지나 〈소리〉 자체를 위주로 하는 임방울의 입장을 반영한 말이라 할 것이다.

그러나 달리 생각하면 이 말은 〈이면만 찾다가 이면을 망친다〉라는 말로 풀이될 수도 있을 듯하다. 왜냐하면 이 말은 김연수의 〈이면론〉과 맞선 임방울 자신의 고유한 〈이면론〉의 피력으로 볼 수 있기 때문이다. 학식도 있고, 창극에도 재능이 있었던 김연수와는 달리 학식도 모자랐고, 창극에도 관심이 없었던 임방울에게는 물론 김연수에 비하여 모자란 점이 많았던 것은 사실이지만 〈소리〉가 뛰어난 사람이었음은 분명하다. 따라서 그는 김연수와는 다른 각도에서 자신의 예술을 추구하지 않으면 안 되었던 것이니 그것이 바로 〈이면만 찾다가 소리 망친다〉는 주장으로 나아간 것이라고 할 것이다. 실지로 그가 남긴 판소리에서 우리는 김연수와는 다른 또하나의 〈이면 그리기〉의 명수를 보게 된다.

역대 명창들의 바디에는 으레 〈……이리 하였다고 하나, 어찌 그랬을 리가 있으리요……〉 하면서 기존의 바디를 비판하는 이른바 개작 코멘트가 한두 군데쯤은 있게 마련이라 하였거니와, 이런 개작이 가능할 수 있다는 사실이야말로 판소리의 유동성 내지 개방성을 반증하는 것이며 숱한 이본(異本)과 숱한 갈래의 바디를 파생케한 요인이기도 한 것이다. 판소리가 최상의 예술적 차원을 향한 무한한 지향성의 예술이라는 것, 김동욱(金東旭) 교수가 규정한 바와 같이 그것이 적층(積層)의 예술이라는 것도, 상기한 점과 관련되는 바 크다고 할 것이다. 적층의 계기는 작사자(문학) 쪽이 원인일 수도, 광대(음악) 쪽이 원인일 수도 있겠으나 어떻든 그것이 판소리를 적층의 예술로 하게 한 중요한 요인의 하나였을 것은 분명하다.

가령, 「춘향가」 가운데 이도령이 어사출도를 한 연후에 춘향을 동헌으로 데려와서 노는 판에 춘향어머니가 등장하는 장면에서 임방울이 〈……한참 노는디 춘향어머니가 몰랐다고 하지마는 어찌 몰랐을 리가 있겠느냐. 겁짐에 쫓아들어오다가……〉 하는 부분은 기존의 바디에 있어서의 서사내용(문학)이 〈이면에 맞지 않는다〉는 코멘트라 할 수 있다. 또 가령, 「춘향가」 가운데 신관사또의 「신년(新延)맞이」 대문에서 변학도가 부임지 남원을 향하여 내려오는 부분에서 〈급급히 발정헐 제 어서 가서 춘향 볼 욕심에 마음은 장히 급허지마는 사또의 행차라 점잔을 빼느라고 진양조로 내려오던 것이었다〉라는 김연수의 진술은 기존의 바디에 대한 비판적 코멘트를 가하고 있는 것은 아니지만 역시 광대로서의 김연수의 〈이면〉에 관한 의식을 반영하고 있음을 간과할 수 없다. 즉 이 부분을 종래의 바디에서는 거의 예외없이 늦은 자진모리로 부르고 있거니와, 이 장단이 점잖은 〈양반 행차〉라는 정황에는 어울리지 않고, 진양조 장단이라야 〈이면에 맞는다〉는 의식을 반영한 것이라 할 수 있는 것이다.

이상은 〈이면〉과 관계되는 간단한 예라 할 수 있겠으나 어떻든 이런 개작 행위는 기존의 바디에 대한 불만에서 연유되는 것이요, 그 기준이 되는 것이 곧 〈이면〉임을 알 수 있다. 이렇게 볼 때 〈이면〉이란 예술적 판단과 관련되는 것임을 알 수 있다. 〈이면에 맞다, 어긋났다〉 하는 표현이 가능한 것은 그 때문이다. 이런 표현이 속류합리주의에 입각한 기계적 재단(裁斷)을 정당화하는 근거로 될 수 없다는 것은 앞서 언급한 바 있다.

그러나 〈이면〉은 앞서 말한 바와 같이 표현행위 자체와 관련되는 용어인 것이다. 다시 말하면 이면은 판소리의 모든 요소들이 하나로 만나는 불꽃 튀는 만남의 자리로서의 사북에 비유될 수 있는 것이다. 〈이면을 그리다〉라는 표현이 가능한 까닭이 여기에 있다. 이리하여 광대는 기존의 바디를 ① 깊이 〈삭이어야〉(소화(이해)하여야) 하며 ② 그 소화한 바를 훌륭히 〈새기어야(풀이(表現)하여야)〉 한다. 〈이면〉의 문제는 광대에 있어서는 전수받은 바디를 일단 〈삭이는〉 과제에로 연결되기도 하지만 동시에 그 바디를 〈새기어〉 밖으로 드러냄으로써 구현되는 것이다. 이런 점에서 전적으로 기존 바디의 〈삭이는〉 과제에 관련되는 시김새가 주로 광대 자신의 수련과 관련되는 용어인 데 반하여, 〈이면〉은 그 수련한 바를 〈새기는〉 과제와 주로 관련되는 용어이며, 따라서 전자가 내향적인 데 반하여 후자는 외향적인 것임을 알 수 있다.

그러나 시김새와 이면은 언제나 표리일체의 관계에 있고 상호보완의 관계에 있다는 것은 말할 필요도 없다. 최상의 예술적 차원에 있어서는 이 양자는 실상 구별할 수 없는, 구별 그것이 부질없는 것으로 되고 만다. 손등과 손바닥을 둘로 나누려는 것이 부질없는 일이듯이.

〈이면〉론의 관점에서 볼 때, 임방울의 노래 가운데에서 「춘향가」 중의 걸인 행색의 어사사위와 칠성단 모아놓고 축수하는 장모가 수작하는 장면이나 어사출도 붙인 후 객사에 좌정한 사위를 만나려고 춘향모가 등장하는 장면, 또는 「적벽가」에 있어서 조조 군사들의 설움타령이나 조조 군사들의 점고하는 장면 등등 평이한 서민적 사설이 주류를 이루는 대문에 있어서 그의 천재는 탁월하게 발휘되고 있음에도 불구하고, 「적벽가」 초두 부분, 「수궁가」 중의 〈범피중류〉 등등 난삽한 한문투 위주의 양반 취향의 대문에 있어서는 상대적으로 그렇지 못한 것같이 보이는 것도 이런 점과 관련된다 하겠다. 그리고 지나친 도식적 속단이 될는지는 모르나, 이면론의 관점에서 볼 때 우조에서보다는 계면조에서 그의 천재가 상대적으로 빛나고 있는 것같이 보이는 이유도 그런 면과 관련되는 것이 아닐까 한다.

판소리 다섯 마당에 이미 친숙해져 있는 당대의 민중들, 다시 말하면, 그 난삽한 사설 내용을 일일이 해독해낼 수 있을 만큼 충분히 유식하지는 못할지라도 판소리 다섯 마당의 서사적 윤곽을 이미 몸으로 익혀 알고 있는, 개개이 귀명창이 되어 있는 당대의 민중들에게 있어서는 실상 그러한 임방울의 결함이 애당초 결함으로 드러날 이유가 없는 것이다. 문제는 판소리예술에 생소한 다음 세대의 사람들, 판소리 가락은 다시 말할 것도 없거니와 우선 그 사설 내용에마저도 생소한 젊은 세대에게 있어서는, 이는 심각한 결함으로 드러날 수밖에 없다. 그들에게 있어서는 우선 그 사설 내용이 판소리로 접근케 하는 길잡이가 되는 것이기 때문이다.

명창 김연수의 등장은 이런 점에서 매우 중요한 의의를 갖는다 할 것이다. 김연수야말로 오명창 이후의 정상급 명창 중에서 난삽한 사설내용을 충분히 소화할 수 있는 학식을 가진 거의 유일의 가객이었다. 이런 점

명창 김연수

에서 그가 후에 인간문화재시대의 국창으로 군림하게 된 것도 여러 가지 점에서 상징적인 의미를 갖는다 하겠다. 그의 『김연수 창본(金演洙唱本)』은 판소리 실기자에 의하여 판소리 다섯 마당이 정리 편찬된 책이라는 점에서 획기적 의의를 갖는다. 이 저서에 의하여 판소리 다섯 마당은 비로소 그 실기자에 의한 체계적 조명을 받게 된 것이며, 판소리로서의 판소리 연구의 실마리가 열리게 된 것이다.

임방울과 김연수는 불과 두 살 차이밖에 없었으나, 여러 가지 면에서 대조적이었다. 우선 성격적인 면에서 보더라도 임방울이 이를 데 없이 따뜻하고 유순하면서도 이따금 속으로 노여움을 타는 일면도 있었는데 반하여, 김연수는 매사에 경우가 밝고 성질이 불꽃같아서 이따금 과격한 언사를 하는 경우도 있는 반면, 그런 것을 쉬 잊어버리는 성품이었던 듯하다. 전자가 천성적인 목청을 타고난 가객이요 이렇다 할 교육도 받아볼 겨를 없이 판소리 속에서 잔뼈가 굵은 가객인 데 반하여, 후자는 어느 정도의 현대식 교육도 받았고(중앙고보 수학), 20세에 이르러서야 본격적인 소리공부를 시작한 노력형의 가객이었다. 또 전자는 판소리 이외에는 애당초 흥미도 기량도 별로 없었던 외줄기 판소리 가객인 데 반하여 후자는 창극 같은 데에도 뛰어난 기능을 발휘한 가객이었고, 전자가 식자 없는 서민대중 속에 광범한 호응을 얻고 있었는 데 반하여 후자는 상대적으로 우선 사설의 의미내용에 관심을 갖는 지식인들 사이에 지지를 받고 있었던 가객이었다고 보아야 하겠다. 국창으로서의 임방울의 후반기의 생애는 이 두려운 후배와의 경쟁관계 속에서 영위된 생애였다고 보아야 할 것이다.

한번은 임방울과 김연수가 서로 고수 역할을 교대해가며 소리 한 대문씩을 한 일이 있었다. 서로 장단을 쳐주며 소리를 할 정도였으니까 두 사람의 사이가 버그러지기 이전의 일이었을 것이다. 먼저 김연수가 「흥보가」 중 〈제비 노정기(路程記)〉에서부터 시작하였다. 〈제비 노정기〉란, 구렁이 때문에 하마터면 죽을 뻔한 제비가 흥보 덕에 살아나 강남에 갔다가 이듬해 봄에 그 은혜를 갚기 위하여 보은표(報恩瓢) 박씨를 입에 물고 만리 조선을 찾아오는 동안의 산천 경개를 노래한 대문으로서 우평조(羽平調)의 자진모리 가락이다. 강한영 씨에 의하면 이 부분을 더늠으로 잘 부른 이는 이른바 오명창의 한 사람인 김창환이라 하거니와, 김연수의 「흥보가」 역시 김창환제를 계승한 것이라 한다. 필자는 아직 김창환의 〈제비 노정기〉를 듣지는 못하였으나, 내가 들은 여러 〈제비 노정기〉 중에 김연수의 그것이 단연 으뜸이라 생각하고 있다.

> 흑은 박차고 백운 무릅쓰고 거중에 둥실 높이 떠 두루 사면을 살펴보니 서촉 지척이요 동해 창망쿠나 축융봉을 올라가니 주작이 넘논다. 상익토 하익토 오작교 바라보니 오초 동남에 가는 배는 북을 둥둥 울리며 어기야 자아 어어야 어기야 히야 저어가니 원포귀범(遠浦歸帆)이 이 아니냐. 수벽사명양안태(水碧沙明兩岸台)의 불승청원각비래(不勝淸怨脚飛來)라 날아오는 저 기러기 갈대를 입에다 물고 일점 이점에 떨어지니 평사낙안(平沙落雁) 이 아니야. 백구 백로 짝을 지어 청파상에 왕래허니 석양천이 여기로다. 회안봉을 넘어 황릉묘 들어가 이십오현 탄야월(二十五絃彈夜月)에 반죽지(斑竹枝) 쉬어앉아 두견성을 화답허고 봉황대 올라가니 봉거태공강자류(鳳去坮空江自流)라. 황학루를 올라가니 황학일거불부반(黃鶴一去不復返)에 백운천재공유유(白雲千載空悠悠)라.

이렇게 전개되는 김연수의 〈제비 노정기〉는 자진모리의 비교적 빠른 가락이기는 하지만, 그와 아울러 여유자적하고 당당한 일면을 느끼게 하는 분위기로 전개되는 것이다. 먼먼 강남에서 날아오는 연삽하면서도 화

평스런 제비의 모습을 방불케 한다고 하겠다. 장단을 치던 임방울이 소리가 끝나자,

「야, 자네, 그 〈제비 노정기〉 정말 좋네. 언제 나 좀 갈쳐주소.」

「아, 그렇게 하세요.」

임방울은 김연수의 소리를 아낌없이 칭찬하였고, 김연수는 또 임방울에게 그 대문을 가르쳐주마고 하였던 것이다.

「이번에는 형님이 한번 혀보시씨요.」

김연수가 말하였다. 임방울은,

「그래볼까?」

하며 북을 김연수에게 밀어주었다.

「(아니리) 그새 적벽강에서 죽은 군사들이 원조(怨鳥)라는 새가 되야서 모도 조조를 보고 원망을 허는디.」

이건 「적벽가」 〈새타령〉이던 것이었다.

「(중모리) 산천은 험준허고 수목은 진잡헌디 만학으 눈 쌓이고 천봉으 바람칠 적으……」

이때에 북을 치던 김연수가 북통을 딱딱 치며,

「거, 수목은 진잡헌디가 뭣이요. 총답헌디, 그래야제. 어단성장(語短聲長)이라고, 말은 짧고도 분명하게, 소리는 길게 내라는 말이 있는디, 성음이 분명혀야제.」

「진잡헌디가 아니고 총잡헌디 그래야 허는구먼.」

「그러고 만학으 눈 쌓이고 천봉으 바람이 칠 적으 할 때에 이면이 영 맞들 안 혀.」

「이면이라니?」

하며 임방울이 반문하였다.

「아, 이면도 몰라요? 사설 내용과 창이 잘 부합되게 소리허는 것을 이

면에 맞는다 그러는 거여. 만학으 눈 쌓이고, 헐 적에는 눈이 쌓이는 것이닝개 조용히 불러야 허고, 천봉으 바람이 칠 적으, 헐 적에는 사나운 바람이 휘몰아치는 것이닝개 성깔 있게 불러야 헌다 그 말이요.」

「말이사 그럴 듯허네만, 소리를 허다보면 꼭 어디 그대로 된단가.」

「그대로 안 되닝개 그대로 허란 말이제.」

「핫따 그 사람, 따져쌓기는 무던히 따져쌓네.」

「남은 힘들여서 말허는디 그 무신 소리대여?」

「어단성장이네 이면이네 따져봤자, 소리가 소리래야제. 괜시리 이면 찾다가 소리 망치는 벱이여.」

임방울이 약간 짜증스런 어조로 말하였다. 그러자 김연수도,

「아니, 그러면 내가 시방, 비싼 밥 먹고 소리 망칠 짓 혔다 그 말이여 뭣이여?」

하며 그 어조가 곱지 않아졌다.

임방울과 김연수 사이에는 이따금 이런 유의 입씨름이 벌어지곤 하였다.

이 두 적수(?)를 필자가 대학 2년 때에 우연히도 같은 무대에서 처음으로 보게 되었었다는 것은 앞서 말한 바 있다. 거지암행어사 김연수와 방자 임방울이 박석티 고개에서 만나 수작하는 한 대문이었다. 그때 〈소인 방자놈 문안이요〉 하고 임방울이 노래하자, 청중들이 기탄없이 〈네가 이도령감이다〉 하고 소리쳤던 것이다. 당시의 청중들은 창극이다 연기다 또는 사설의 의미전달이다 하는 것은 차치하고 임방울의 〈소리〉를 아직도 더 사랑하고 있었던 것이다.

그때에 내가 목격한 박석티 장면, 그리고 후에 들은 여러 이야기들을 종합하면 대개 다음과 같은 진행이 될 것이다.

폐포파립의 암행어사로 분장한 김연수가 박석티 고개에 올라서서 좌

우 산천경개를 살핀 다음 남원을 향하여 내려오는데, 저 아래에서 웬 사람이 노래를 하며 올라온다. 방자로 분장한 임방울이다.

「어이 가리너 어이 가리 한양성중을 어이 가리. 오늘은 가다가 어디서 자며 내일은 가다가 어디서 잘거나. 가련쿠나 가련쿠나 춘향신세 가련쿠나 일편단심 수절키로 옥중고생 가련쿠나 어서어서 올라가서 서울 삼청동 이몽룡 씨를 뵈온 후에 이런 원정을 모두 하리라.」

명창 강도근의 말과 같이 〈찬물 날아가는 소리〉로 시원스레 뽑어내자 청중들의 조오타아, 하는 추임새가 터졌다.

이어서 암행어사(김연수)의 대사.

「저놈이 그 전에 내 앞에 거행하던 방자놈이 분명쿠나. 저놈이 필시 춘향 편지 가지고 나를 갖다 주려고 한양을 올라가는 모양인데. 저놈이 워낙 천성이 방정맞은 놈이라 내, 속이고 한번 불러볼밖에.」

혼자 중얼거리고는 도포자락으로 얼굴을 슬쩍 가리고,

「얘, 얘.」

「당신 나 불렀소?」

「그래. 너 말고 또 누가 있느냐?」

「애 때 보고 시방 보요? 얘, 얘가 뭣이요?」

「그래, 미안케 됐다. 헌디, 내, 너한테 물어볼 말이 있다.」

「물어볼 말이 있으면 얼른 물어보씨요. 나 바쁜 몸이요.」

「무슨 일로 그리 바쁘냐?」

「하 참, 시시콜콜이도 묻네.」

「물을 만하니까 묻는 것 아니냐.」

「옥중 춘향이 거의 죽게 되야서, 살려달라고 서울 삼청동 이몽룡 씨 댁에 편지 갖다 줄라고 가는 길이요.」

「그래? 그럼 잘 되었다. 그 편지 나 좀 보자.」

「에이 여보시오. 남의 집 내서를 보여 달라니, 그런 경우 없는 소리가 어디 있소?」

「허 그놈, 네가 모르는 소리로다. 옛글에 하였으되 부공총총설부진(復恐怱怱說不盡)허니 행인이 임발우개봉(行人臨發又開封)이라 하였으니, 잠시 펴본들 허물될 것 뭐 있겠느냐?」

「투가리보다 된장 맛이라더니, 주제꼴 허고는 문잣 속은 거드러졌네 그려. 내 그 문자 쓰는 걸로 봐서 보여주는 것잉개 얼른 보고 주시요잉.」

방자가 어사에게 편지를 준다. 어사가 편지를 받아 읽는다.

「**(창조로)** 별후 광음이 우금 삼재(于今三載)에 척서(尺書)가 돈절하야 약수 삼천리(弱水三千里)에 청조가 끊어지고 북해만리에 홍안(鴻雁)이 없고나. 천애(天涯)를 바라보니 망안(望眼)이 욕천(欲穿)이요 운산(雲山)이 원격하니 가슴이 찢어질 듯. 이화에 두견이 울고 오동에 밤비 올제 적막히 홀로 앉아 상사일념이 지황천로(地荒天老)라도 차한(此恨)은 난절(難絶)이라. 무심한 호접몽은 천리에 오락가락 비불자승(悲不自勝)이라. 오읍장탄(烏泣長嘆)으로 화조월석을 보내옵더니 신관사또 도임 후에 수청 아니 든다 하고 참혹한 악형을 가하니 모진 목숨 죽지는 아니 하였사오나 미구에 장하지혼(杖下之魂)이 되게 삼겼으니 바라건대 서방님은 만종록을 누리시다 차생(此生)의 미진한(未盡恨)을 내세에 다시 만나 이별없이 사사이다.」

이러한 창조(唱調)의 영탄에 이어서 중모리 가락이 이어진다.

「편지 끝에 〈이(애)〉자 쓰고 〈이〉자 밑에 〈고〉자 붙여노니 〈이고〉라는 말이로구나. 무명지 손가락을 아드드드득 깨물어 평사낙안(平沙落雁) 기러기 격으로 혈서를 뚝, 뚝, 뚝, 뚝, 찍었구나. 아이고 춘향아 니가 이게 웬일이냐. 나도 너와 이별 후로 독서당 공부를 허여 만과 장원(萬科壯元)되어 너 하나를 보랴허고 불원천리 내려오는디 니가 이 지경이 웬

일이냐.」

성깔 있게 되게 붙인 성음으로 열창을 하였으나, 청중들의 반응은 별반 신통치 않다.

이어서 방자(임방울)가 대사한다.

「아니, 이 양반이 남의 편지를 물걸레를 만들어 놨네.」
하다가 가만히 살피더니,

「아니, 서방님 아니시오. 아이고 서방니임.」
하며 털썩 꿇어앉아 중모리 가락으로,

「소인 방자놈 문안이요. 대감마님 행차 후에 기체 안녕하옵시며 서방님도 먼먼 길을 노독이나 없이 오시니까. 살려주오 살려주오 옥중 아씨를 살려주오. 신관사또 도임 후에 아씨를 잡아딜여 수청 아니 든다 허고 성모삼치(成木三寸) 중장에 명재경각(命在頃刻)이 되었으니 살려주오 살려주오 옥중 아씨를 살려주오.」

방자(임방울)의 노래가 계속되는 동안 청중들의 열광적인 추임새가 터졌다.

「조오타.」

「잘한다. 천하명창이다.」

「과연 찬물 날아가는 소리다.」

「그래그래, 소문에 듣던 대로 찬물 날아가는 소리로구먼.」

「네가 이도령감이다. 네가 이도령감이여.」

「바꿔라 바꿔.」

「그래그래, 바꿔라 바꿔. 방자와 이도령을 바꿔.」

청중들의 이러한 외침이 여기저기서 기탄없이 터져나왔던 것이다. 청중들의 박수와 아우성 가운데 무대에서 물러난 암행어사(김연수)와 방자(임방울)는 총총히 분장실로 들어갔다. 두 사람은 거울 앞에서 분장을 지우기 시작하였다.

한참 말없이 분장을 지우던 김연수가 화가 치미는지 분장 지우개를 바닥에 탁 내던지며,

「더러워서 정말 이놈의 짓 못하겠어.」

라고 중얼거렸다. 그러자 분장을 하고 있던 나이 지긋한 남자 단원이,

「왜 그려?」

하고 물었다. 김연수는 더욱 화가 치미는지, 그에게 대들기라도 하듯이 말하였다.

「누구는 뭐, 용개목 쓸 줄 몰라서 안 쓰는 줄 알어?」

「누가 용개목을 썼다는 게여?」

나이 지긋한 단원이 말하였다.

용개목이란 노랑목을 얕잡아 하는 말이다.

김연수는 임방울 쪽을 바라보며,

「용개목 잘 쓰는 사람한테 물어보면 될 것 아니여.」

그러자 잠자코 분장을 지우고 있던 임방울이 끼여들었다.

「누가 용개목을 썼다고 이러는 게여 시방?」

「쓴 사람이 모르면 누가 알어?」

사태가 차츰 험악해지려 하자, 나이 든 여자 단원이 말리었다.

「인자 그만들 허시씨요. 보기에 안 좋네요.」

「자네 말조심혀.」

임방울이 말하였다.

「왜 내가 못할 말 했어?」

이렇게 대들자 임방울도 결국 화를 터뜨렸다.

「이런 싹동머리 없는 저석 좀 보소잉.」

「뭣이 어찌여?」

하며 두 사람이 마주 대들자 좌우에서,

「왜들 이래.」

「고정들 허세요.」

하고 말리고서야 겨우 가라앉았다.

이런 촌극이 끝나고 나서 차례로 가객들이 나와 한 대문씩 부르고 들어갔는데, 박초월·김연수의 노래까지는 들었으나 임방울의 소리는 결국 듣지 못하였다. 임방울의 차례에 이르자 통금시간이 임박했다 하여 임석경관이 호각을 불어버렸기 때문이었다. 그때에는 전쟁중이어서 통금시간이 엄했던 것이다.

후에 들으니, 임방울은 이런 식의 골탕을 여러 번 먹었다는 것이다. 그것은, 후배인 까닭으로 먼저 나가서 노래하게 되어 있는 김연수가 임방울 몫의 시간까지 불러버리기 때문이라는 것이었다. 통금이 임박해서야 김연수의 노래가 끝나게 되니 임방울은 결국 무대에 설 기회를 잃곤 했다는 것이다. 무슨 고의에서 그랬다기보다도 가객으로서 흥이 나다보면 그럴 수도 있었겠으나, 당하는 쪽으로서는 섭섭치 않을 수 없는 일이었을 것이다. 그래서 한번은 임방울 쪽에서 선수를 쳐서, 먼저 나가서 노래를 시작하여 김연수 몫의 시간까지 불러버렸다 한다. 그러자 성질이 불꽃같은 김연수가 노발대발한 일도 있었다 한다.

한번은 이런 일도 있었다.

집을 쫓겨난 흥보가 여러 날 굶은 끝에 형인 놀부집에 찾아가 놀부한테 양식을 비는 장면을 하게 되었다. 흥보 역에는 김연수, 놀부 역에는 임방울이 하였다. 바야흐로 창극의 붐이 일기 시작한 당시에 있어서 일정한 학식과 연기력을 가진 김연수는 늘 주역을 맡았던 것이다. 양식을 빌러 간 흥보(김연수)가 놀부(임방울) 앞으로 나아가 땅바닥에 무릎을 꿇고 절을 하며,

「아이고 형님, 형님 동생 소인 문안이요.」
하며 도섭조로 아뢰니, 놀부 옆에 있던 놀부처가 나서며,

「한번 떠났으면 그만이제 뭣허러 귀찮게 찾아다닌대야?」

「아이고 형수씨도 평안하셨나이까?」

이때 놀부(임방울)가 장난기 있는 표정으로 흥보에게 다가가며,

「뭐, 흥보라고? 흥보 같으면 내 동생인디? 어디 얼굴이나 좀 보세.」
하였다. 김연수(흥보)는 방울(놀부)에게 눈짓을 하며, 작은 소리로,

「대본대로 해요. 대본대로.」
라고 말하고는 진양조로,

「비나이다 비나이다 형님주전에 비나이다. 인명이 재천이라 설마한들 죽사리까마는 여러 끄니를 굶어노니 하릴없이 죽겄내다. 형님 슬하를 물러나와 밤낮 주야로 벌었어도 삼순구식을 헐 수가 없고, 그저께 하로 굶은 처자가 어제 점두룩 그저 있고, 그저께 하로를 문드러미 굶은 처자가 오늘 아침을 그저 있사오니 쌀이 되면 닷말만 주옵시고, 벼가 되며는 열말만 주옵시고, 돈이 되면 삼십냥만 주시고, 그도저도 못허거든 찌겡이나 몽근재나 양단간에 주시거드면 지금 굶어서 죽을 처자 살려내겠나이다.」

흥보(김연수)가 이렇게 되게 다잡은 성음으로 열창을 하니, 놀부(임방울)가 더욱더 장난기 어린 표정으로,

「뭣이여? 찌겡이나 몽근재를 달라고? 핫다, 그 저석 별걸 다 달락 허네. 아, 몽근재는 갖다가 뭣 헐라고 그러냐 시방?」

그러자 객석에서 박수와 함께 웃음이 터졌다. 그러나 김연수(놀부)는 더욱더 심각한 표정으로 방울에게 눈짓을 하며, 역시 작은 소리로,

「대본대로 허란 말이여, 대본대로.」
라고 말하였다. 그러자 임방울(놀부)은 청중을 바라보며, 도섭조로 중얼

거렸다.

「내 동생 홍보가 나더러 대본대로 허라고 허는디.」

하고는 엇모리 가락으로,

「대본대로 하라니 대본이 따로 있나. 대본대로 하라니 대본이 근본인가. 대본이고 막대기본이고 잘만 허면 그만이제.」

하더니 난데없이 홍타령 가락으로,

「가노라 가네 내가 돌아가네 임을 따라서 나는 가네.」

하더니 훌쩍 무대 밖으로 나가버렸다. 말하자면 박귀희 여사의 이른바 뻘뚝성질이 단단히 돋았었던 모양이다. 임방울의 이 뻘뚝성질로 하여 전날 박귀희 여사와 박초월 여사가 무대에서 골탕을 먹어야 했던 것과 꼭 마찬가지로 이번에는 홍보(김연수)와 놀부처가 골탕을 먹어야 하였다.

졸지에 무대에 구멍이 나버렸으나 그렇다고 막을 내릴 수는 없었다. 워낙 무대에 있어서 순발력이 뛰어난 김연수(홍보)인지라, 당황하지 않고 임기응변으로 놀부처에게 다가가서, 도섭조로,

「아이고 형수씨, 먹다 남은 누룽지라도 있으면 좀 주시씨요.」

하니 놀부처가 이를 받아서,

「누룽지는 무슨 누룽지. 누룽지 있으면 우리집 삽쌀개 먹이겠네. 아나 누룽지, 아나 돈.」

하며 삿대질을 하였다. 이어서 홍보가 진양조로,

「허허어, 홍보놈의 신세 보소. 세상 천지에 이 지경이 웬일이란 말인가. 여보시오 형수씨. 어서 나를 죽여주오. 살기도 나는 귀찬허고 구박받기도 내사 싫소.」

이런 식으로 간신히 공백을 메꾸고 퇴장하였다. 대기실에 들어서자마자 화가 머리 끝까지 치민 김연수가 사방을 두리번거리며,

「이 자식 어디 갔어? 오늘 이 자식을 요절을 내버려야겠어.」

하였다. 임방울의 모습은 보이지 않았다. 김연수를 따라 들어온 놀부처 역을 맡은 여자 단원도,

「임 선생님도 참말로. 그렇게 훌쩍 나가버리시면, 우리더러 어쩌라고 그리신대야?」

하며 투덜거렸다. 김연수도 더욱 화가 치미는지,

「이놈을 내, 가만 안 두겠어.」

하였다.

「무슨 일로 또 그런대여?」

단원 한 사람이 궁금하여 물었다.

「임 선생이 무대에서 도중에 훌쩍 나가버리시잔혀요?」

그러자 그 단원이,

「허기 싫다는 창극은 자꾸 허락 혀갖고 그 야단이구만그려. 그 사람은 혼자 내버려둬야 허는디.」

그러자 김연수가 발끈하여,

「거 무식헌 소리 작작 해. 창극이 무슨 약장사 넋두린 줄 알어?」

하며 나섰다. 그 단원은,

「그 사람이 잘했다는 것이 아니여. 인자 그만 해. 자네도 성질 좀 고쳐야 쓰겄어. 선배한티 이놈 저놈이 뭣이대여?」

「고작해야 두 살 차인데 선배는 무슨 선배여. 지까짓 게 목청 하나 믿고 콧대 세울 건 뭐여. 목청 빼면 지까짓 게 뭐가 있어? 연기가 있어, 이면을 알아? 순 무식쟁이 주제에.」

그러자 여자 단원 하나가 나서며,

「인자 그만 좀 허시씨요. 듣기에 안 좋네요.」

「뭣이 어쪄? 방정맞게 여자가 어디를 끼여들어?」

「끼여들만 하니깨 끼여들지라우. 식자 좀 있다고 사람을 모다 깔보는

거 아니어라우. 소리꾼이 소리 잘허면 됐제. 식자타령이 무슨 소용이다요.」

「뭣이 어쩌?」

마침내 김연수가 벌떡 일어났다. 그러자 좌우에서 사람들이 말리어서 간신히 조용해졌다.

「그나저나 방울이 이 사람은 또 어디를 갔어. 또 역마실성이 도진 것 아니여?」

단원 한 사람이 중얼거렸다. 아닌게아니라 임방울의 방랑벽이 도진 것이었다. 그런 일이 있은 후 그 무대에는 영영 모습을 나타내지 않았던 것이다.

「당신 목은 하늘에서 타고난 목잉개.」

하며 김연수는 임방울에게 칭찬을 하였고, 임방울은,

「우리 나라에 국창 김연수 씨가 있습니다.」

하고 청중에게 칭찬의 말을 보내곤 하면서도 실상 두 사람 사이의 인간관계는 그다지 원만치 못하였던 듯하다. 이 불화관계에 있어서 공세의 입장에 있었던 것은 김연수였고, 수세에 있었던 것은 임방울이었던 듯하다. 천성적으로 좋은 목을 타고난 가객임에도 불구하고 식자가 모자라고 판소리의 체계적 이론에 밝았다고는 할 수 없는 임방울과, 판소리의 사설 내용과 이론에 밝은 가객이었으나 궂은 목을 타고나 후천적 공력으로 대성한 김연수는 여러 가지 점에서 대조적이었고 그 대조적인 점으로 하여 두 대가는 서로 상대방에 대하여 우월감과 열등감을 동시에 간직하고 있었던 듯하다.

다음 이야기는 한애순 여사의 증언이다.

두 국악계의 대가 사이의 불화관계를 민망하게 생각한 것은 다른 누구보다도 후배들이었다. 국악의 앞날을 위해서도 바람직하지 못한 일이었다. 그래서 어느 날 몇몇 인사들이 자리를 마련하여 두 사람을 모셔다 놓고 화해를 시키려 하였다. 그러나 그들의 노력으로도 성질이 괄괄하고 직선적인 김연수와 성질이 유순하면서도 속으로 수줍은 노여움을 간직하는 임방울 사이의 불화의 장벽을 무너뜨리지는 못하였다. 결국 뒷맛이 개운치 못한 상태로 자리가 파하고 말았다. 임방울이 울적한 심정으로 자리를 털고 일어나 혼자서 집으로 돌아가는데, 뒤에서 그를 부르는 소리가 들렸다. 그 자리에 같이 참석했던 김모라는 사람이었다. 국악 행사 같은 것을 주선도 하고 수발도 하는 요컨대 국악계 주변의 건달이라 할 수 있는 인물이었다. 술이나 한잔하자고 그를 끌었다. 평소에 술을 즐기지 않는 임방울이었으나, 그의 청을 거절하기도 뭣하였고, 또 울적한 심정에 술이나 한잔 해보고 싶은 생각도 있어서 그를 따라 가까운 생맥주집으로 들어갔다. 김이 따라주는 맥주잔을 들고 막 입에 가져가는 찰나 임방울의 눈에서 불이 번쩍 튀는 것 같았다. 김의 주먹이 그의 콧잔등을 쳤던 것이다.

「네가 뭔데, 화해를 하라면 할 일이지 고집이여?」

하는 것이었다. 임방울은 코피를 쏟으며 그 자리에 쓰러지고 말았다. 이 일로 하여 임방울은 여러 달 동안을 자리에 눕지 않으면 안 되었다. 이보다 몇달 전에 임방울은 일본으로 순회공연을 간 일이 있었다. 이때에 조총련계에서 초청하는 자리에 가서 몇차례 노래한 일이 있었는데 이로 인하여 그는 당국에 불려가 호된 고생을 치른 일도 있었다. 이런저런 일로 꽤 오래 자리에 눕게 되었던 것이다.

1960년 봄의 어느 날이었다. 자리에서 일어난 지 얼마 안 되었을 때의 일인데, 그는 경회루에서 개최된, 국빈을 모신 가든 파티에 초청되어 갔다. 거기서 그는 거지 어사사위와 칠성단에 치성드리는 장모가 수작하는 대문을 불렀는데, 〈거 누가 날 찾나〉 하는 대문에서 가사가 막혔다. 한 대문을 돌고 나서 다시 〈거 누가 날 찾나〉 이렇게 되풀이하기만 하였다. 북을 치던 김득수 씨가 보다못하여 〈날 찾을 이 없건마는〉 하고 알려주어서 간신히 노래를 찾아 마칠 수가 있었다. 그 얼마 뒤에 수정에 초청공연을 가서 같은 대문을 불렀는데, 역시 같은 대문에서 소리가 막혀 애를 먹었었다는 것이 당시에 고수를 맡았던 김득수 씨의 증언이다.

다음은 남원 명창 강도근 씨의 증언이다.

그 해 초여름, 그러니까 경회루에서와 수정에서의 출연이 있은 지 두어 달 뒤에 광주시에서 한 달 동안 〈물산공진회〉가 열리는데, 그 축제기간 동안 판소리 공연을 아울러 하게 되니 그것을 책임맡아 치러달라는 요청을 임방울이 받았다. 여러 달 동안 집에만 묻혀 있던 남원 명창 강도근 씨도 그때 임방울의 연락을 받고 그 공연에 참여하였다. 공연은 대성황을 이루었다.

공연이 성황리에 열흘째로 접어드는 어느 날 아침이었다. 제일여관이라는 데 투숙하고 있었는데 임방울과 강도근은 같은 방을 쓰고 있었다. 강도근은 윗목에 앉아서 목을 풀고 있었고, 임방울은 아랫목에 앉아서 역시 목을 흥얼거리며 화투패를 떼고 있었다.

그때 어떤 갓을 쓴, 수염이 하얀 영감이 방안을 기웃거렸다. 더운 철이어서 방문을 열어놓고 있었던 것이다. 영감이 물었다.

「여기가 임방울 씨 계시는 방이오?」

「그렇소만 왜 그러시오?」

강도근이 물었다. 임방울도 화투 손을 멈추고는 영감 쪽으로 고개를 돌렸다.

「내가 풍류상(風流相)을 좀 볼 줄 알아서 그러는디……」

하며 영감이 방안으로 들어서려 하였다. 가객들이 노래하는 양을 보고 운명을 점친다는, 관상의 일종이라 하였다. 여관 같은 데 투숙해 있으면 흔히 이런 사람들이 찾아와서 귀찮게 말을 씹히곤 하던 시절이었다.

「어여, 들어오실 것 없소. 우리는 관상 같은 것 보는 사람들 아니오.」

강도근이 손을 내저으며 제지하였으나, 영감은 아랑곳하지 않고 들어와 좌정하더니,

「내가 뭐, 돈 달라고 그러는 사람 아니오. 그저 임방울 씨 풍류상을 보아볼까 허고 꼭 열흘 동안을 공연장에 나다닌 사람인디, 보아둔 것이 있으닝개 그저, 들어나 보시씨요.」

하였다. 그러고 보니 강도근에게도 그 영감이 눈에 익었다. 강도근이 무대에 올랐을 때마다 객석 맨 앞에 앉아 있던 얼굴이었다. 임방울에게도 이 점은 마찬가진 듯하였다. 그도 화투패를 치우고 이쪽을 향하여 고쳐 앉았다.

「그러면 어디 나나 한번 보아 보시씨오.」

강도근이 농 반 진담 반으로 말하였다.

「젊은이는 초년에는 더러 풍파가 있었지만 후분은 좋소. 그러고 76세까지 장수하시겠소.」

영감은 강도근을 보고 말하였다. 임방울이 강도근을 쳐다보며,

「에라 이 저석아, 똥 주워먹을 때까지 살아라.」

하였다. 당시로서 76세라면 그럴 만도 하였었다.

「그러면 나는 어떻소?」

임방울도 결국 끌려들었다.

「뜬구름 같은 세월에 뜬구름 같은 인생 거침없이 훨훨 날 듯이 살아온 한평생이오만.」

하더니, 영감은 말을 멈추고 잠시 임방울의 얼굴을 찟찟이 살펴보기만 하였다. 무슨 뚱딴지 같은 소린고, 하여 임방울과 강도근이 멀뚱히 영감을 바라보고만 있는데, 잠시 후 영감은,

「앞으로 몇달 안에 천벽이 떨어져 돌아가시겠소.」
하고는 벌떡 일어서서 밖으로 나가버렸다. 남은 두 사람은 잠시 말을 잃고 망연히 앉아 있기만 하였다. 임방울의 「수궁가」 처음 부분에 보면, 용왕이 중병을 얻어 누워 있는데 홀연 도사가 나타나서 진맥을 해보고는 〈진세 산간에 천년 퇴간(토끼의 간)이 아니면, 염라대왕이 동성(同姓) 삼촌이요 강림도령(무당이 섬기는 아기귀신)이 외사촌 남매간이라도 신사이원(身死離遠) 누루 황(黃) 샘 천(泉) 돌아갈 귀(歸) 허시겄소〉라고 말하는 대문이 있다. 천년 묵은 토끼간을 구해서 약으로 하지 않는 한 황천객이 될 것이라는 말이다. 진세간에 있는 토끼를 수궁에서 구한다는 것은 사실상 불가능한 일이므로, 이는 거의 사형선고와 다를 바 없으나 임방울의 이 부분의 아니리의 어조는 다분히 해학적이다. 그러나 그러한 임방울도 정작 자기 자신에게 이런 선고가 떨어지자 여느 때와는 달리 도시 해학적인 여유를 가질 수가 없었다.

잠시 후 그는,
「에이, 해장부터 그놈의 영감탱이가 찾아와 가지고……」
하며 구시렁거리더니, 치워둔 화투짝을 꺼내서 다시 패를 벌이기 시작하였다. 그러나 패도 잘 떨어지지 않는 듯, 주섬주섬 옆으로 밀쳐두고는 일어서서 밖으로 나가버렸다. 그 뒤로 임방울은 영영 종적을 감추고 말았다. 꼬박 20일이나 남은 나머지 공연기간은 강도근을 비롯한 나머지 사람들만으로 행사를 치르지 않으면 안 되었다. 임방울이 김제 포장걸립 마당에서 「수궁가」를 부르다 쓰러졌다는 소식을 강도근 씨가 전해 들은 것은 그보다 두 달 뒤인 10월 하순의 일이었다.[1]

그날따라 가설극장은 테를 메야 할 정도의 대만원이었다. 풍년이 들어 인심이 후해진 탓도 있다 하겠으나, 역시 원숙기에 다다른 임방울의 신기(神技)에 가까운 예술이 원근의 사람들을 불러들인 탓이라 할 것이었다. 그날 밤 맨 마지막 차례에 나온 임방울이 부른 대문은 「수궁가」 중에 토끼 잡아들이는 대문이었다. 자라의 감언이설에 깜빡 속아서 수궁에 들어온 토끼를 영덕전 너른 뜰에 내동댕이쳐놓고 배를 가르려고 하니, 그제야 죽을 자리에 들어온 것을 알아차린 토끼가 죽을 둥 살 둥 모르고 괴변을 늘어놓아 용왕을 속이는 장면으로 이어지게 되어 있는 것이다. 이 대문을 흔히 〈토끼 배 가르는 데〉라 하거니와, 사실은 배 가르는 데 실패하는 장면인 것이다. 이 장면은 〈쑥대머리〉 못지않은, 임방울의 더늠 중의 더늠인 것이다.

(아니리) 별주부 영덕전 너른 마당에 공손히 복지하야,

「만리 세상에 나갔던 별주부 현신이오.」

병든 용왕이 속으로는 무한히 기달랐던 모양이라. 별주부가 들어왔다닝개 겨우 일어나시는디 삼 년을 앓아 논 것이 육탈(肉脫)이 그냥 쏵 되야부리고 가죽에다 뼈만 싸가지고 눈도 못 뜨고,

「아, 거, 주부가 왔다닝개 거, 돋뵈기 가져오니라. 여봐라 네가 안 죽고 살아왔구나. 그래 대관절 너 거, 잡으로 갔던 퇴끼를 어쩌고 왔느냐, 말을 좀 어서 혀라.」

「과연 황송하되 퇴끼를 생금하야 저 문밖에 잡어 대령시키고 들어왔나이다.」

「응? 이게 무신 말이란 말이냐. 말만 들어도 병이 낫는 것 같구나. 그이왕 잡어왔다니 어서 속히 잡아들여라.」

「예이.」

하더니마는,

(자진모리) 좌우나졸이 금군 모지리 순령수 일시에 내달으며 토끼를 에워쌀 제 진황 만리장성 쌓듯 산양 싸움에 마초 싸듯 첩첩이 둘러싸고

퇴끼 디립다 잡는 거동 영문출사 도적 잡듯 퇴끼 두 귀를 꽉 잡는 네가 이놈 조조냐아, 네 이놈 조조놈아아

토끼놈아, 해야 할 데를 조조놈아, 하고 「적벽가」로 껑충 건너뛰니, 고수가 눈짓하며 작은 소리로,

「네가 이놈 퇴끼냐아, 네가 이놈 퇴끼냐아.」

하고 연방 일깨웠으나 임방울은 알아차리지 못하고,

「부질없이 총 놓다 화약 눈에 뛰어들어 몹시도 아리니라. 날다려 조조란 놈 지가 진실 조조니라.」

고수가 계속 눈짓하며 약간 큰소리로,

「수궁가, 수궁가, 네가 이놈 퇴끼냐야, 네가 이놈 퇴끼냐아.」

그제야 알아차린 임방울.

「그래 그래, 네가 이놈 퇴끼냐아, 야 이놈 흥보놈아 잘살기도 네 팔자요 못살기도 네 팔자……」

고수가 다시 눈짓하며,

「퇴끼 기가 맥혀 벌렁벌렁 떨며, 퇴끼 기가 맥혀 벌렁벌렁……」

하고 제법 크게 노래를 불러보이니, 임방울이,

「그래 그래, (자진모리) 네가 이놈 퇴끼냐야, 퇴끼가 기가 맥혀…… 퇴끼가 기가 맥혀……」

하더니 다시,

「그래 그래, 달아맨 퇴끼였제. (자진모리) 야 이놈 퇴끼놈아, 야 이놈 달아맨 퇴끼놈아아……」

하더니 한순간 비틀, 하면서 허공을 응시하였다. 푸른 하늘이 떠오르고 그 끝에 구름, 그 구름 너머는 벼랑. 임방울은 벼랑 끝에서 훌쩍 날아오르는 환각에 빠지면서 픽 쓰러졌다.

뇌졸증이었다. 병원에서는 뇌수술을 해야 한다는 것을 그는 거절하였

다. 그가 반 년 동안의 신고 끝에 운명한 것은 다음해인 1961년 3월 8일이었다. 판소리의 대천재, 민중의 사랑을 받던, 그리고 진정한 민중의 정서 속에 생애를 보낸 진짜 소리꾼 임방울은 이렇게 갔다.

전국의 국악인들을 비롯하여 각계 각층에서 참여한 장례식은 5일장이었다. 장례행사는 당시의 국악예술학교가 관장하였다. 상여는 왕십리 상여집에서 특별히 마련한 꽃상여, 하얀 베옷 일색의 장례 행렬은 무려 2킬로에 달하였다. 상가(喪家)를 출발한 행렬은 스카라극장을 거쳐, 을지로·시청 앞을 지나 조선일보사 앞에서 상여를 잠시 세워 하직을 표하였다. 당시 사장 방일영 씨와 고인과의 생전의 우의를 표시함이었다. 행렬은 다시 광화문 네거리에서 종로로 돌아 고인 생전에 인연이 깊었던 국악예술학교에 들러 하직을 하고, 지금은 없어진 신설동 경마장에 이르러 상여와 조문객들은 각기 트럭과 버스에 나누어 타고 일로 망우리 공동묘지로 향하였다.

장례 행렬 자체가 거대한 한 국악의 제전이었다. 당시의 서울거리는 지금과는 비교할 수 없을 정도로 한산했다고는 하지만, 이 행렬이 지나는 동안 교통은 완전히 중단이 되었다. 명창들이 차례로 상여 위에 올라 상여소리를 메겼다. 맨 먼저 박초월, 그 다음에 김소희·박귀희·박보화·장영창 등이 뒤를 이었다. 기라성 같은 이런 명창들도 이제는 거의 다 유명을 달리하였고, 유독 명창 김소희 여사가 생존해 있는데 요즈음 몸이 좀 불편하다는 소식이다. 판소리 다섯 마당 가운데에 「심청가」와 「흥부가」 두 군데에 상여소리가 나온다. 곽씨부인을 장송하는 전자는 애련·처절한 정황의 그것이고, 놀부 박통 속에서 나온 상두꾼들의 그것은 해학적인 상황 속에서의 그것이다. 공교로운 일이나, 고인은 생전에 한 마디의 상여소리도 남겨놓지 않고 있다. 「심청가」와 「흥부가」를 생전에 별로 부르지 않은 탓에였다. 이제 고인의 넋을 위로하는 뜻으로 정권진창의 「보성소리 심청가」 중의 상여소리 한 대문을 여기에 적으면서 이 글을 마무리짓고자 한다.

(중모리)

요령은 땡그랑 땡그랑 어넘차 너와넘, 북망산천이 머다드니 저 건너 안산(案山)이 북망이로구나 워넘차 너와넘.

(중중모리)

어넘 어넘 어넘차 너와넘 여보소 친구네들 자네가 죽어도 이 길이요 내가 죽어도 이 길이로다 어넘차 너와넘 어넘 어넘 워넘차 어이가리넘차 너와넘.

1) 임방울이 노래하다 쓰러진 장소에 대하여는 부산·대구·김제 등등 설이 구구하나 여러 목격자들의 증언을 종합해볼 때 김제가 확실한 듯하다.

임방울의 예술

> 당대의 지배계층으로부터 제반보장과 비호를 받을 기회를 상실한 대신, 당대의 역사의 주류에서 소외된 대다수 민중들과의 정서적 일체감을 더욱 공고히 함으로써 판소리 역사상 새로운 경이를 창조하였다.

필자는 이제까지 1940·50년대에 명창으로서의 명성을 천하에 떨친 임방울의 생애와 아울러 그가 남긴 몇가지 일화들을 섭렵해보았다. 이번에는 판소리의 흐름 속에서의 그의 위치 및 그의 예술적 특질 등을 살펴보기로 한다.

이른바 치욕적인 을사조약이 체결되기 1년 전인 1904년에 출생하여 4·19 다음해인 1961년 초두에 57세를 일기로 생애를 마친 임방울의 일생은 그야말로 영욕이 엇갈린 것이라 할 수 있다. 이 기간은 민족사적인 흐름으로 볼 때에 가장 불행했던 기간이요, 판소리의 흐름으로 볼 때에도 가장 시련과 수난이 많았던 기간이라 할 수 있다. 그는 국운이 기울기 시작한 시점에서 출생하여 망국노(亡國奴)의 설움 속에 청장년기를 보내야 하였고, 8·15 이후의 혼란기, 6·25의 동족상잔, 그 이후의 전후의 시련기 등을 생애의 마지막 기간으로 보내야만 하였던 것이다. 이러한 시대적 조건들은 그의 예술적 생애를 형성함에 있어서 매우 중요한 요인이 되고 있는 것같이 보인다.

또한 이 기간은 판소리의 흐름의 자리에서 볼 때에도 유례없는 시련의 기간이라 할 수 있다. 특히 명실공히 국창으로서의 그의 명성이 천하에 떨치게 된 1940·50년대의 기간은, 판소리의 흐름으로 볼 때는 가장 어둡고 쓰라린 기간이었다고 할 수가 있다. 이런 점과 관련하여 우선 판소리의 연원 및 그 역사적 흐름을 간략하게 살펴보는 것은 유익할 듯하다.

판소리예술 내지 그 창자인 광대의 발생 연원 혹은 효시 등에 관한 문헌상의 확증은 아직은 정립되지 못하고 있는 듯하다. 정노식(鄭魯湜)의 『조선창극사(朝鮮唱劇史)』(1939년)에서는 판소리의 연원을 신라 화랑의 가악(歌樂)에서 시작하여 무당의 노래(巫歌)로, 거기서 다시 직업적 가객인 광대의 창극조(판소리)로 발전되었을지 모른다고 추리하고, 그 광대의 효시로서 어느 늙은 가객이 소리풀이할 때 첫째로 호명하는 사람이 하한담(河漢譚)·최선달(崔先達)인 것으로 보아 아마도 그들이 광대의 효시일 것이라 하고 영조·정조 시대의 가객인 권삼득(權三得)보다 그들을 먼저 호명하고 있는 것으로 보아 아마도 숙종·영조 무렵쯤이 되지 않을까 추리하고 있다. 그러나 이는 어디까지나 추리일 뿐이다.

박헌봉(朴憲鳳)은 『창악대강(唱樂大綱)』(1960)에서 화랑의 가악에서 광대가 연원되었을 것이라는 설을 대체로 시인하고, 충청 이남·전라도·경상도 등지에서 남자 무당을 일러 〈화랑〉이라 칭하고 있는 사실을 지적하면서 창악(판소리)은 무가(巫歌)가 중심이 되고 거기에 다시 민요적 요소 및 극적 요소가 종합되어 형성되었을 것이라고 추리한다.

한편, 정병욱의 『한국의 판소리』(1981년)에서는 무가에서 판소리가 파생되었을 것이라는 종래의 설에 회의를 표시하면서 그것이 불교음악의 영향을 받았을 가능성을 시사하고 있으며, 또 그 가사의 작자에 대하여는 진취적인 사상을 지닌 문사(文士) 중의 어느 인물이 최초의 판소리 사설을 고정시키고, 그것이 바탕이 되어 후세에 전승되면서 점차 수정 첨삭되어 판소리예술을 이루었을 것이라 추리하고 있다. 그러나 그 모두가 추리의 범주를 벗어나지 못하고 있다.

판소리가 문헌상의 정착을 보게 된 것은 한말(韓末)의 신재효(申在孝)에 의해서이다. 그는 구전되던 판소리 열두 바탕 중의 여섯 바탕(오늘까지 전하는 다섯 바탕과 「변강쇠가」를 합하여)을 문자로 정착시킴으로써 구전예술에 수반되는 산실(散失)의 위험을 막았고, 또 그것들을 문자로 정착시키는 과정에서 신재효 자신의 창작적 천재를 발휘하여 이를 빛나는 문화유산으로 보존케 하였다. 물론 이런 정착화의 과정에서 판소리예술 자체가 갖는 발랄한 즉흥성 내지 현장성 등이 많이 감쇄되었을 것이라는 점을 간과할 수 없다.

신재효는 또 「광대가(廣大歌)」를 창작하기도 하였는 바, 이는 판소리 및 광대의 요건이 어떠해야 함을 언급한 최초의 문헌이 되고 있다. 이 「광대가」에서 그는 당송팔대가(唐宋八大家)에 비유하면서 당대의 여덟 명창 송흥록(宋興祿)·모흥갑(牟興甲)·권삼득(權三得)·신만엽(申萬葉)·황해천(黃海天)·고수관(高秀寬)·김제철(金齊哲)·주덕기(朱德基)의 기예(技藝)를 열거하고 있거니와, 여기에 우춘대(禹春大)·하한담(河漢潭)·박유전(朴裕全)·방만춘(方萬春) 등을 포함하여 이들의 활약하던 시기를 이보형 씨는 〈전기 팔명창 시대〉라 부르고 있다(『전통문화』 1985년 6월호, 「판소리의 이해와 계보」). 이 시기를 정조·순조 무렵으로 보고 있다. 이에 뒤이어 철종·고종 초기에 활약한 박만순(朴萬順)·이날치(李捺致)·송우룡(宋雨龍)·김세종(金世宗)·장자백(張子伯)·정창업(丁昌業)·정춘풍(鄭春風)·김찬업(金贊業) 등의 시기를 〈후기 팔명창 시대〉라 한다.

이 〈전기·후기 팔명창 시대〉는 판소리의 예술양식이 이미 완성되어 바야흐로 황금기를 누리던 기간으로 간주된다.

우리가 어느 정도의 실증적 자료를 근거로 하여 그 예술적 특질을 살펴볼 수 있는 것은, 이른바 〈오명창 시대〉 이후의 일이다. 고종 후기에서 식민지시대로 접어드는 기간에 활약하기 시작한 김창환(金昌煥)·이동백(李東伯)·송만갑(宋萬甲)·유성준(劉成俊)·정정렬(丁貞烈)·김창룡(金昌龍)·박기홍(朴基洪)·김채만(金采萬)·전도성(全道成)·유공렬(柳公烈) 등의 시대로서 판소리예술이 일대 전환기에 접어든 기간이라 할 수 있다. 즉 나라를 일제에 빼앗김으로써 조선조시대에서와 같은 가치체계가 전반적으로 무너지기 시작하였다는 사실과 아울러 그 공연방식이 재래의 소리판 중심에서 서양식의 무대공연으로 달라졌고, 신파극의 자극을 받아 이른바 창극(唱劇)이라는 새로운 장르가 파생하여 판소리의 양식적 변화에 중요한 작용을 하였다는 것, 그리고 SP판 녹음기술이 도입됨으로써 여러 바디의 교류가 용이해지면서 동편제니 서편제니 중고제니 하는 고유의 법제(法制)가 차츰 무너지고 그런 여러 법제의 개성들이 혼합된 새로운 양식으로 재편성되기 시작하였다는 점 등을 그 특징으로 들 수 있다. 이 오명창 시대는 대체로 1930년대까지 계속된 것으로 볼 수 있다.

1928년 25세의 나이에 상경하여 처음으로 무대에 나서 〈쑥대머리〉를 불러 가객으로서의 활동을 시작한 임방울은 그 오명창에 뒤이은 세대의 대표적인 가객이다. 임방울과 비슷한 시기에 활약한 가객으로서 김정문(金正文)·정응민(鄭應珉)·공창식(孔昌植)·장판개(張判介)·조몽실·박동실(朴東實)·성원목·정광수(丁珖秀)·김연수(金演洙) 등을 들 수 있고, 여류명창으로서는 이화중선(李花仲仙)·박녹주(朴綠珠)·김여란(金如蘭)·박초월(朴初月)·김소희(金素姬) 등을 들 수 있다. 이 시기를 〈칠명창 시대〉로 호칭하기도 한다. 특히 임방울이 당대의 명창으로 부상하기 시작한 1940년대 이후 그가 사망한 1960년대 초두까지의 기간은 민족사적으로 볼 때 일제 말기의 암흑기, 8·15 직후의 혼란기, 6·25동란 전후의 혼란기 등등 시련과 격동이 연속되던 기간이요, 판소리사의 자리에서 볼 때는 판소리에 대한 군국주의 일본의 노골적인 탄압, 8·15 이후의 서양식 공연예술의 범람으로 인한 전통적 판소리예술의 대중으로부터의 소외가 불가피해진 시기로서, 그것이 완전히 변방문화·시골뜨기문화의 자리로 전락하여 유례없는 쇠퇴의 길을 걷던 시기이다.

판소리예술이 기사회생의 전기를 맞은 것은 1960년대 중기 이후부터의 일이다. 이런 소중한 전기를 맞게 된 것은 대개 다음 세 가지 요건이 작용한 때문이라 할 수 있다. 첫째는 1960년대 중반에 제정된 중요무형문화재 기능 보유자에 대한 정부 차원의 행정적 지원제도의 신설이다. 이는 빈사 직전에 있었던 전통예술 전반을 근본적으로 회생시키는 실제적 처방이라기보다는 다분히 명분적인 응급처방의 차원에 머문 감이 없지 않으나, 아무튼 쇠퇴 일로에 있었던 전통예술, 특히 판소리예술의 부흥을 위한 소중한 자극제가 되어준 것은 사실이다. 박녹주·김여란·김연수·정광수·박초월·김소희·박봉술(朴奉述)·정권진(鄭權震)·박동진(朴東鎭)·한승호(韓勝鎬) 등이 판소리 기능보유자로 지정됨으로써 이제껏 무관심 속에 방치되어 있었던 판소리예술이 비록 명목상으로나마 사회적 예우(禮遇)를 받게 되었고, 나아가서 국악인들의 예술가로서의 긍지와 사명감을 고취시키는 좋은 계기가 되었던 것이다.

둘째는 국악인들 자체 내에서도 유다른 각성이 일게 된 사실이다. 이 점과 관련하여 1960년대 후반에 시도된 박동진에 의한 장장 8시간에 걸친 「춘향가」 완창공연은 판소리사상 획기적 전환점을 기록한 시도라 할 수 있다. 이를 계기로 하여 기예를 닦은 여러 명창들이 잇달아 완창공연을 시도함으로써 정통 판소리의 부흥에 획기적 기여를 하게 된 것이다.

셋째는 판소리에 대한 각계의 관심이 점차 높아지기 시작한 점이다. 몇몇 대학에 국악과가 설치되어 국악교육이 본격적으로 실시되고 있는 일방, 젊은 세대의 판소리에 대한 관심도 점차 높아져가는 경향을 보이고 있는 것이 사실이다. 그리고 1970년대 중반부터 해마다 실시하는 〈대사습(大私習) 대회〉, 그에 뒤이은 〈고수대회〉 등을 비롯한 각계의 몇가지 국악행사 등도 국악의 부흥에 기여한 것이 사실이다.

물론 판소리가 민족음악의 주류의 자리에 올라서 있다고 하기에는 그것과 오늘의 민중과는 거리가 너무도 벌어져 있는 사실을 부정할 수 없으나, 어떻든 그것이 일단 빈사의 위기에서 벗어난 것만은 사실이라 할 수 있을진대 그나마 다행이라 하겠다.

이상으로 살펴본 바와 같이 임방울이 가객으로 활약한 시기는 민족사적으로나 판소리사적으로나 가장 궁핍했던 시기였다. 임방울의 장녀인 임오희 여사는 자기 아버지의 생애를 회상하면서,

「김창환·이동백·송만갑 등 당신의 선배들은 의관이네, 통정이네, 감찰이네 하는 벼슬에 올랐지만, 당신은 그런 벼슬도 하지 못하였고, 또 당신의 후배들은 인간문화재로서의 사회적 대접을 받게 되었지만, 당신은 그런 대접마저 받아보지 못한 채 세상을 뜬 일이 자식으로 볼 때 제일 한스럽다.」

는 술회를 한 바 있거니와, 이 술회를 통해서 우리는 임방울의 판소리사적 위치를 단적으로 파악해볼 수 있을 듯하다. 의관이네, 통정이네, 감찰이네 하는 조선조시대의 직함들이 당대의 가객들에게 내리는 단순한 명분상의 칭호에 불과한 것이고, 더구나 그 조선조마저 몰락해버린 치욕적인 식민지시대에 이르러서는, 그것은 한낱 전시대의 허명(虛名)으로 격하될 수밖에는 없는 것이 되고 말았다 할지라도, 그러한 전시대의 허명을 잔영(殘影)처럼 거느릴 수 있었던 오명창 시대의 가객들에게는 아직

도 그것이 상징적인 칭호 이상의 뜻을 간직하고 있었던 것으로 보아야 할 듯하다. 말하자면 그런 전시대의 허명의 잔영이 아직도 남아 있었던 그만큼 그들에게는 아직도 조선조적인 가치체계의 기반 및 그것을 기반으로 한 양반계층의 정신적 및 물질적 보장이 어느 정도는 허용될 수 있었다고 보아야 한다는 것이다. 나라가 망하고 이와 궤를 같이하여 외래의 공연문화의 침입으로 하여 판소리마저 쇠퇴의 길로 접어들 수밖에 없는 불행한 시대적 조건 속에 그들이 놓여 있었다 할지라도 그들은 아직도 그들 선배 가객들이 누릴 수 있었던 기반(비록 그것이 전시대적인 것이라 할지라도)을 어느 정도는 누릴 수가 있었던 것이다. 적어도 조선조적인 가치체계의 기반이 거의 전면적으로 무너지기 시작한 1940·50년대의 시점에 이르러서 국창으로 부상하기 시작한 임방울에 비하면 그들은 아직도 행복한 위치에 있었다고 볼 수가 있다.

이제 임방울의 시대에 이르러서는 전시대의 가객들이 누릴 수 있었던 것과 같은 영광의 잔영마저 누릴 수 없게 된 것과 마찬가지로 판소리는 종래에 보장받아오던 유력한 지지기반의 일부를 상실하게 되었고, 그것은 마침내 민족음악의 주류의 자리에서 밀려난 변방문화로 격하당하고 만 것이다. 이러한 시대적 추세가 민족문화의 정당한 계승·발전이라는 차원에서 결코 바람직한 것일 수 없다는 것은 새삼스럽게 말할 필요도 없는 일이거니와, 이러한 시대적 추세에도 불구하고 고집스럽게 전통적 판소리의 외길을 걸어간 임방울의 생애야말로 고독한 십자군의 그것이었다고 할 수가 있다.

요컨대 조선조적인 영광의 잔영도 누려볼 수 없었고, 또 인간문화재로서의 제도적 보장도 받아보지 못한, 그 어간의 불행한 시대를 살다간 임방울은 전형적인 변방문화의 역군이었다고 할 수가 있다. 그러나 바로 이 사실이야말로 두 가지 점에서 그의 예술을 판소리의 역사상 획기적인 것으로 되게 하는 점이라고 필자는 생각한다. 즉 그의 예술로 하여금 일정한 사회적 예우(禮遇)도 경제적 보장도 누릴 수 없는 진짜 광대의 예술이 되게 함으로써 판소리 그 본래의 존재양식을 가능케 하였다는 점이 그 하나이며, 당대의 지배계층으로부터 제반 보장과 비호를 받을 기회를 상실한 대신, 당대의 역사의 주류에서 소외된 대다수 민중들과의 정서적 일체감을 더욱 공고히 함으로써 판소리의 역사상 새로운 경이(驚異)를 창조하였다는 것이 그 다른 하나이다. 그는 판소리의 중요한 일부를 잃었지만, 중요한 새로운 경이를 창조한 것이며, 바로 이 점이야말로 그의 천재의 면모를 보여주는 점이다.

판소리는 그 가사나 창조(唱調)가 지극히 다층적이다. 그 사설의 면에서 볼 때 한편으로는 유식한 한문투의 사설이 펼쳐지는가 하면, 다른 한편으로는 비속한 육두문자마저도 거침없이 펼쳐진다. 또 그 창조의 면에서 볼 때, 위로는 정악(正樂)의 가락이나 양반계급의 가곡 내지 시조창에서부터 아래로는 무가(巫歌)·범패(梵唄)를 비롯하여 각도의 민요며 잡가의 가락들이 광범하게 포용되어 있다. 이런 점에서 판소리는 민족예술의 옴니버스라 할 수 있다.

물론 이런 다층성은 모든 판소리에 획일적인 것은 아니다. 가사의 면에서 볼 때 가령 「적벽가」 같은 경우는 한문투의 가사가 주류를 이룬다고 할 수 있는 반면, 「흥부가」나 특히 「변강쇠가」 같은 것은 비속한 서민적 사설이 상대적으로 우위를 보이고 있고, 또 그 창조의 면에서 볼 때 「적벽가」 같은 것은 웅장·호방한 우조(羽調) 내지 우아·화평한 평조(平調)가 주류를 이루고 있다 할 수 있는 반면 「춘향가」나 특히 「심청가」 같은 것은 애련·처절한 계면조(界面調)가 주류를 이루고 있다고 할 수 있기 때문이다. 이런 차이는 동편제니 서편제니 하는 법제의 차이, 또는 남창과 여창의 차이에 따라서도 다양한 편차가 예상되는 점이다.

그러나 이러한 편차에도 불구하고 앞서 말한 다층성은 모든 판소리에 있어서 일반적 성격으로 지적될 수 있는 점이라 하겠다. 이런 점에서 판소리는 인생의 다양한 국면을 폭넓게 포괄하는 장르라 할 수 있다.

물론 판소리는 애당초 민중의 예술이다. 조선조의 신분사회에 있어서의 광대의 사회적 조건을 감안해본다 해도 이는 쉽사리 짐작할 수 있는 일이다. 그 속에 유식한 한문투의 사설 및 정악·가곡 등의 양반계층의 가락들을 폭넓게 수렴하고 있음에도 불구하고 그 주류를 이루고 있는 것은 역시 비속한 민중적 사설 및 민요·잡가 등 민중적 가락이라고 할 수 있지 않을까 한다. 이러한 민중예술로서의 판소리가 높은 예술성을 성취하게 됨으로써 그것은 당대의 지배계층의 경제적 비호를 받을 수도 있게 되었고, 또 그들로 하여금 창작적인 참여를 가능케도 하였을 것으로 추리된다.

요컨대 판소리에는 유식한 지배계층의 문화와 무식한 서민계층의 문화가 교착되면서 그 이질적 요소들이 다이내믹한 격돌을 빚는 가운데 예술적 해조(諧調)를 이루고 있다고 볼 수 있다. 대부분의 판소리의 주제와 조동일(趙東一)이 적절하게 지적하고 있는 바와 같이 표면적 주제와 이면적 주제가 다층적으로 드러나 있는 것도 판소리예술이 갖는 상기한 조건들과 긴밀히 관련된다고 하겠다.

그런데 임방울의 예술에 있어서는 그 가사나 창조(唱調)에 있어서 비속한 서민적 요소가 상대적으로 두드러지게 나타나고 있는 것같이 보인다. 적어도, 어느 정도의 실증적 자료를 남기고 있는 이동백이나 김창룡 등 오명창 시대의 가객들의 예술에 비교해볼 때 그렇다. 성급한 속단일지는 모르나, 이는 그의 전세대(오명창 시대)까지에도 어렵사리 유지되어오던 조선조적인 가치체계의 잔영마저가 전면적으로 붕괴되고, 이에 따라 당대 청중들의 심미의식(審美意識)이 전면적으로 변모되어간 당시의 시대적 추세를 반영하는 현상이 아닐까 한다. 원래 판소리예술 자체가 유동성·현장성·즉흥성을 그 속성으로 하고 있는 이상 임방울에 있어서의 이러한 변모 현상 역시 당연한 것이라 할 수도 있다 하겠으나, 그 변화의 정도가 두드러진다. 역시 시대의 추세를 민감하게 반영한 현상이라 아니할 수 없다.

임방울에 있어서의 변모는 우선 그 가사의 면에서 볼 수 있다. 특히 그 아니리 부분에 있어서 두드러진다. 원래 사설 중에서도 아니리 부분이 가장 유동적인 것이기는 하지만 임방울의 아니리는 그의 전대의 가객들의 그것에 비하여 사뭇 파격적이다. 만일 그의 아니리를 그대로 문장화시켜놓는다면 전후의 문맥마저 통하지 않는 부분이 상당히 많다. 문장론적으로만 따지기로 한다면 일종의 결함이라 할 수도 있을 것이다. 또 유식한 한문투의 사설에 있어서는 그 어음이 분간되지 않는 부분도 적지 않다. 이 또한 가객으로서의 그의 결함이라 할 수도 있다. 그러나 판소리는 눈으로 읽는 예술이 아니라 귀로 느끼는 예술이다. 그것도, 당대 청중들과의 상응관계 속에서 끊임없이 새롭게 창조되어가는 현장의 예술이다. 이 점에서 판소리는 대화(對話) 양식과 흡사한 면을 지니고 있다. 대화에 있어서 중요한 것은 무슨 정연한 논리의 전개가 아니라 상대방에 대한 강력한 정서적 감화력이다. 문장론적으로 볼 때는 결함으로 지적되어 마땅한 그의 이러한 아니리도 실상 이런 현장의 언어로서는 유례없는 정서적 감화력을 발휘하는 것이다. 임방울 못지않게 못 배우고 무식한 당대의 청중들은 무슨 정연한 논리 따위와는 아무 상관없는 그의 이러한 마구잡이로 지껄이는 듯한 아니리에 오히려 깊게 매료되는 것이다. 이 점에서 임방울은 우선 판소리의 천재이다.

여담이지만 오늘날의 가객 중에 〈아니리〉의 면에서 당대의 일인자는 박동진이다. 그의 스타일은 또 임방울과는 전혀 다르다. 그만큼 그들은 각기 당대의 민중적 정서에 밀착하는 데 각자 나름의 방식으로 탁월한 성공을 거두고 있는 것이다.

유식한 한문투의 가사전달에 있어서 임방울의 어음은 선명치 못하다 하였거니와 이는 어떻든 가객으로서의 결함으로 지적될 수 있는 부분이다. 이런 한문투의 부분에 있어서의 그의 예술은 거의 예외없이 너무도 음악양식에만 의존하고 있어서, 사설(문학)과 창조(음악)의 해조(諧調)에서만 기대되는 이른바 〈이면(裏面) 그리기〉는 발랄하게 성취되지 못하고 있는 것같이 보인다. 이런 면은 앞서 말한 바, 임방울의 잃은 부분이라 할 수 있다.

그러나 비속한 민중적 사설이 주류를 이루는 부분에 있어서의 임방울의 〈이면 그리기〉는 그야말로 찬란히 빛나고 있다. 가령 「춘향가」 중의 거지어사와 장모가 수작하는 장면, 어사출도 붙인 다음 어사 장모가 술김에 동헌으로 나타나는 장면, 「수궁가」 중에서 토끼 배 가르는 장면, 「적벽가」 중에서 조조 선단(船團)에 불지르는 장면, 조조 군사 설움타령 또는 군사 점고하는 장면 등에 있어서의 임방울의 〈이면〉은 그야말로 타의 추종을 불허할 경지를 성취하고 있는 것이다. 특히, 그 아니리뿐만 아니라 그 가사마저도, 임방울 자신의 즉흥적 창작이 다분히 가미되었을 것으로 추리되는 「춘향가」 중의 거지어사와 장모가 수작하는 장면, 또는 술김에 장모가 동헌에 나타나는 장면 등에 았어서, 웃었다 울었다 하는 가운데 늙은 기녀로서의 슬픔과 기쁨을 유깜없이 드러내고 있는 월매의 모습은 판소리예술이 성취할 수 있는 한 절정의 경지라 아니할 수 없다.

이러한 예술적 성취는 물론 그의 대담하고도 천재적인 창조(唱調)의 개발, 그의 천분과 공력을 구비한 목청의 탁월성과 긴밀히 관련되는 것임은 물론이다.

앞서 필자는 오명창 시대에 와서 동편제·서편제·중고제 등의 고유한 법제가 차츰 무너지면서, 그런 여러 법제의 개성들이 혼합되면서 새로운 양식으로 재편성되기 시작하였다는 말을 한 바 있다. 우조 중심의 동편제의 후예인 송만갑이 계면조 중심의 서편제의 화려한 기법을 가미시킴으로써 새로운 가풍(歌風)을 수립하였다 하거니와 이는 그 좋은 예가 될 것이다. 같은 오명창 중에서도 동편제의 이동백, 중고제의 김창룡 등의 창법이 아직도 다분히 통성(通聲)을 위주로 하는 웅장·고졸(古拙)한 우조 위주의 창법을 주류로 하고 있는 데 반하여 정정렬은 계면조(界面調) 위주의 다양한 기교의 개발이 두드러진다. 흔히 정정렬을 두고 오늘날의 판소리 창법의 선구자라 하는 이유도 이를 두고 이름이 아닐까 한다.

그런데 이러한 계면조의 기교의 개발에 있어서 당돌하고도 파격적인 경지를 보이는 가객이 임방울이라 하겠다. 그리고 임방울의 천재는 바로 이 점에서 발휘되고 있는 것이다. 임방울의 이러한 창법의 개발을 두고 더러는 비판적으로 보는 사람도 있다. 정노식은 『조선창극사』에서 송만갑에 언급하여 〈창조와 제작이 가문의 전통적 법제를 따르지 않고 독특한 제작을 하여 다른 하나의 문호를 세웠다. 그것은 시대적 요구에 순응하기 위하여 통속화한 경향이 많았다〉라고 지적함으로써 그의 화려한 기교의 개발을 다분히 비판적으로 보고 있거니와 이러한 논법으로 따지자면 송만갑보다 훨씬 더 대담하고 파격적으로 기교의 개발에 주력한 임방울에 대하여는 더욱 가혹한 비판이 가해질 법도 한 일이다. 그러나 이런 일련의 비판적인 견해는 지나치게 고식적인 발상이라 아니할 수 없다. 판소리에는 물론 바디니 법제(法制)니 하여 일정한 동질성을 전제로 할 수 있는 것은 사실이지만, 그러나 그것은 그 전수과정에 있어서 변용이 불가피한 것이며, 더구나 당대 청중과의 대응관계에 있어서의 유동성·현장성·즉흥성 등으로 하여 끊임없이 새롭게 재창조되어갈 수밖에 없는 것이다.

임방울에 있어서의 이러한 대담한 변용은 두 가지 요인이 동시적으로 작용한 탓이리라 추리된다. 그 하나는 임방울 자신의 조건, 다른 하나는 당대의 시대적 추세이다. 임방울은 14세에 박재실 문하에서 「춘향가」 「흥부가」를 사사받았고, 뒤이어 서편제의 공창식에게서도 사사를 받았으며, 어느 정도 득음을 한 연후에 동편제의 유성준에게서 「적벽가」 「수궁가」를 사사받은 것으로 되어 있다. 요컨대 그는 동편·서편의 법제를 두루 섭렵한 가객이다. 박재실에 대하여는 미상이나, 광주 근처의 인물인 것으로 보아 서편제일 가능성이 짙다. 이러한 섭렵의 과정은 그의 고유한 가풍(歌風)을 수립케 하는 효과적인 계기가 되었을 것이다. 그리고 그런 고유한 가풍을 수립하지 못했었다면 그는 이류나 삼류는 되었을지언정 결코 명창 임방울은 되지 못했을 것이다.

게다가 그는 선천적으로 천재적인 성음을 타고난 가객이라 할 수 있다. 그의 성음은 청구성에다 수리성을 겸하고 있다. 청구성이란 판소리 가객으로서 으뜸으로 치는 성음으로서 상청·하청을 두루 자유자재로 구사할 수 있는 힘차고도 풍부한 성량을 이름이며, 수리성이란 약간 성음이 갈린 듯하면서도 구수하게 곰삭은 맛을 풍기는 성음이다. 그 두 가지 성음을 겸한 가객이야말로 최상의 자질을 타고난 가객이라 할 수 있다. 필자의 견해로는 임방울 말고는 이동백이 이런 요건을 갖춘 가객이라 생각한다. 그 두 가지 요건을 다 갖추었을 때 웅장하면서도 그늘 짙은 소리가 나올 수 있다.

게다가 그는 전라도 출신의 가객이다. 전라도적인 성음의 특징이 무엇이냐를 일률적으로 따지기는 어려운 일이지만, 전라도의 대표적 민요인 진도아리랑이나, 전라도의 대표적 잡가인 육자배기와 흥타령의 창조(唱調)를 감안할 때 그것은 짙은 계면조의 가락이 주조를 이루는 것이 아닐까 생각한다. 이른바 육자배기목이라는 것이 바로 이것이거니와, 오명창 이후, 특히 임방울에 있어서 두드러지게 나타나는 창조의 특징은 바로 이 육자배기목의 분위기라 할 수 있다. 임방울 자신은 흥타령·육자배기를 잡가라 하여 부르지 않았다 하지만, 그 창조에 있어서 이동백·김창룡 등 그의 선배 가객들에게서 찾을 수 없는 고유한 묘미는 바로 이 육자배기목의 성음인 것이다.

물론 이 육자배기목은 자칫하면 지나치게 달콤한 애원성으로 치달아 이른바 창극조의 노랑목으로 기울어질 우려도 없지 않다. 이런 노랑목을 빈정대어 용개목이라 하기도 한다. 50년대에 풍미하던 소위 여성창극단에 있어서는 이런 노랑목이 주조를 이루기도 하면서 그 이후의 판소리예술에 부정적 작용을 한 경우도 있었지만, 임방울의 경우처럼 청구성과 수리성을 겸한 데다가 초인적인 후천적 공력을 겸한 가객에게는 그런 육자배기목이 그늘 짙은 한(恨)의 맛을 빛게 하는 긍정적 요인으로 작용하게 되었던 것이다. 요컨대 임방울의 천재적인 면, 그의 선배 가객들 중의 누구에게서도 찾을 수 없는 독창적인 점은 바로 이 육자배기목을 그 웅장한 청구성·수리성의 성음 속에 용해시킴으로써 그것을 판소리의 새로운 성음으로 격을 높인 점이라 할 것이다. 그의 노래가 특히 남도 민중들 속에 열광적인 호응을 얻고 있는 것도 이런 점에서 결코 우연이 아니다.

그렇다고 해서 임방울을 계면조 일변도의 가객으로 속단해서는 안된다. 그의 풍부하고 윤기있는 성음은 화려한 계면조의 특성을 최상의 예술적 차원으로 높이는 데 있어 유감없이 발휘하고 있는 것은 사실이지만, 동시에 웅장·호방한 우조에 있어서도 탁월한 천재가 발휘되고 있다. 특히 「완창 수궁가」나 「완창 적벽가」 등 그의 후기의 창법에 있어서 이런 우조의 묘미는 유감없이 발휘되고 있는 것이다. 뿐만 아니라 그 우조마저도 그 중요한 고비에는 육자배기목의 한스런 애원성을 가미시킴으로써 그것을 더욱 우조답게 하는 데도 탁월한 기량을 보이고 있는 것이다. 가령 조조 선단에 불지르는 대목에 있어서의 임방울의 우조는 이런 묘미가 발휘된 대표적인 예라 할 수 있다. 요컨대 임방울은 우조를 더욱 우조답게, 계면조를 더욱 계면조답게 부른 가객이라 할 수 있으며, 그 묘미는 그의 한서린 육자배기목을 효과적으로 구사한 데 있다고 할 수 있다.

그러면 끝으로, 어찌하여 임방울의 시대에 이르러 판소리는 이와 같은 계면조 육자배기목의 한스런 가락이 유례없이 두드러지게 되었느냐 하는 문제가 남는다. 그것은 단적으로 말해서 시대적 추세라 할 수 밖에는 없다. 앞서도 말한 바와 같이 임방울이 명실 공히 국창으로 부상하기 시작한 1940·50년대로 말하면 민족사적으로나 판소리사적으로나 가장 어둡고 쓰라린 기간이었다고 할 수 있다. 그의 선배들처럼 조선조시대의 직함도 차지하지 못하고, 그의 후배들처럼 인간문화재 제도의 사회적 보장도 받아보지 못한 진짜 광대 임방울은 그 자신이 판소리 문화의 사각지대(死角地帶)에 살아야 했던 고독한 가객일 뿐 아니라 어둡고 쓰라린 역사 속에 살아야 했던 당대 민중들의 한스런 정서를 가장 민감하게 파악할 수 있었던 가객이다. 그의 가락이 유달리 한스러운 맛을 풍기는 것은 바로 이 점에 있다 할 것이다.

부 록

판소리 용어 풀이

판소리 용어 풀이

ㄱ

가성(假聲) 〈통성(通聲)〉 참조.

갈데를 간다 예술적 효과를 살리기 위하여 최대한의 기교를 부리는 창법을 이르는 말. 대개 소리를 길게 늘여빼는 계면조의 경우를 두고 이름. 부침새의 기교를 다양하게 구사한다는 점에서 〈대마치 대장단〉의 창법과 대칭이 된다.

경드름 경기 민요 내지 무가의 선율이 주조를 이루며, 경쾌하고 되바라진 느낌을 주는 창조. 「춘향가」 중 거지어사가 장모에게 〈어허 장모가 날 몰라……〉 하는 대문.

계면조(界面調) 애련·처절한 애원성이 주류를 이루는 창조. 그 창법이 화려하고 기교가 다양하며, 성음의 꼬리가 길게 늘어지는 것이 특색. 애원성이 짙은 창조를 진계면, 그보다 덜한 것을 평계면, 다시 덜한 것을 단계면이라 구분하기도 한다. 「적벽가」 〈조조 군사 설움타령〉 중에서 〈고당상 학발 양친……〉 하는 대문.

귀명창 소리를 할 줄은 모르지만, 그것을 많이 들어서 깊이 감상하고 이해할 줄 아는 사람을 이르는 말.

그늘 오랜 수련 끝에 소리가 제대로 곰삭아서 예술적으로 세련된 차원을 〈시김새〉라 하는데, 시김새가 능란한 소리에서 빚어지는 미적인 여운 내지 융성 깊은 감흥을 말함.

근경(近景)을 그린다 〈이면을 그린다〉 참조.

ㄴ

너름새 판소리 가객이 노래할 때 연출하는 모든 극적인 동작을 말함. 〈발림〉이라고도 함.

노랑목 계면조(界面調)의 가락이 안이하게 감상적으로 발성되는 소리. 〈계면조〉 참조.

ㄷ

다루·목타루 〈다루치다〉라고도 하는데, 목을 떨면서 꺾어넘기는 창법. 시김새를 빚기 위한 한 기법이라 할 수 있음.

단가(短歌) 고전음악의 한 양식. 판소리에 비하여 길이가 훨씬 짧음. 판소리를 시작하기 전에 가객이 목을 풀기 위하여 이를 먼저 부르기도 함. 鎭國名山·湖南歌·홍문연가 등.

대마치 대장단 〈부침새〉 참조.

더늠 판소리 가객이 특히 장기(長技)로 부르는 곡, 혹은 특정한 부분.

떡목 가객의 소리가 트이지 않고 뻑뻑하고 너무 탁한 성음.

덜렁제 〈설렁제〉라고도 함. 경쾌하고 씩씩한 느낌을 주는 창조. 영·정시대 권삼득이 창시하였다 하여 권삼득제라 하기도 함. 「흥부가」에서 놀부가 제비 후리러 나가는 데, 「적벽가」〈설움타령〉 중에서 키 작은 군사가 우는 군사들을 꾸짖는 대목 등이 대표적인 예이다.

또랑광대 판소리 한판을 제대로 다 하지 못하고 부분적으로밖에는 부르지 못하는 사람을 야유하여 이르는 말.

도섭 〈아니리〉 참조.

독공(獨工) 혼자서 소리공부를 함. 또는 혼자서 배운 소리를 삭이고 익힘.

동편제(東便制) 판소리 바디의 하나. 원래 섬진강을 경계로 그 동쪽, 대체로 전라좌도 쪽에서 주로 부르던 법제. 송흥록을 비롯하여 박만순·김세종·송우룡·송만갑·유성준 등이 이 제의 명창으로 꼽힌다. 이에 대하여 섬진강 서쪽, 대체로 전라우도 쪽에서 주로 부르던 법제를 서편제(西便制)라 하는데, 한말의 박유전을 비롯하여 정창업·이날치·김창환 등이 이 제의 명창으로 꼽힌다. 동편제는 대체로 단순·소박하고 웅장한 가풍(歌風)이며 끝을 뚝 잘라 약간 들어올리면서 맺는 경향이 많은 데 반하여, 서편제는 기교가 비교적 다양하고 애련한 맛이 짙으며 꼬리가 길게 이어지는 경향이 많다. 원래 동편제는 우조가 주류를 이루고, 서편제는 계면조가 중심을 이루었다고 하나, 근자에는 상호교류가 매우 많아져서 그런 구별은 많이 사라져가는 것 같다.

득음(得音) 판소리 가객이 오랜 수련 끝에 목이 트여서 힘차게 발성할 수 있게 되는 경우.

ㅁ

마당 〈바탕〉 참조.

목구성 목청의 예술적 매력. 〈구성지다〉와 목청의 합성어일 듯. 〈목구성이 좋다〉고 말한다.

목안엣소리 배에서부터 힘차게 뿜어올리지 않고 목에서만 발라맞추는 소리를 말함.

ㅂ

바디 판소리의 전승계보(傳承系譜) 또는 전승되어 오는 판소리의 한 바탕. 〈바디〉는 〈받다(傳受하다)〉에서 온 말일 듯. 〈법제〉 또는 〈제(制)〉라고도 함.

바탕 판소리 처음에서 끝까지를 한 바탕이라 한다. 마당·판이라고도 한다. 이에 반하여 한 부분만을 〈토막소리〉라 한다.

발림 〈너름새〉 참조.

법제(法制) 〈바디〉 참조.

부침새 박자에 다채로운 변화를 주기 위한 기교를 말함. 선율이 박자와 동시에 떨어지지 않고 다음 소절로 연이어지는 것을 엇부침이라 하고, 선율이 박자의 사이사이를 비켜가는 것을 잉애걸이, 소리가 길어졌다 짧아졌다 하면서 박자에서 벗어나는 기교를 완자걸이라 한다. 이런 부침새의 기교를 부리지 않는 창법을 〈대마치 대장단〉이라 한다.

비가비 양반이나 중인으로 노래하는 이를 이르는 말.

ㅅ

상(上)청 높은 소리.

서편제(西便制) 〈동편제〉 참조.

석화제 우아하고 화평한 느낌을 주는 창조의 하나. 「수궁가」 날짐승들의 상좌다툼 중에서 〈부엉이 허허 웃고 네 암만 그런대도……〉 하는 대목이 이에 속함.

설렁제 〈덜렁제〉 참조.

소리풀이 가객이 관례적으로 하는 행위의 하나. 가객이 노래를 다 부르고 나서 역대 명창의 이름을 열거한 다음, 자기 더늠 한 대문을 다시 부르는 것.

수리성 청이 곰삭아서 약간 쉰 듯하게 발성하는 성음. 〈청구성〉 참조.

시김새 창법에 있어서 소리를 치켜올렸다 끌어내렸다, 꺾었다 궁글렸다, 목을 떨었다 하여 소리의 흐름에 다양한 유동성(流動性)을 부여하는 것. 서양음악의 장식음과 비슷하다고 할 수 있으나, 그보다는 훨씬 그 유동성의 폭이 크다. 판소리의 예술적 차원을 가름하는 기준은 이 〈시김새〉의 능력에 있다고 할 수도 있다. 본저 〈명창과 바디〉 〈시김새와 그늘〉 항목을 참조.

ㅇ

아구성 입을 크게 벌리고 다루를 굵게 치면서 하청에서 상청까지 통성으로 힘차게 솟구치는 발성법. 왕년에는 임방울이 이 발성에 능하였다 하고, 근년에는 한승호가 한다는 사람도 있음. 아구성의 아구는 〈아가리〉의 방언인 아구·아구통에서 온 말일 듯.

아니리 가객이 창이 아닌 말로써 서사 내용을 이끌어가는 경우, 이를 아니리라 한다. 판소리의 해학이 이런 경우에 주로 빚어진다. 아니리를 좀더 간절하게 표현할 때 즉흥적인 선율의 영탄조로 읊기도 하는데, 이를 〈도섭〉이라 한다. 가객이 도섭을 할 때 고수는 추임새는 하지만 박은 치지 않는다.

아래윗물지다 수련이 부족하여 음정이 불안한 경우에 이르는 말.

앵기다 〈소리가 잘 앵기다〉라고도 말하는데, 소리가 뜻대로 잘 풀려서 노래가 잘되는 경우를 이르는 말.

양성(陽聲) 맑고 깨끗한 소리로서, 판소리에서는 엳은 소리라 하여 별로 취택하지 않음.

엇모리 〈장단〉 참조.

엇부침 〈부침새〉 참조.

엇중모리 〈장단〉 참조.

오명창(五名唱) 고종 후기에서 일제 식민통치가 진행되던 1930년대까지의 기간에 활약한 金昌煥·李東伯·宋萬甲·丁貞烈·劉成俊·金昌龍·朴基洪·金采萬·全道成·柳公烈 중에서 임의로 5명을 골라 오명창이라 하였다. 처음 3명은 반드시 들고, 나머지는 취향에 따라 선정하였다. 축음기가 도입된 시기이기도 하다.

완자걸이 〈부침새〉 참조.

우조(羽調) 웅장·호방한 남성적인 창조. 그 창법이 강건·소박하면서도 장중한 맛을 풍긴다. 중국 오음(五音)의 우조(羽調)와는 다른 것. 박자가 대체로 단순·명료하며 소리의 끝이 중동에서 뚝 부러지는 것이 특징이다. 계면조와 대칭이 된다. 우조의 창법에 가까우면서도 비교적 온화·화평한 창조를 평조(平調)라고 한다. 「적벽가」 중 〈이때에 황개는……〉은 우조의 예라 할 수 있다. 「심청가」 중의 〈범피중류〉 같은 것은 우조, 또는 평조라고 할 수 있다.

육자배기목 남도 민요인 육자배기나 흥타령의 창조와 같이 애련한 탄식조의 창법. 〈진계면〉과 같은 것이라 할 수 있음. 〈계면조〉 참조.

이면(裏面)을 그린다 판소리의 서사내용(문학적인 면)과 부합이 되게 노래

(음악적인 면)를 부르는 것이라고 할 수 있으나, 그 두 측면이 반드시 기계적으로 부합한다기보다도 양자가 최상의 예술적 효과를 빚어내기 위하여 상승작용(相乘作用)을 하는 것이라고 볼 수가 있다. 따라서 양측이 부합되지 않고 오히려 상반됨으로써 더욱 강렬한 예술적 효과가 성취될 수도 있다. 〈근경(近景)을 그린다〉라고도 함.

인간문화재시대 1964년에 주요무형문화재 기능보유자에 대한 정부 차원의 지원제도로서 인간문화재 제도가 설치된 때부터 오늘에 이르기까지의 기간을 편의상 이렇게 부르기도 한다. 박녹주·김여란·김연수·정광수·박초월·김소희·朴奉述·鄭權震·朴東鎭·韓勝鎬 등이 판소리 기능보유자로 지정된 바 있다.

잉애걸이 〈부침새〉 참조.

ㅈ

잡가(雜歌) 판소리 가객들이 판소리 아닌 민요나 노랫가락 등을 총칭하여 잡가라 한다.

장단 판소리의 장단(박자)에는 진양조·세마치·중모리·엇중모리·중중모리·엇모리·자진모리·휘모리 등이 있는데, 대체로 진양조의 템포가 제일 느리고, 점차 빨라져서 휘모리가 가장 빠른 박자이다. 그러나 템포가 반드시 이렇게 일률적인 것은 아니다. 진양조도 빠를 수가 있고 중모리도 느릴 수가 있다. 빠른 진양조를 특히 〈세마치 장단〉이라고 한다.

진양조 6박자를 한 단위로 하여 춘·하·추·동 네 번을 한 주기로 함으로 24박을 한 장단이라 한다.

세마치 진양조와 같으나 템포가 빠르고 경쾌하다.

중모리 12박자.

엇중모리 보통 빠른 6박자.

중중모리 중모리보다 경쾌하고 빠른 것이 보통인 12박자.

엇모리 3박과 2박이 섞인 8분의 10박자.

자진모리 빠른 4박자.

휘모리 가장 빠른 4박자 내지 2박자.

자진모리 〈장단〉 참조.

제(制) 〈바디〉 참조.

중고제 판소리 법제의 하나. 동편제·서편제가 전라좌우도를 기반으로 한 것인데 반하여, 중고제는 충청도·경기도 등지를 기반으로 한 것이다. 경기도·충청도의 민요인 경드름의 톤이 투영되어 있는 창조(唱調)이며, 한말의 염계달·모흥갑·고수관을 비롯하여 김창룡·조학진 등이 명창으로 꼽힌다. 근래에는 법제로서는 명맥이 끊긴 것 같다.

중모리 〈장단〉 참조.

중중모리 〈장난〉 참조.

진양조 〈장단〉 참조.

ㅊ

철성(鐵聲) 쨍쨍한 소리. 예술적인 감칠맛이 없고, 그 음색만 쨍쨍하게 굳어버린 성음을 두고 말하기도 한다.

청 판소리 가객의 목청을 이르는 말.

청구성 선천적으로 타고난 힘차고 윤기있는 좋은 목청을 말하는데, 여기에 다시, 약간 쉰 듯한 곰삭은 소리가 가미될 때 이를 수리성이라 한다. 판소리 가객으로 이 청구성과 수리성을 겸했을 때 으뜸의 청을 타고났다고 할 수 있다. 이동백·임방울 등은 이 성음의 소유자이다.

추임새 노래가 진행되는 동안 흥을 돋우기 위하여 〈얼씨구 좋다〉 등의 소리를 질러주는 것을 말함. 추임새에는 고수의 추임새와 청중의 추임새의 두 가지가 있는데, 고수의 경우는 비교적 예술적·효과를 높이기 위한 것이라 할 수 있고, 청중들의 그것은 예술적 감동을 나타내는 자연발생적인 것이다. 추임새야말로 서양음악과 다른, 현장의 예술로서의 판소리의 독특한 면이라 할 수 있다. 추임새의 〈추임〉은 〈추다〉 〈추어주다〉의 명사형, 〈새〉는 모양, 정도 등을 나타내는 접미사.

추천목 창조의 하나. 대체로 경쾌하고 흥겨운 느낌을 준다. 「수궁가」 중에서 토끼가 용왕이 베푼 잔치에서 술 먹고 춤추는 〈앞내버들은 유록장 두르고……〉 하는 대문. 조선조 말 염계달이 잘하였다 함.

칠명창(七名唱) 1940년대에서 인간문화재 제도가 설치되기 전인 1960년대 초까지의 기간에 활약한 金正文·鄭應珉·孔昌植·張判介·임방울·조몽실·朴東實·성원목·丁珖秀·金演洙, 여류로서 李花仲仙·朴祿珠·金如蘭·朴初月·金素姬 중에서 취향에 따라 7명을 골라 칠명창이라 하기도 한다. 이 시기는 임방울의 전성기이기도 하다.

ㅌ

통성(通聲) 꾀를 부리지 않고 배에서부터 뽑어내는 힘찬 소리. 목안엣소리와는 대조가 됨. 목안엣소리를 가성(假聲)이라고도 함.

ㅍ

판 〈바탕〉 참조.

판소리 판소리는 원래 소리·창악(唱樂)·극가(劇歌) 등등 여러 가지로 호칭

되어 오다가 근래에 〈판〉과 〈소리〉를 합쳐서 판소리라 부르게 되었는데, 이제는 〈판소리〉라는 명칭이 보편화되어가고 있다.

팔명창(八名唱) 전기 팔명창 시대라고 하면, 영조·정조·순조 무렵으로 판소리의 장르가 정착된 시기. 申在孝의 廣大歌에 열거되어 있는 宋興祿·牟興甲·權三得·申萬葉·黃海天·高秀寬·金齊哲·朱德基의 여덟 사람을 팔명창이라 하기도 하고, 여기에 禹春大·河漢潭·朴裕全·方萬春 등을 포함하여 그중의 8명을 팔명창이라 하기도 한다. 후기 팔명창 시대는 철종·고종 초기를 말하는데, 朴萬順·李捺致·宋雨龍·金世宗·張子伯·丁昌業·鄭春風·金贊業 등을 후기 팔명창이라 한다.

평조(平調) 〈우조〉 참조.

ㅎ

하(下)청 낮은 소리

협률사(協律社) 조선조 말기 광무연대(光武年代)에 생긴 창극단의 명칭. 4~5년 계속되다가 그 단체는 이내 해산되었으나, 그 이후로 판소리 계통의 연예단체를 총칭하여 협률사라 하였다.

휘모리 〈장단〉 참조.

천하명창 임방울

초판 인쇄일 ⊙ 1994년 4월 30일
초판 발행일 ⊙ 1994년 5월 10일

지은이 — 千二斗
펴낸이 — 金性植
펴낸곳 — (株)現代文學
박은곳 — 대한교과서주식회사

등록번호 제1 — 452호
우편번호 137 — 070
서울 서초구 서초동 1361 — 5 목정빌딩
☎ (02)563 — 8141~5
Fax (02)563 — 9319

* 편집 — 윤현식

값 5,500원

ISBN 89 — 7275 — 024 — 7 03810